वैशेषिक दर्शन में द्रव्य-मीमांसा

(व्योमवती टीका के विशेष सन्दर्भ में)

वैशेषिक दर्शन में द्रव्य-मीमांसा

(व्योमवती टीका के विशेष सन्दर्भ में)

लेखक

डॉ आयुष गुप्ता

एम.फिल., पी.एच.डी. (दिल्ली विश्वविद्यालय)
सहायक प्राध्यापक (तदर्थ)
इन्द्रप्रस्थ महिला महाविद्यालय
दिल्ली विश्वविद्यालय

KALPAZ

ISBN : 978-93-5128-342-3

मूल्य: 790

भारत सन् 2017 में प्रकाशित
कल्पाज पब्लिकेशन
5, अंसारी रोड, दरियागंज, नई दिल्ली-110002
Phone : 9811692060
ई-मेल: kalpaz@hotmail.com
मुद्रित: जी. प्रिंट प्रोसेस, दिल्ली

Cataloging in Publication Data—DK
Courtesy: D.K. Agencies (P) Ltd. <docinfo@dkagencies.com>

Guptā, Āyusha, author.
Vaiśeshika darśana meṃ dravya mīmāṃsā: Vyomavatī ṭīkā ke viśesha sandarbha meṃ/śodha nirdeśaka, Do.Āyusha Guptā.
pages cm
In Hindi; includes verses in Sanskrit.
Study on Vyomavatī of Vyomaśivācārya, a classical commentary on a part dealing with substance (dravya) of Praśastapādabhāṣya, ancient compendium of the Vaiśeṣika school in Indic philosophy by Praśastapādācārya.
Includes bibliographical references.
ISBN 9789351283423

1. Vyomaśivcārya. Vyomavatī. 2. Praśastapādācārya. Praśastapādabhāṣya. 3. Vaiśeṣika. I. Title.

B132.V2G87 2017 DDC 181.44 23

समर्पण

जीवन के व्यापक आधार

सकारात्मक स्पन्दन प्रदाता

दादा जी एवं दादी जी

श्री मानिक चन्द्र गुप्ता एवं

श्रीमती शान्ति देवी गुप्ता

के श्री चरणों में सादर समर्पित

विषयानुक्रमणिका

प्राक्कथन

वैशेषिक दर्शन का भारतीय दर्शन परम्परा में विशिष्ट स्थान है। सात पदार्थों के अन्तर्गत जगत् का वर्गीकरण करके, उनके साधर्म्य एवं वैधर्म्य के समुचित ज्ञान के माध्यम से निःश्रेयस की प्राप्ति की व्याख्या इस दर्शन का मुख्य उद्देश्य है। पदार्थों की श्रेणी में द्रव्य, गुण, कर्म, सामान्य, विशेष, समवाय तथा अभाव है। इनमें प्रथम पदार्थ द्रव्य है। द्रव्य-विषयक समस्त चिन्तन यथा-द्रव्य संख्या, उद्देश, लक्षण, परीक्षा, उसके गुण के विषय में प्रशस्तपादभाष्य एवं व्योमवतीकार द्वारा प्रस्तुत टीका में दिये गये विषयों को इस पुस्तक के माध्यम से प्रस्तुत किया गया है। द्रव्य-विषयक सभी शङ्काओं को पूर्वपक्ष के माध्यम से प्रस्तुत करके, उत्तरपक्ष के द्वारा उसका समाधान प्रस्तुत करना व्योमवती टीका की शैलीगत विशेषता है। इस टीका का यदि शैलीगत विश्लेषण किया जाये तो यह पक्ष उभरकर सामने आता है कि ये ग्रन्थ प्राचीन विद्वानों के वाद-विवाद के ही परिणाम है यथा-ननु आदि शब्दों द्वारा पूर्वपक्ष को पदे-पदे उद्धृत करना इसका प्रमाण है।

व्योमवती टीका में द्रव्य-प्रकरण में एक नियम का पूर्णतः अनुपालन किया गया है। "प्रयोजनं बिना मन्दोऽपि न प्रवर्तते।" इस उक्ति के अनुसार सर्वप्रथम मोक्ष (निःश्रेयस) का स्वरूप स्पष्ट किया गया है। मोक्ष के अनन्तर द्रव्य की सत्ता की सिद्धि करके एक-एक द्रव्य का लक्षण, उस द्रव्य की सिद्धि तथा तदनन्तर उसके गुणों का विवेचन किया गया। प्रत्येक

द्रव्य के विषय में यह नियम इसी क्रम में प्रशस्तपादभाष्य तथा व्योमवती टीका में प्राप्त होता है।

यह पुस्तक व्योमवती टीका पर आधारित है। इस कार्य का मुख्य उद्देश्य व्योमवती टीका में आचार्य व्योमशिव द्वारा 'द्रव्य' विषयक अवधारणाओं को उद्घाटित करना तथा वैशेषिक मत से अन्य पूर्वपक्षियों के मतों का खण्डन करना है। विषय को समीक्षात्मक बनाने के लिये यत्र-तत्र सोदाहरण समीक्षा करने का प्रयास किया है।

इस कार्य में मेरे गुरु डॉ. आशुतोष दयाल माथुर (विभागाध्यक्ष, संस्कृत विभाग, सेण्ट स्टीफेन्स महाविद्यालय) का योगदान अविस्मरणीय है। उन्होंने इस क्लिष्ट ग्रन्थ के प्रत्येक शब्द को टीकाओं एवं व्याख्याओं के माध्यम से सरल बना दिया। इस सम्पूर्ण कार्य के समयान्तराल में मेरे कार्य को अपना ही कार्य समझकर ग्रन्थ की प्रत्येक पङ्क्ति को टीकाओं एवं व्याख्याओं की सहायता से अध्यापन कराने वाले **डॉ. आशुतोष दयाल माथुर** जी का मैं हृदय से आभारी हूँ। समय-समय पर मार्गदर्शन एवं सहायता प्रदान करने वाले अपने गुरु **प्रो. रमेश चन्द्र भारद्वाज** (पूर्व विभागाध्यक्ष, संस्कृत विभाग, दिल्ली विश्वविद्यालय) एवं प्रो. शारदा शर्मा (विभागाध्यक्ष, संस्कृत विभाग, दिल्ली-विश्वविद्यालय) का कृतज्ञ हूँ, जिन्होंने न केवल इस शोध-कार्य में अपितु अन्य अध्ययन कार्यों में भी आशीष पूर्ण मार्गदर्शन किया है। अतः उनका भी हृदय से आभार व्यक्त करता हूँ।

इस कार्य की विघ्नरहित पूर्ति में पूजनीय माता-पिता का आशीर्वाद एवं उनका स्नेह भी निश्चित रूप से कारण है। अतः इन सभी का हृदय से आभार व्यक्त करता हूँ। समय-समय पर निराशा होने पर आशा के किरणस्वरूप तथा प्रतिक्षण सकारात्मकस्पन्दस्वरूप आशीर्वाद से प्रेरित करने वाले पितातुल्य **श्री भारतभूषण जी** एवं **श्रीमती मोनिका अरोड़ा जी** का भी हृदय से आभार व्यक्त करता हूँ। इसके अतिरिक्त

गुरूजन **प्रो. रामनाथ झा जी, डॉ. चन्द्रभूषण झा जी, डॉ. पंकज कुमार मिश्र जी** एवं **डॉ. अनीता स्वामी जी** का हृदय से आभारी हूँ।

इसके अतिरिक्त पुस्तकालय कर्मचारी, विभाग में कार्यरत समस्त अध्यापक गण, अध्यापकेतरगण एवं इस कार्य में प्रत्यक्ष एवं अप्रत्यक्ष रूप से सहयोग प्रदान करने वाले समस्त कारकों को मैं हृदय से धन्यवाद ज्ञापित करता हूँ।

डॉ. आयुष गुप्ता
(एम. फिल., पी. एच. डी.)
सहायक प्राध्यापक (तदर्थ)
इन्द्रप्रस्थ महिला महाविद्यालय
दिल्ली- विश्वविद्यालय

भूमिका

अनादि काल से इस देश में विभिन्न दार्शनिक विचारधाराओं का आविर्भाव और विकास होता आया है। इसी क्रम में वैशेषिक दर्शन का प्रादुर्भाव भी भारतीय परम्परा को एक वरदान के रूप में प्राप्त हुआ।

वैशेषिक दर्शन के प्रणेता महर्षि कणाद, उलूक, काश्यप, पैलुक आदि अनेक नामों से प्रसिद्ध है। कणाद शब्द की व्याख्या 'कणान् अत्तीति कणादः' आचार्य व्योमशिव द्वारा ही की गयी है।

वैशेषिक दर्शन परम्परा में सर्वप्रथम स्थान वैशेषिक सूत्रों का है। ये कणादसूत्र भी कहलाते हैं। वैशेषिक के विषय में सर्वप्रथम सूचना बौद्धग्रन्थ 'मिलिन्दपन्हो' में प्राप्त है। इन सूत्रों को ही वैशेषिक दर्शन का मूल माना जाता है। ये सूत्र व्याख्या रूप में न होकर केवल सूत्र रूप में है, अतः इन सूत्रों पर अनेक भाष्य तथा टीकायें प्राप्त होती है। इनमें कुछ टीकायें– वाक्य टीका, श्रायस्क टीका, रावणभाष्यम्, भारद्वाजवृत्ति, चन्द्रानन्दवृत्ति तथा प्रशस्तपादभाष्य आदि हैं।

प्रशस्तपादभाष्य, वैशेषिक सूत्रों पर आचार्य प्रशस्तपाद द्वारा किया गया भाष्य है। यह भाष्य वैशेषिक सूत्रों के समस्त पदों का विवेचन करता है। भाष्य की शैली अत्यन्त सहज एवं सरल है। इस भाष्य के माध्यम से वैशेषिक सूत्रों के अर्थ को समझना सरल हो जाता है। पुस्तक में इस तथ्य को प्रमाणित करने वाले अनेक उदाहरणों को सन्दर्भ में उद्धृत किया गया है।

प्रशस्तपादभाष्य की शैली भी कहीं-कहीं जटिल होती है, अथवा विचार गुम्फित होते हैं, उन्हें स्पष्ट करने के लिये भाष्य पर भी कुछ टीकायें प्राप्त होती हैं। प्रशस्तपादभाष्य पर मुख्य रूप से तीन टीकायें प्राप्त होती है- (i) व्योमवती (ii) न्यायकन्दली (iii) किरणावली इन तीनों टीकाओं में व्योमवती टीका सबसे प्राचीन है। इस टीका के टीकाकार आचार्य व्योमशिव हैं। पुस्तक का विवेच्य विषय व्योमवती टीका होने के कारण इस टीका तथा इसके टीकाकार का समय तथा परिचय विशेष रूप से वर्णित किया गया है। सारांशतः व्योमशिवाचार्य का समय सप्तम-अष्टमशती का माना जाता है।

दर्शन ग्रन्थों की एक विशेष शैली होती है। इन ग्रन्थों में क्रम पूर्वक उद्देश, लक्षण तथा परीक्षा का क्रम उपलब्ध होता है। प्रशस्तपादभाष्य में भी यही क्रम स्थापित है। चूँकि पुस्तक का विषय 'वैशेषिक दर्शन में द्रव्य मीमांसा है, अतः वैशेषिक दर्शन में 9 द्रव्य क्रमशः पृथ्वी, जल, तेज, वायु, आकाश, काल, दिक्, आत्मा तथा मनस् का साधर्म्य, वैधर्म्य तथा लक्षण उनके गुण आदि का विशद रूप से विवेचन किया गया है।

'प्रयोजनं बिना मन्दोऽपि न प्रवर्तते' की उक्ति को सार्थक करती हुयी व्योमवती टीका भी निःश्रेयस-विचार को मंगलाचरण के तुरन्त बाद स्थान देती है। वैशेषिक दर्शन का परम लक्ष्य निःश्रेयस की प्राप्ति है, अतः ग्रन्थ में निःश्रेयस पर विशद विवेचन प्राप्त होता है, जिसे द्रव्य से भिन्न होने पर भी पुस्तक में स्थान देना अति आवश्यक है। अतः एक अध्याय के रूप में पुस्तक में इसे स्थान दिया गया है। इसके अतिरिक्त अध्यायवार परिचय अग्रलिखित है-

प्रथम अध्याय *'कणाद से व्योमशिव तक'* के अन्तर्गत वैशेषिक सूत्र से लेकर व्योमवती तक के क्रमिक विकास, उनके काल निर्धारण तथा प्रशस्तपाद, व्योमशिवाचार्य का परिचय एवं कृतित्व का उल्लेख किया

गया है। इसके अतिरिक्त वैशेषिक परम्परा के पदार्थों का सामान्य परिचय एवं द्रव्य का विशेष परिचय दिया गया है।

द्वितीय अध्याय *'द्रव्य की अवधारणा'* के अन्तर्गत सर्वप्रथम द्रव्य की सत्ता की सिद्धि हेतु पूर्वपक्ष में द्रव्य की सत्ता स्वीकार न करने वाले बौद्ध को रखकर उसका खण्डन किया है। इस खण्डन से वैशेषिक सम्मत द्रव्य की सत्तासिद्धि हो जाती है। इसी अध्याय के अन्तर्गत व्योमवतीकार ने कल्पनाज्ञान का खण्डन किया है। 'द्रव्यत्व सामान्य' अर्थात् जाति के माध्यम से भी द्रव्य की सिद्धि की है। द्रव्य साधर्म्य में ऐसे द्रव्यों का एक साथ उल्लेख किया गया है, जिनमें समान धर्म पाये जाते हैं। अतः भिन्न-भिन्न द्रव्यों में समानता के आधार पर उनका वर्गीकरण इस अध्याय में किया गया है।

तृतीय अध्याय–'अनित्य-द्रव्य' इस अध्याय में पृथ्वी वैधर्म्य, जल वैधर्म्य, तेज वैधर्म्य तथा वायु वैधर्म्य को स्पष्ट किया गया है। सर्वप्रथम पृथ्वी, जल, तेज, वायु का सामान्य परिचय स्पष्ट किया गया है। तत्पश्चात् इनका लक्षण, इनके गुण तथा जहाँ आवश्यक है इनके भेदों का वर्णन व्योमवती टीका के अनुसार किया गया है। प्रशस्तपादभाष्य में प्रत्येक द्रव्य के विवेचन में एक समानता है। सर्वप्रथम द्रव्य का लक्षण तत्पश्चात् उसके गुण तथा भेदों का निरूपण क्रमवार किया गया है।

चतुर्थ अध्याय *'आकाश'* इस अध्याय में आकाश का सामान्य परिचय, आकाश का लक्षण, आकाश के गुणों का विवेचन प्राप्त होता है।

पञ्चम अध्याय *'काल एवं दिक्'* इस अध्याय में काल का सामान्य परिचय, काल का लक्षण, व्योमशिव द्वारा परापरादि प्रत्ययों की विशिष्ट कारणता का प्रतिपादन, कालविवक्षित परापर का दिग्विवक्षित परापर से भेद, जन्मकाल के आधार पर परत्वापरत्व का खण्डन, क्रिया की काल से भिन्नता का प्रतिपादन किया गया है।

'दिक्' उपशीर्षक में 'दिक्' का सामान्य परिचय, दिक् का लक्षण, 'दिक् सिद्धि', पूर्वापर प्रत्यय का विषय मूर्त द्रव्य को मानने का खण्डन, पूर्वापरादि प्रत्ययों में सङ्केत की कारणता का खण्डन, बौद्धपूर्वपक्षी के पूर्वापरादि प्रत्ययों के निर्विषयक होने के मत का खण्डन तत्पश्चात् दिक् के गुण तथा उसके भेदों का वर्णन किया गया है।

षष्ठ अध्याय *'आत्मा'* में सामान्य परिचय, आत्मा का लक्षण, उसका सौक्ष्मत्व, बाह्येन्द्रियग्राह्यता का खण्डन, अन्तः प्रत्यक्ष का प्रतिपादन तथा आत्मा के गुणों का वर्णन कर उसके जीवात्मा तथा परमात्मा इन भेदों का विवेचन प्राप्त होता है।

सप्तम अध्याय *'मनस्'* में मनस् तत्त्व का सामान्य परिचय, मन की सिद्धि, मन का लक्षण, मन के विकल्प के रूप में अदृष्ट की कारणता का खण्डन, मन की सापेक्ष कारणता का प्रतिपादन मन के द्रव्यत्व की सिद्धि, मन के गुण, मन का अनारम्भकत्व तथा मूर्तता का प्रतिपादन किया गया है।

अष्टम अध्याय *'निःश्रेयस विचार'* के अन्तर्गत निःश्रेयस पर विचार किया गया है। इस क्रम में वैशेषिक दर्शन के द्वारा ग्रहीत निःश्रेयस की व्याख्या के मण्डन हेतु क्रमशः वेदान्त, सांख्य, बौद्ध, जैन आदि मतों का खण्डन किया गया है। इस अध्याय में इन सभी मतों का खण्डन करने के उपरान्त वैशेषिक दृष्टि से निःश्रेयस की व्याख्या को स्थापित किया गया है।

उपसंहार के अन्तर्गत वैशेषिक दर्शन के निःश्रेयस अथवा मोक्ष का सम्बन्ध द्रव्य साधर्म्य एवं वैधर्म्य के ज्ञान के साथ दिखाया गया है। वैशेषिक दर्शन में व्योमवती टीका के योगदान का विस्तृत वर्णन उपसंहार में किया गया है।

सङ्केत सूची

अष्टा.	–	अष्टाध्यायी
क.र.	–	कणादरहस्यम्
का.व.	–	कारिकावली
चौ.सं.सी.	–	चौखम्बा संस्कृत सीरीज
त.भा.	–	तर्कभाषा
त.दी.	–	तर्कदीपिका
त.सं.	–	तर्कसंग्रह
न्या.क.	–	न्यायकन्दली
न्या.सि.मु.	–	न्यायसिद्धान्तमुक्तावली
न्या.सू.	–	न्यायसूत्र
प.त.नि.	–	पदार्थतत्त्वनिरूपणम्
प.शा.	–	पदार्थशास्त्र
प्र.पा.भा.	–	प्रशस्तपादभाष्यम्
ब्र.सू.	–	ब्रह्मसूत्र
ब्र.सू.शां.भा.	–	ब्रह्मसूत्र शाङ्करभाष्य
मी.सू.	–	मीमांसा सूत्र
व्योम.	–	व्योमवती

वे.सा.	–	वेदान्तसार
वै.सू.	–	वैशेषिक सूत्र
वै.भा.	–	वैशेषिकभाष्यम्
श.क.द्रु.	–	शब्दकल्पद्रुमः
स.द.सं.	–	सर्वदर्शनसंग्रह

प्रथम अध्याय

कणाद से व्योमशिव तक

अनादि काल से इस महान् देश भारतवर्ष में विभिन्न दार्शनिक विचारधाराओं का आविर्भाव और विकास होता आया है। उन विचारधाराओं में मुख्य विचारधाराएं द्वैत और अद्वैतपरक हैं। द्वैत-विचारधारा की विकास-श्रंखला में कणादप्रणीत वैशेषिक का अध्ययन अपरिहार्य-सा है, क्योंकि इस दर्शन के अध्ययन के बिना विषय का पूर्णबोध सम्भव नहीं है। जैसा कि वीर राघवाचार्य ने अपना मत व्यक्त किया है-

"The popular saying- Kanada and Panini are helpful in the study of all Shastras is more so in the case of study of Vedant. Here Kanada includes Nayaya also. Therefore no student of Indian philosophy can think that his study is full and complete without a study of Kanada."[1]

वैशेषिक सूत्र-

वैशेषिक दर्शन के मूलभूत कणादसूत्र हैं। वैशेषिक के विषय में सर्वप्रथम सूचना बौद्ध-ग्रन्थ 'मिलिन्दपन्हो' में मिलती है।[2] बौद्ध दर्शन तथा वैशेषिक-दर्शन ये दो ऐसे भारतीय दर्शन हैं जिनका उल्लेख चीन देश की प्राचीन परम्परा में पाया जाता है। न्याय दर्शन की अपेक्षा यह दर्शन प्राचीनतर है।[3] डॉ. जैकोबी महोदय ने वैशेषिक सूत्रों का समय द्वितीय शताब्दी से लेकर पंचम शताब्दी तक स्वीकार किया है तथा न्याय-सूत्रों की अपेक्षा इन्हें प्राचीन माना है।[4] फैन्डेगन महोदय ने 'सुआलि' (Suali)

के मत के अनुसार अपनी सम्मति दी है कि तीसरी शताब्दी ईसवी-पूर्व में हुए आचार्य कौटिल्य के 'अर्थशास्त्र' में वैशेषिक शब्द का उल्लेख नहीं हुआ किन्तु ईसवी प्रथम शताब्दी में हुए कनिष्क के राज्यकाल में लिखी गई चरक-संहिता में द्रव्यादि षट् पदार्थों का वर्णन मिलता है।[5] डॉ. उई महोदय ने 150 ईसवी तक सूत्रों के समय का संकेत किया है।[6] महामहोपाध्याय कुप्पु स्वामी शास्त्री ने 400 ईसवी वर्ष पूर्व सूत्रों के काल को स्वीकार किया है।[7] किन्तु सर्वसम्मति से इस विषय पर निश्चित रूप से कुछ नहीं कहा जा सकता जब तक कि स्पष्ट और पुष्ट प्रमाण इस सम्बन्ध में प्राप्त न हो सकें।

सूत्रकार कणाद-

वैशेषिक दर्शन के प्रणेता महर्षि कणाद, उलूक, काश्यप, पैलुक आदि अनेक नामों से प्रसिद्ध हैं। कणाद शब्द की व्याख्या आचार्यों ने विविध प्रकार से की है। आचार्य व्योमशिव ने इसकी व्याख्या- 'कणान् अत्तीति कणादः' यह कहकर की है।[8] न्याय-कन्दलीकार श्रीधराचार्य ने कणाद शब्द की व्युत्पत्ति इस प्रकार से दी है- 'कणादमिति तस्य कापोतीं वृत्तिमनुतिष्ठतः रथ्यानिपतितांस्तण्डुनादाय प्रत्यहं कृताहारनिमित्ता संज्ञा। अतएव 'निरवकाशः कणान् वा भक्षयतु' इति (यत्र-तत्र) उपालम्भः तत्र भवताम्।[9] अर्थात् उनका यह 'कणाद' नाम मार्ग में गिरे हुए अन्न-कणों को कपोत की तरह चुन-चुनकर आहार करने के कारण है। अतएव उनके खण्डन-ग्रन्थों में यत्र-तत्र यह आक्षेप-युक्त उपालम्भ मिलता है कि- 'अब कोई उपाय न रहने के कारण कणों को खाइये।'

कुछ लोगों ने 'कण' शब्द की व्याख्या परमाणु के अर्थ में लेकर की है।

"कणान् परमाणून् अत्ति सिद्धान्ततोनात्मसात्करोतीति कणादः"[10] आचार्य उदयन ने भी यही माना है कि महेश्वर की कृपा को प्राप्त कर मुनि कणाद ने इस शास्त्र का प्रणयन किया है।[11] व्योमशिव ने कणाद शब्द की

अनेक व्युत्पत्तियों का खण्डन किया है। वे कहते हैं "अन्येतु असच्चोद्यनिरासार्थं कणान् ददाति इति दयते इति वा व्युत्पत्त्यन्तरमाश्रियन्ते चिन्त्यमेतत्, प्रसिद्धय परिज्ञानार्थं चोपात्तमिति अलमसद्व्याख्यानैः।"[12]

इस प्रकार यह स्पष्ट हो जाता है कि 'कणाद' नाम उनकी आचार–पद्धति के कारण पड़ा न कि किसी अन्य कारण से। इसीलिए उनके कणभुक्, कणवत् इत्यादि नाम यत्र–तत्र उल्लिखित पाये जाते हैं। चीन देश के चित्सान नामक विद्वान् ने इन्हें 'उलूक' नाम से अभिहित किया है क्योंकि ये दिन में ग्रन्थों की रचना करते थे तथा रात्रि में उलूक पक्षी के समान जीविकोपार्जन किया करते थे।[13] व्योमशिव ने भी इसी आशय का समर्थन किया है– "अन्ये तु धर्मैः सह धर्मिण उद्देश्यःकृतः। केनेति–विना=पक्षिणा= उलूकेन......."[14]

नैषधीयचरित महाकाव्य के प्रकाश टीकाकार नारायण भट्ट ने कणाद और उलूक दोनों शब्दों को एक–दूसरे का पर्याय माना है।

"वैशेषिकमपि उलूकापरनाम्ना कणादमुनिना प्रोक्तम्।"[15]

न्यायलीलावती की भूमिका में उद्धृत निम्नांकित अनुच्छेद भी इसी बात का समर्थन करता है कि ईश्वर ने उलूक का रूप धारण कर कणाद को पदार्थ–ज्ञान का उपदेश किया।[16] जैनाचार्य अभयदेव सूरि ने 'औलूक्य' इस नाम से ही कणाद को स्वीकार किया है।[17] महर्षि कणाद परमाणुसिद्धान्त के प्रवर्तक थे। परमाणु का अपर नाम 'पीलु' भी है अतएव इस सम्प्रदाय को पैलुक सम्प्रदाय भी कहा जाता है।[18] 'कश्यप' नाम का उल्लेख प्रशस्तपाद ने अपने पदार्थधर्मसंग्रह में किया है–

'विरूद्धासिद्धसन्दिग्धमलिङ्ग काश्यपोऽब्रवीत्'[19]

लिङ्गपुराण में अक्षपाद मुनि तथा उलूकमुनि को शिव का अवतार बताया गया है। महाभारत में वर्णन मिलता है कि शरशय्या में पड़े हुए भीष्म की मृत्यु के समय नारद् गौतम तथा उलूक आदि मुनि वहां पर

उपस्थित थे।[20] मतान्तर से वही उलूक अथवा औलूक्य मुनि वैशिषक दर्शन के प्रणेता थे। अतः इस दर्शन के प्रतिष्ठापक आचार्य कणाद, काश्यप, उलूक आदि नामों से जाने जाते हैं तथा उनका प्रवर्तित मत कणाद् औलूक्य,[21] पैलव आदि शब्दों से अभिहित होता है किन्तु 'वैशेषिक' नाम अत्यन्त प्रसिद्ध है। इस दर्शन का नाम वैशेषिकदर्शन क्यों पड़ा? इस सम्बन्ध में विद्वानों ने अनेक प्रकार के विचार व्यक्त किए हैं।

वैशेषिक नामकरण -

चीन देश की परम्परा के अनुसार विशिष्ट का उपदेश करने वाले कणाद के द्वारा उपदिष्ट होने से इसका नाम वैशेषिक पड़ा।[22] डॉ. उई महोदय ने लिखा है कि चीनी भाषा में 'दशपदार्थशास्त्र' के प्रणेता आचार्य चन्द्र ने भी इनको विशिष्टोपदेष्टा माना है। इस कल्पना का आधार वैशेषिक दर्शन का विशेष पदार्थ है। किन्तु विशेष पदार्थ को लेकर इस दर्शन का नाम 'वैशेषिक' तर्कसंगत नहीं है। इस बात को डॉ. उई महोदय ने वहीं पर प्रतिपादित किया है। अर्वाचीन भाष्यकार आचार्य चन्द्रकान्त के मतानुसार अन्य दर्शनों की अपेक्षा इसमें विशिष्ट तत्त्वों का व्याख्यान हुआ है अतः इसे वैशेषिक कहा जाता है-

"यदिदं वैशेषिकं नाम शास्त्रमारब्धं तत्खलु तन्त्रान्तरात् विशेषस्यार्थस्याभिधानात्।"[23]

षड्दर्शन-समुच्चय की व्याख्या में मणिभद्र सूरि ने निम्नांकित मत व्यक्त किया है-

"नैयायिकेभ्यो द्रव्यगुणादिसामग्रया विशिष्टामिति वैशेषिकम्"[24]

गुणरत्न ने अपना मत इस प्रकार व्यक्त किया है-

"नित्यद्रव्यवृत्तयोऽन्त्या (विशेषाः) विशेषा एवं वैशेषिकं विनयादिभ्यः स्वार्थे इकग्। तद्वैशेषिकं विदन्ति अधीयते वा तद्वेत्त्यधीत इत्यणि वैशेषिकाः। तेषामिदं वैशेषिकम्।"[25]

महामहोपाध्याय कालीपदतर्काचार्य ने सूक्ति दीपिका पुस्तक में वैशेषिक शब्द की पांच प्रकार से व्याख्या की है–

(1) विशेष पदार्थ से युक्त होने से यह वैशेषिक दर्शन है क्योंकि अन्य दर्शनों में विशेष का उपदेश उस प्रकार से नहीं देखा जाता जैसे कि इस दर्शन में है। 'विशेष' के स्वतन्त्र वर्णन से यह दर्शन अन्य दर्शनों से भिन्न है। अतः 'विशेष' पदार्थ व्यावर्तक है। अतः इसकी वैशेषिक संज्ञा है।

(2) कुछ लोग जो कि वैशेषिक सम्प्रदाय के ही हैं वे मानते हैं कि विशेष गुणों का उच्छेद ही मुक्ति है न कि दुःख का आत्यन्तिक उच्छेद। और मुक्ति का प्रतिपादन सभी दर्शन करते हैं किन्तु विशेष गुण को लेकर इस दर्शन में विलक्षणता है। अतः 'विशेष एव वैशेषिकः' यहां स्वार्थ में ष्णिक् प्रत्यय से वैशेषिक बना लेते हैं।

(3) 'विगतः शेषः यस्य तत् विशेषम्' ऐसा विग्रह करके विशेष का अर्थ निरवशेष करने पर षोडश पदार्थों का सप्तपदार्थवादी वैशेषिक में अन्तर्भाव हो जाता है अर्थात् कोई भी अन्य पदार्थ शेष नहीं रह जाते ऐसा बोध होता है। इसलिए भी विशेष युक्त वैशेषिक यह व्याख्या संगत है।

(4) 'विशेषणं विशेषः' ऐसे विग्रह से पदार्थों का लक्षण–परीक्षण आदि के द्वारा प्रतिपादन का बोध जिसमें हो वह वैशेषिक दर्शन है।

(5) विशेष गुण मानकर उससे संसृष्ट दर्शन को वैशेषिक कहा जाता है। जैसा कि वेदान्त आत्मा के विशेष गुण तथा भेद को नहीं स्वीकार करता। इस दर्शन में आत्मा के भेद तथा उसमें होने वाले विशेष गुणों का व्याख्यान हुआ है। कपिल ने आत्मा के भेदों को

स्वीकार किया है किन्तु उनको विशेष गुण वाला नहीं माना है। अतः विशेष गुण और भेद स्वीकार करने से भी विशेष से सम्बद्ध इस दर्शन का नाम वैशेषिक पड़ा।[26]

वस्तुतः वैशेषिक शब्द की निम्नांकित व्याख्या समुचित प्रतीत होती है-

"विशिष्यते सर्वतो व्यवच्छिद्यते येन स विशेषः" उदयनाचार्य ने भी इसी प्रकार की व्याख्या की है-

"विशेषो व्यवच्छेदः तत्त्वनिश्चयः तेन व्यवहरतीत्यर्थः।"[27] और किसी वस्तु का व्यवच्छेद साधर्म्य-ज्ञान तथा वैधर्म्य-ज्ञान से ही हो सकता है अन्य किसी के द्वारा नहीं।[28] अतः विशेषों के साधर्म्य-ज्ञान के व्यवच्छेदक होने के कारण ही इसे वैशेषिक दर्शन कहा जाता है अथवा विशेषों के माध्यम से साधर्म्य-वैधर्म्य के विवेचन हेतु प्रवृत्त शास्त्र को वैशेषिक दर्शन कहा जा सकता है। आचार्य श्रीधर ने 'साधर्म्य वैधर्म्य एव तत्त्वम्'[29] ऐसी व्याख्या करके यह प्रतिपादित किया है कि वैधर्म्य रूप तत्त्व से उत्पन्न जो शास्त्र है उसका नाम वैशेषिक है। प्रशस्तपादभाष्य में आया हुआ वाक्य 'साधर्म्यवैधर्म्यतत्त्वज्ञानम्' में 'साधर्म्य च वैधर्म्य च' साधर्म्यवैधर्म्ये त एव तत्त्वं साधर्म्यवैधर्म्यतत्त्वम्' ऐसा द्वन्द्व समास करना ही उचित है। षष्ठी तत्पुरूष समास करना ठीक नहीं। अन्यथा साधर्म्य-वैधर्म्य धर्मज्ञान में मुक्ति जनकता की आपत्ति होगी जो कि अभीष्ट नहीं।

वैशेषिक सूत्रों की टीकाएं -

श्रायस्क टीका -

प्रमाण समुच्चय में एक पंक्ति मिलती है "केचित्प्रमाणात् फलमर्थान्तरमिच्छन्तो साधारणत्वात् इन्द्रियार्थसन्निकर्षं प्रमाणमामनन्ति।"[30] इसकी व्याख्या में जिनेन्द्रबुद्धि ने 'केचित्' शब्द का अर्थ 'श्रायस्कादयः'[31] ऐसा किया है। इस व्याख्या से सिद्ध होता है कि कोई श्रायस्क नाम का वैशेषिक व्याख्याकार हुआ है। इस सम्बन्ध में आचार्य दिङ्नाग ने एक

दूसरा मत उपस्थित किया है। वे प्रमाण समुच्चय में लिखते हैं कि "अन्ये तु प्रधानात्वादात्ममनः सन्निकर्षप्रमाणमाहुः।"[32] इस मत का सम्बन्ध टीकाकार जिनेन्द्रबुद्धि ने रावण के साथ जोड़ा है। वे कहते हैं- "आत्ममनसोः प्रधानत्वात् तत्सन्निकर्षस्यापिप्रमाणत्वं रावणादयो मन्यन्ते"।[33]

रावणभाष्यम्-

उपर्युक्त उद्धरण की सम्मति रावण-प्रणीतभाष्य के सन्दर्भ में समीचीन प्रतीत होती है। इस भाष्य का संकेत शांकरभाष्य की रत्नप्रभाटीका में उपलब्ध होता है- "द्वाभ्यां द्वयणुकारब्धे कार्ये महत्त्वं दृश्यते, तस्य हेतुः प्रचयो नाम प्रशिथिलावयवसयोंग इति रावण-प्रणीते भाष्ये दृष्यते इति चिरन्तनवैशेषिकदृष्ट्या इदम्"।[34] नयचक्रवृत्ति[35] में तथा मुरारिविरचित अनर्घराघव[36] नाटक में रावण विरचित कटन्दी टीका का उल्लेख प्राप्त होता है। सम्भवतः कटन्दी और भाष्य दोनों एक ही हैं। कुछ विद्वान्[37] रावण विरचित भाष्य को प्रशस्तपादभाष्य से परवर्ती मानते हैं किन्तु यह मत उचित नहीं प्रतीत होता क्योंकि उदयनाचार्य ने किरणावली[38] में एक भाष्य का संकेत किया है और उनके टीकाकार वर्धमान ने- 'भाष्यस्य रावण प्रणीतस्य'[39] यह कहकर उसे रावण प्रणीत माना है। यदि प्रकृत रावण भाष्य ही किरणावली में निर्दिष्ट रावणभाष्य है तो उसे प्रशस्तपादभाष्य से परवर्ती मानना असम्भव होगा।

आत्रेयभाष्य -

आत्रेय प्रणीत वैशेषिक सूत्रों के व्याख्यान रूप एक भाष्य का निर्देश राजशेखर ने षड्दर्शन समुच्चय में किया है।[40] आत्रेय मत अन्य मतों से कुछ विशिष्ट था, अतः राजशेखर ने उसका उल्लेख आत्रेयतन्त्र के रूप में किया है।

चन्दनानन्दवृति -

वैशेषिक सूत्रों के साथ उपलब्ध होने वाली टीकाओं में यह वृत्ति

सबसे प्राचीन है। यह गायकवाड़ ओरियण्टल इंस्टीट्यूट बड़ौदा से प्रकाशित हो चुकी है।

अविज्ञातकर्तृक व्याख्या -

मिथिला विद्यापीठ ने अविज्ञात लेखक की टीका प्रकाशित की है। यह टीका अर्वाचीन है क्योंकि पृष्ठ-संख्या 2 पर उदयन के मत का उल्लेख इसमें प्राप्त होता है- "उदयनादयस्तु न्यूनाधिकसंख्याव्यवच्छेदार्थविभाग-वचनमाहु:"।[41] अत: इसे द्वादश शताब्दी के आस-पास की लिखी हुई समझना चाहिए।

वैशेषिक-सूत्रवार्तिक -

अभी तक इसका प्रकाशन नहीं हो पाया है किन्तु 'वैशेषिक दर्शन'[42] की भूमिका में उल्लेख मिलता है।

अन्य नवीन व्याख्याएं, जयनारायण विवृत्ति, वैशेषिक-सूत्रोपस्कार, चन्द्र-कान्तभाष्य, रघुवेद व्याख्यान, हरिप्रसाद शास्त्री की वैदिक-वृत्ति, वीरराघवाचार्य की रसायन व्याख्या आदि उपलब्ध होती हैं जिनमे भाष्य और विवृत्ति का अधिक महत्त्व है। उपर्युक्त व्याख्याएं सूत्रक्रमानुसार लिखी गई है। सूत्रों की संख्या में तो न्यूनाधिक्य हो सकता है किन्तु क्रमव्यवधान नहीं पाया जाता। सूत्रों के विषय को ध्यान में रखकर स्वतन्त्र ग्रन्थ के रूप में प्रशस्तदेव का 'भाष्य', शंकरमिश्रकृत 'कणाद-रहस्य', बल्लभाचार्यकृत 'न्यायलीलावती', गंधाधरसूरि प्रणीत 'कणादसिद्धान्तचन्द्रिका' आदि हैं। कुछ लोगों का विचार है कि न्यायलीलावती प्रशस्तपादभाष्य की व्याख्या है क्योंकि उसमें सन्दर्भ मिलता है कि-

'अत्रभाष्ये संहारविधिरूक्त: स नास्तिप्रमाणाभावादित्येके'

किन्तु यह समीचीन नहीं प्रतीत होता क्योंकि भाष्य वैशेषिक व्याख्याओं में अत्यन्त प्रसिद्ध है। अत: उसके मत की पुष्टि के लिए भी उल्लेख

किया जा सकता है, न कि व्याख्या की दृष्टि से; और सर्वत्र भाष्य के अनुसार पदार्थों का उल्लेख किया नहीं है। उपर्युक्त व्याख्याओं में भाष्य का समादर परवर्ती विद्वानों ने अधिक किया है इसलिए प्रायः अन्य व्याख्यायें निष्प्रभावी सी हो गई हैं जैसा कि आगे उल्लेख किया जायेगा कि इस पर विद्वानों ने अनेक टीकोपटीकायें लिखीं। कुछ विद्वान् लेखकों ने तो प्रशस्तपाद का स्मरण करके ही अपनी व्याख्याओं का प्रारम्भ किया है।[43]

प्रशस्तपादाचार्य -

पदार्थ-धर्म-संग्रह ग्रन्थ के प्रणेता आचार्य प्रशस्तपाद,[44] प्रशस्तदेव,[45] प्रशस्तदेवपाद,[46] प्रशस्तदेवकर,[47] प्रशस्तमति,[48] प्रशस्त आदि अनेक नामों से प्रसिद्ध हैं। यद्यपि सम्मति तर्क प्रकरण आदि ग्रन्थों में उद्धृत अंश पदार्थ धर्म संग्रह में नहीं पाये जाते। इसलिए प्रशस्तमति और प्रशस्तपाद दोनों एक ही व्यक्ति थे या पृथक्-पृथक् इसमें सन्देह होता है और इसीलिए प्रमेय कमल मार्तण्ड के सम्पादक आचार्य महेन्द्र कुमार ने दोनों व्यक्तियों को भिन्न-भिन्न स्वीकार किया है।[49] किन्तु गायकवाड़ सीरीज से प्रकाशित 'वैशेषिकसूत्रकार कणाद' की भूमिका में प्रो. अनन्तलाल ठाकुर ने दोनों व्यक्तियों को अभिन्न माना है:-

"This goes to prove that this Prasastimati is identical with Prasastapada."[50]

आचार्य प्रशस्तपाद का काल -

प्रशस्तपाद के समय के विषय में निश्चित रूप से कुछ कहना कठिन है तो भी विद्वानों के दिए गए विवरणों के आधार पर विवेचन प्रस्तुत किया जाता है। ईसवी सप्तम शताब्दी में उत्पन्न हुए उद्योतकर के ग्रन्थ मे आचार्य प्रशस्तपाद का उल्लेख प्राप्त होता है। अतः यह इनसे भी प्राचीन है, यह सिद्ध होता है।[51] बोडास महोदय इनका काल वात्स्यायन से पूर्व

मानते हैं।[52] किन्तु फैडेगन महोदय बोडास के इस विचार से सहमत नहीं हैं, उनका कथन है-

"Bodas error is based on his wrong admission that the last mentioned aphorism did not yet exist in Prasastapada's time......... for as I have shown this aphorism in insertion, take from the Nayaya-bhasya, ergo Prasastapada is posterior to Vatsyayana."[53]

कीथ महोदय ने प्रशस्तपाद का समय दिङ्नाग के बाद का माना है। उनके अनुसार दिङ्नाग का प्रभाव पदार्थधर्मसंग्रह पर पड़ा है।[54] दासगुप्त महोदय ने इन्हें ईसवी षष्ठ शती का माना है।[55] डॉ. धर्मेन्द्रनाथ शस्त्री इन्हें दिङ्नाग से पहले का स्वीकार करते हुए भी कुछ सन्देह व्यक्त करते हैं क्योंकि वे इनको बौद्ध विचारधारा से प्रभावित समझते हैं:-

"He (Prasatapada) flourished before Dignaga but there Seems to be little doubt, as we shall see in the sequel, that he was influenced by Buddhist ideas."[56]

कुछ लोगों ने इन्हें सूत्रकार का समकालीन स्वीकार किया है:-

'सूत्रकारस्य समये भाष्यकारोऽप्यजायत। इति केचित्'[57]

निष्कर्ष के रूप में ए.बी. ध्रुव का मत समीचीन प्रतीत होता है। वे प्रशस्तपाद को दिङ्नाग से पूर्व घोषित करते हैं:-

"In views of evidence which has been collected and discussed above, I am of the opinion that the balance of probability is in favour of Prasastapada's priority to Dignaga a view Stcherbatsky has urged against his own theory of an earlier date."[58]

अतः प्रो. ध्रुव का मत अधिक उपयुक्त और समीचीन प्रतीत होता है।

अन्य कृतियाँ -

अब तक प्राप्त उल्लेखों के आधार पर प्रशस्तपाद की दो कृतियों के विषय में पता चलता है- प्रथम 'प्रशस्तपादभाष्य' अथवा 'पंदार्थधर्मसंग्रह'

तथा द्वितीय 'वाक्य भाष्यटीका' किन्तु सम्भवतः प्रशस्तमतिटीका ही थी जिसे प्रशस्तपादभाष्य या पदार्थधर्मसंग्रह कहा जाता रहा होगा। जैसा कि प्रो. अनन्तलाल ठाकुर ने स्वीकार किया है।[59] इसके अतिरिक्त 'पदार्थधर्मसंग्रह' के 'पदार्थसंग्रह'[60], 'पदार्थप्रवेश'[61], 'पदार्थप्रवेशक'[62] आदि नामान्तर भी मिलते हैं किन्तु इस ग्रन्थ का सर्वप्रसिद्ध नाम 'प्रशस्तपादभाष्य' ही है।

प्रशस्तपादभाष्य का भाष्यत्व-

प्राचीनकाल में सम्भवतः भाष्य शब्द का अर्थ दो प्रकार से लिया जाता था प्रथमतः मुख्य तथा दूसरा गौण। पराशरोपपुराण में भाष्य की परिभाषा निम्न प्रकार से दी हुई है-

सूत्रार्थोवर्ण्यतेः यत्र वाक्यैः सूत्रानुसारिभिः।
स्वपदानि च वर्ण्यन्ते भाष्यं भाष्यविदो विदुः।।[63]

यह भाष्य का पारिभाषिक और मुख्य अर्थ है। गौण अर्थ में भाष्य शब्द का प्रयोग वर्धमान के न्याय निबन्ध प्रकाश में मिलता है-

'सूत्रं बुद्धिस्थीकृत्य तत्पाठनियमं बिनाऽपि तद्व्याख्यानं भाष्यम्'[64] अर्थात् सूत्रों को ध्यान में रखकर तदनुकूल किया गया व्याख्यान् चाहे वह क्रमपूर्वक हो या न हो भाष्य कहलाता है। अतः उपर्युक्त मतों के आधार पर ही कुछ आचार्यों ने 'पदार्थधर्मसंग्रह' को भाष्य स्वीकार किया है तथा कुछ ने स्वतन्त्र निबन्ध। आचार्य व्योमशिव ने दोनों मान्यताएं दी हैं। उन्होंने इसे भाष्य भी कहा है- "सर्वस्मिन व्याख्याने सूत्रतत्त्वोपदर्शनं भाष्यस्य इष्यते एव"।[65] तथा संग्रह भी स्वीकार किया है।[66] आचार्य श्रीधर ने भी इसे यत्र-तत्र निबन्ध तथा यत्र-तत्र भाष्य कहकर उल्लेख किया है- 'न तु तदुपनिबन्धख्यापनाय' 'एवं प्रशस्तदेवकृतोपनिबन्धेऽपि तच्छिष्याणामपरेषां च प्रवृत्तिर्भविष्यतीति'।[67] 'अतीवायं मार्गस्तार्किकेः क्षुण्णस्तेनास्माभिरिहभाष्य-

तात्पर्यमात्रं व्याख्यातम्'[68] उद्यनाचार्य तथा उनकी किरणावली के टीकाकार पद्मनाथ दोनों ने क्रमशः 'भाष्यस्य चातिविस्तरत्वात्', 'भाष्यस्य रावण-प्रणीतस्य'[69] कहकर भाष्य कहा है। यही बात पद्मनाभ ने सेतु में भी कही है।[70] सूक्तिकार जगदीश ने भी इसे भाष्य ही माना है।[71] उदयन के कथन को हम गौण अर्थ में भाष्य-कथन मानते हैं, क्योंकि जिस रावण-प्रणीत भाष्य को टीकाकार वर्धमान भाष्य कहकर संकेत करते हैं पता नहीं वह भाष्य यही पदार्थधर्मसंग्रह है या अन्य कोई रावण-प्रणीत भाष्य। यदि वह रावण-प्रणीत रहा होगा तो उसका क्या स्वरूप रहा होगा यह अनिश्चित है। यदि प्रशस्तपाद जैसा ही रहा होगा तो उसे गौण कथन मानना ही उचित है। यद्यपि आचार्य विन्ध्येश्वरी प्रसाद द्विवेदी ने अपनी न्यायकन्दली की भूमिका में इसे भाष्य सिद्ध करने का प्रयत्न किया है। उनका आधार अधिकतर टीकाकारों तथा पश्चाद्भावी आचार्यों की भाष्योक्तियां हैं।[72] किन्तु उस आधार पर 'संग्रह' को भाष्य मान लेने पर प्रकरणादि ग्रन्थ भी भाष्य हो जाएंगे। भाष्य मानने में एक असंगति यह भी आ जाती है कि अब तक परम्परागत रूप से जो भी भाष्य उपलब्ध है उनको, उनके कर्त्ताओं के अथवा शास्त्र के नाम के साथ भाष्य कहा गया है। प्रकृत 'पदार्थधर्मसंग्रह' को स्वयं आचार्य ने 'पदार्थधर्मसंग्रहः प्रवक्ष्यते महोदयः' कहकर नामकरण किया है तथा भाष्यरूप में इसकी प्रसिद्धि नहीं पायी जाती है। हां, यत्र-तत्र जैसा कि आचार्य विन्ध्येश्वरी प्रसाद द्विवेदी ने उद्धृत किया है तथा प्रकृत विवेचन में पहले कहा जा चुका है कि टीकाकार इसे भाष्य कहते हैं किन्तु श्रीधर, व्योमशिव जैसे टीकाकारों ने इसे पदार्थ प्रवेश, पदार्थधर्मसंग्रह, पदार्थसंग्रह आदि नामों से ही अभिहित किया है। अतः इस दृष्टि से भी 'भाष्य' कहना समीचीन प्रतीत नहीं होता। भाष्य कथन का दूसरा कारण टीकाकारों का यत्र-तत्र भाष्योल्लेख तथा भाष्य के गौण अर्थ का अप्रचलन या अप्रयोग भी हो सकता है। अतः यह मूलतः भाष्य नहीं हैं।

अब प्रश्न यह उठता है कि यदि भाष्य नहीं है तो इसे किस कोटि में रखा जाये। आचार्य शङ्कर मिश्र ने इसे प्रकरण माना है।[73] प्रकरण की परिभाषा प्रायः निम्नांकित मिलती है-

शास्त्रैकदेशसम्बद्धं शास्त्रकार्यान्तरे स्थितम्।

आहुः प्रकरणं नाम ग्रन्थभेदं विप्रश्चितः॥

किन्तु उपर्युक्त परिभाषा के आधार पर तथा "प्रकरणानां चैकदेशत्वात्"[74] इस उदयनाचार्य के अभिमतानुसार पर्यालोचन करने पर 'पदार्थधर्मसंग्रह' प्रकरण भी सिद्ध नहीं होता। अतः पारिभाषिक दृष्टि से यह संग्रह ही कहा जा सकता है। संग्रह की परिभाषा निम्नलिखित है-

विस्तरेणोपदिष्टानामर्थानां सूत्रभाष्ययोः।
निबन्धो यः समासेन संग्रहं तं विदुर्बुधाः॥[75]

सूत्र और भाष्य के अर्थों का विस्तार से निबन्ध के रूप में संकलन ही संग्रह है। यही अभिमत वर्धमान ने भी न्यूनाधिक रूप में भाष्य के गौणार्थ के सम्बन्ध में व्यक्त किया है। स्वयं ग्रन्थकार प्रशस्तदेव भी इसे संग्रह ही कहते हैं। टीकाकार व्योम शिव, श्रीधर और उदयन भी इसी प्रकार की अभिव्यक्ति करते हैं। 'पदार्थधर्माणां संग्रह इति निबन्धान्तरे विस्तरोक्तानां संक्षेपाभिधानम्'[76] 'अन्यत्र ग्रन्थे विस्तरेण इतस्ततोऽभि-हिताना-मिहैकत्र तावतामेव पदार्थानां ग्रन्थे संक्षेपाभिधानम्'[77]

'शास्त्रे नाना स्थानेषु वितताः एकत्र संकलय्य कथ्यन्ते इति संग्रहः'[78] इस प्रकार पदार्थसंग्रह को संग्रह कहना ही उचित प्रतीत होता है।

पदार्थधर्मसंग्रह का महत्त्व-

यदि विचारपूर्वक परीक्षण किया जाए तो यह बात स्पष्ट हो जाती है कि वैशेषिक दर्शन के इतिहास में तीन काल अत्यन्त महत्त्वपूर्ण प्रतीत होते हैं। प्रथम तो वैशेषिक दर्शन के आविर्भाव और सूत्रों का काल जिसे

डॉ. धर्मेन्द्र नाथ शास्त्री ने पूर्व दिङ्नाग[79] माना है। इस काल की सीमा में वे न्यायसूत्र वात्स्यायन भाष्य तथा प्रशस्तपादभाष्य को लेते हैं। प्रशस्तपादभाष्य एकमात्र उपलब्ध ग्रन्थ है जो वैशेषिक वाह्यार्थवाद की आधारशिला बनकर पश्चाद्भावी दार्शनिकों की विचारणा और आलोचना का क्षेत्र रहा है। दूसरा काल विकास और संघर्ष का आता है जिसमें प्रशस्तपाद के आधार पर अनेक टीका ग्रन्थ लिखे गए तथा कुछ स्वतन्त्र निबन्धात्मक ग्रन्थ भी लिखे गए। इस काल को डॉ. धर्मेन्द्र नाथ शास्त्री ने पांचवीं शती से एकादश शती तक स्वीकार करते हुए कहा है कि यह काल न केवल न्याय वैशेषिक दर्शन का अपितु सम्पूर्ण भारतीय दर्शन का स्वर्णिम युग है।[80] इस काल में व्योमशिव, उदयन, श्रीधर, वाचस्पति मिश्र, जयन्त भट्ट जैसे प्रतिभाशाली विद्वान् हुए हैं, जिन्होंने स्वतन्त्र रूप में तथा टीकाओं के रूप में साहित्य का प्रणयन किया है।

तीसरा काल ग्यारहवीं शताब्दी के बाद का है। इसमें मुख्यतः गंगेश ही एक ऐसे व्यक्ति हुए हैं जिन्होंने प्राचीन विचारधारा को नये ढंग से प्रस्तुत किया, जिससे कि ये नव्यन्याय के प्रवर्त्तक माने गए। फलतः इस काल में प्रमेय–मीमांसा की अपेक्षा प्रमाण मीमांसा पर अधिक बल दिया गया और विषय–विश्लेषण या तत्त्वज्ञान पूर्वापेक्षया उपेक्षित हो गया।

उपर्युक्त सन्दर्भ में एक बात ध्यान देने की है कि वैशेषिक सम्प्रदाय विषयवस्तु के प्रतिपादन की ओर अधिक उन्मुख रहा है, जबकि न्याय–सम्प्रदाय खण्डन और मण्डन की प्रवृत्ति की ओर रहा। उदाहरण के लिए वैशेषिक सूत्रों में तथा प्रशस्तपादभाष्य में विषय को वाद–विवाद की दृष्टि से नहीं प्रस्तुत किया गया, अपितु उसे भली–भांति अभिव्यक्त करने की दृष्टि से किया गया। है। भाषा अधिक क्लिष्ट या दुरूह नहीं है जबकि, न्याय–सम्प्रदाय की प्रस्तुतीकरण की शैली पूर्वपक्ष तथा उत्तर पक्ष की रही। उदाहरण के लिए न्याय के निम्नांकित सूत्र को लिया जा सकता है–

सर्वमभावो भावेष्वितरेतराभावसिद्धः।[81]

इसमें माध्यमिक सम्प्रदाय के सर्वशून्यतावाद के सिद्धान्त को पूर्वपक्ष के रूप में प्रस्तुत किया गया है। तदनन्तर वात्स्यान, उद्योतकर, वाचस्पति मिश्र, उदयन और जयन्त भट्ट आदि उत्कृष्ट वाद-शास्त्री आते हैं जिनके साहित्य में गम्भीर विषयों का विवेचन बड़ी ही तर्कपूर्ण शैली में किया गया है। वैशेषिक क्षेत्र में सर्वप्रथम श्रीधर एक स्वतन्त्र और पांडित्यपूर्ण व्यक्तित्व को लेकर आते हैं जिन्होंने पूर्वपक्ष-उत्तरपक्ष की शैली में परमत, विशेषतया बौद्धमत तथा मीमांसक-मत का खण्डन किया है और सम्भवतः इसीलिए उन्होंने अपने ग्रन्थ का नाम न्यायकन्दली रखा।[82] इसीलिए विशुद्ध वैशेषिक ग्रन्थ होते हुए भी आचार्य विश्वनाथ पञ्चानन ने अपनी भाषा-परिच्छेद की टीका का नाम न्याय-सिद्धान्त-मुक्तावली रखा क्योंकि वह भी वाद-विवाद और तर्क से परिपूर्ण है।

भारतीय वाह्यार्थवाद की दृष्टि से जो स्थान वैशेषिक और पूर्वमीमांसा का है वह केवल न्याय को कभी भी प्राप्त नहीं हो सकता। अतः सभी भारतीय अथवा विदेशी दर्शनशास्त्री भारतीय वाह्यार्थवाद के लिए न्याय-वैशेषिक दोनों दर्शनों का सम्मिलित अध्ययन करते हैं। वस्तुतः वैशेषिक के पदार्थों (द्रव्य, गुण, कर्म, सामान्य, विशेष समवाय और अभाव) का क्रमिक विश्लेषण एक ऐसी परम्परा है जो सभी जिज्ञासु समालोचक को अपनी ओर आकृष्ट करती है।

वैशेषिक के इन पदार्थों की कल्पना प्रारम्भ में केवल तीन ही थी क्योंकि महर्षि कणाद ने अर्थ शब्द से केवल द्रव्य, गुण, कर्म को ही माना है।[83] वस्तुतः सर्वसाधारण को सर्वप्रथम इन्हीं की प्रतीति भी होती है। सामान्य और विशेष बौद्धिक है।[84] समवाय के मूल में तो कार्य-कारणवाद ही है।[85] यदि ध्यान से देखा जाए तो साधर्म्य ही सामान्य है और वैधर्म्य ही विशेष है और किसी वस्तु के साधर्म्यवैधर्म्य ही उसके अनुगत अथवा व्यावर्तक प्रतीति के कारण होते हैं।[86] अतः ये दोनों द्रव्य, गुण और कर्म के धर्म हैं। धर्म और धर्मो की पृथक् मान्यता ही वैशेषिक वाह्यार्थवाद का

मूल है। अभाव की भी स्पष्ट चर्चा सूत्रकार ने नहीं की है।[87] महर्षि ने प्रथम सूत्र में धर्म की व्याख्या के लिए प्रतिज्ञा की है तथा द्वितीय में धर्म के स्वरूप पर विचार किया गया है। चौथे सूत्र के बारे में डॉ. बी. फैडेगन की धारणा है कि यह पश्चात् जोड़ा गया है। उनका विचार है कि प्रशस्तपादभाष्य का तीसरा अनुच्छेद 'तच्चेति' केवल प्रथम तीन सूत्रों का विवरण ही देता है। उनके अनुसार भाष्यकार ने चौथे सूत्र का विवरण नहीं दिया और न टीकाकार उदयन तथा श्रीधर ही उसकी व्याख्या करते हैं। किन्तु वर्तमान संस्करण में चौथा सूत्र और उससे सम्बन्धित भाष्य दोनों पाये जाते हैं। इसके लिए डॉ. फैडेगन बोडास को दोषी मानते हैं।[88]

जो कुछ भी हो सूत्रकार को केवल तीन पदार्थ ही मुख्यतः अभिप्रेत थे। तत्पश्चात् लुप्त टीकाओं, भाष्यों में हो सकता है कुछ अधिक विवेचन हुआ हो, किन्तु अनुपलब्ध होने के कारण कुछ भी निश्चित रूप से नहीं कहा जा सकता। एकमात्र प्रशस्तपादभाष्य ही एक ऐसी कड़ी है जो सीधे सूत्रों के बीच परस्पर सम्बन्ध को जोड़ता है। प्रशस्तपाद ने कुछ नवीन सिद्धान्तों की प्रतिष्ठा की है, किन्तु यह पूर्ण निश्चय के साथ नहीं कहा जा सकता कि उनका श्रेय प्रशस्तपाद को ही है या उनके पूर्ववर्ती आचार्यों को भी। फिर भी प्रशस्तपाद की नवीन धारणाओं का महत्त्व अन्यून है।

बोडास की धारणा है कि द्रव्य–गुण–कर्म से अतिरिक्त पदार्थों की कल्पना प्रशस्तपाद ने की है, किन्तु यह बात उचित नहीं है क्योंकि कणाद ने अपने सूत्रों में सभी अन्य पदार्थों का वर्णन किया है जिनका कि उद्देश–प्रकरण में विवेचन किया जाएगा। हां, यह अवश्य कहा जा सकता है कि मुख्यतः उन्हें तीन ही पदार्थ अभीष्ट थे।

सामान्य और विशेष को कणाद ने बौद्धिक माना था किन्तु आचार्य ने उनकी बाह्य सत्ता स्वीकार की है ऐसा कुछ लोगों का विचार है किन्तु केवल शब्दतः कथन के अतिरिक्त और कुछ भी नहीं कहा जा सकता।

सामान्य और विशेष की पृथक् सत्ता अवश्य भाष्यकार ने स्वीकार की है और उनके स्वरूप का परिष्कार किया है।

परमाणुवाद की स्पष्ट कल्पना द्वयणुक, त्र्यणुक के रूप में भाष्यकार की देन है। ईश्वर की स्थापना भी इन्होंने ही की।

इसके अतिरिक्त शब्द श्रवण प्रक्रिया, संख्या, सृष्टि-प्रक्रिया आदि के निरूपण में प्रशस्तपाद ने मौलिक सूझ-बूझ और कल्पना का आश्रय लिया है, जिससे परवर्ती टीकाकारों को विशेष रूप से विचार करने का मार्ग प्रस्तुत हो सका। फलतः अनेक मूर्धन्य विद्वानों ने स्वतन्त्र रूप से तथा टीकाओं के रूप में इस ग्रन्थ का मन्थन किया और इस निष्कर्ष पर खरे उतरने वाले रत्न ढूंढ़ निकाले, जिनके प्रकाश से वैशेषिक वाङ्मय, देश और विदेश में प्रकाशित हो रहा है।

व्योमशिवाचार्य का परिचय एवं कृतित्त्व-

भाष्य की अब तक उपलब्ध व्याख्याओं में सर्वप्राचीन व्याख्या आचार्य व्योमशिव की है। राजशेखर ने न्यायकन्दली की टीका 'पंजिका' के प्रारम्भ में चार टीकाकारों का उल्लेख किया है। उसमें प्रथम नाम आचार्य व्योमशिव[89] का है। व्योमवतीकार व्योमशिव का समय सप्तम शतक माना जा सकता है। आचार्य ने अपनी व्याख्या में अपने पूर्ववर्ती अनेक लेखकों, कवियों के विषय में उल्लेख किया है। इसमें नाट्य-शास्त्र, भर्तृहरि के शब्द तत्त्व, श्लोक वार्तिक, धर्मकीर्ति, प्रभाकर और श्रीहर्ष के विषय में उल्लेख मिलते हैं। उपर्युक्त सभी व्यक्ति प्रायः सप्तम शतक के पूर्वार्ध के हैं। अतः इनका काल इसके बाद का होना चाहिए। व्योमशिव की अन्तिम सीमा जयन्त के पूर्व मानी जानी चाहिए। विद्वानों की धारणा है कि 'व्योमशिव' के मतों को जयन्त ने अपनी न्यायमञ्जरी में उद्धृत किया है-

'व्यवच्छेद्यान्तरमव्यपदेश्यपदस्य वर्णयाञ्चक्रुराचार्याः

शब्दार्थेषु......उभयजमिदं ज्ञानं व्यपदेशाज्जातमिति व्यपदेश्यमुच्यते तदव्यपदेश्यपदेन व्युदस्यते।[90] के इस संस्करण के सम्पादक श्री गंगाधर शास्त्री ने 'आचार्य' पद का अर्थ वाचस्पति मिश्र किया है किन्तु तात्पर्यटीका जिसका संकेत शास्त्री जी ने किया है उसका अवलोकन करने पर इस मत की पुष्टि नहीं होती। वाचस्पति जी की उक्ति निम्न प्रकार से है–

अथायमप्यैन्द्रियक एव; तत्र गुरूपदिष्टा गाथा पठितव्या–

शब्दजत्वेन शाब्दं चेत् प्रत्यक्षञ्चाक्षजत्वतः।
स्पष्टग्रहणरूपत्वात् युक्तमैन्द्रियकं हि तत्॥

तस्मान्नोभयजं ज्ञानं यद्वारणायाव्यपदेश्यपदं कैश्चिदुक्तम्।[91] यह मत व्योमवती का ही प्रतीत होता है क्योंकि व्योमवती में स्पष्ट रूप से उभयज ज्ञान का समर्थन करके प्रत्यक्ष रूप में अव्यपदेश्य पद की सार्थकता बतलायी गयी है–

अव्यपदेश्यमशब्दजन्यं ज्ञानमिति। नन्वक्षं प्राप्य नोत्पद्यते शाब्दज्ञानमित्यनेनैव व्यवच्छिन्नम्? न, इन्द्रियसहकारिणा यज्जन्यते तस्य व्यवच्छेदार्थत्वात् इत्यादि।[92]

इसी प्रकार न्यायमंजरी के प्रथम तथा द्वितीय संस्करण में आचार्य के मत के रूप में 'जातं च सम्बद्धं च इत्येकः कालः'[93] का सिद्धान्त जाति निरूपण प्रसङ्ग में उद्धृत है। श्रीगंगाधर शास्त्री ने इसे वाचस्पति मिश्र का मत माना है किन्तु यह मत भी तात्पर्यटीका में नहीं पाया जाता। न्यायवार्तिक में 'साध्यत्वादवयविनि सन्देहः' सूत्र की व्याख्या करते हुए 'न पुनः कार्यकारणासम्बद्धं विद्यते–जातः सम्बद्धश्चेत्येकः कालः'[94] लिखा है। भट्ट श्री जयन्त ने भी इसी का उपरिलिखित उद्धरण दिया है। न्यायवार्तिक में पुल्लिंग शब्दों का प्रयोग है तथा न्यायमंजरी में नपुंसकलिङ्ग शब्दों का प्रयोग है। किन्तु 'कार्यम्' को देखते हुए नपुंसक लिङ्ग प्रयोग ही समीचीन है और जयन्तभट्ट वाचस्पति से पूर्ववर्ती हैं। क्योंकि वाचस्पति मिश्र ने अपनी न्यायकणिका में न्यायमंजरी का ससम्मान उल्लेख किया है–

अज्ञानतिमिरशयनीं पदरमणीं न्यायमञ्जरीं रुचिराम्।
प्रसवित्रे प्रभवित्रे विद्यातरवे नमो गुरवे॥[95]

वाचस्पति मिश्र का काल उनकी न्याय निबन्ध सूची के आधार पर 898 ईसवी प्रमाणित होता है। डॉ. विद्याभूषण[96] इसे शकाब्द न मानकर विक्रमाब्द स्वीकार करते हुए वाचस्पति की स्थिति 841 ई. में निर्धारित करते हैं। यदि उपर्युक्त उद्धरणों को व्योमशिव से प्रभावित मान लिया जाय तो व्योमशिव जयन्त भट्ट से पूर्व सिद्ध होते हैं।

इस सम्बन्ध में एक और प्रमाण मिलता है। न्यायकन्दली टीका के लेखक आचार्य श्रीधर का काल 991 ई. उनके उपसंहार श्लोक से सिद्ध हो चुका है।[97] न्यायकन्दली के टीकाकार जैनाचार्य नरचन्द्रसूरि ने स्थान-स्थान पर टिप्पणी करते हुए व्योमशिव का उल्लेख किया है कि अमुक मत व्योमशिव का है। यथा वायु का निरूपण करते हुए आचार्य श्रीधर लिखते हैं- "त्वगिन्द्रियव्यापारेण वायुर्वातीत्य-परोक्षज्ञानोत्पत्तिरिति कश्चित्"[98] टीकाकार नरचन्द्र 'कश्चित्' का अर्थ 'कश्चिदिति व्योमशिवः'[99] करते हैं। दूसरे स्थान पर प्रमाण-निरूपण करते हुए कन्दलीकार लिखते हैं- 'अत्राह कश्चित्' टीकाकार इसका अर्थ करते हैं- "शब्दप्रमाणवादी व्योमशिवादिः।"

अतः पूर्वोक्त उद्धरणों से भी व्योमशिवाचार्य श्रीधर से पूर्ववर्ती प्रतीत होते हैं। यद्यपि कुछ लोगों ने व्योमशिव का समय 950 ई. स्वीकार किया है।[100] मालीन्द्रकुमार शास्त्री[101] इन्हें 700 ई. का मानते हैं, जो कि अधिक तर्कसंगत प्रतीत होता है, क्योंकि यह निश्चित रूप से कहा जा सकता है कि व्योमशिव श्रीधर तथा जयन्त से पूर्ववर्ती थे।

कृतित्व-

आचार्य विधुशेखर भट्टाचार्य ने यह कहा कि व्योमवती की पाण्डुलिपि एक ऐसे व्यक्ति से मिली थी जिसने अपने नाम के प्रकाशन के लिए निषेध किया था। यह दक्षिण की किसी प्राचीन लाइब्रेरी से प्राप्त हुई थी। सम्भवतः व्योमशिव दक्षिण के निवासी शैव सन्त थे। उनका दार्शनिक ज्ञान उच्चकोटि का था। उन्होंने स्वतन्त्र रूप से विषय का प्रतिपादन किया है। वे शब्द प्रमाण को मानकर वैशेषिक परम्परा से अपने को पृथक् करते हुए

भी वैशेषिक सिद्धान्तों का दृढ़ता से प्रतिपादन करते हैं। हरिभद्र सूरि के 'षड्दर्शनसमुच्चय' की टीका में मणिभद्र ने लिखा है कि "यद्यपि औलूक्य शासने व्योमशिवाचार्योक्तानि त्रीणि प्रमाणानि, तथापि श्रीधरमतापेक्षयात्र उभे एव निगदिते।"[102]

बनारस से प्रकाशित व्योमवती में कुछ अशुद्धियां हैं जिससे विषयबोध में कठिनाई अवश्य होती है किन्तु व्याख्या अत्यन्त गम्भीर और प्रभावोत्पादक है। इस प्रकार व्योमवती निश्चित रूप से प्रशस्तपादभाष्य की टीकाओं में सर्वप्रथम एवं आचार्य व्योमशिव प्रथम टीकाकार है।

सन्दर्भ

1. 'An introduction to Kanada' वैशेषिकदर्शनम्, वीरराघवाचार्य रसायनाख्यटीका व्याख्योपेतम्। पृष्ठ 5।
2. Randle-Indian Logic in Early School, p. 12.
3. Garpe-The PHilosophy of Ancient Hindus, p. 20. Randle-Indian Logic in Early School, p. 177.
4. Journal of American Oriental Society. Vol. xxxi.
5. The Vaishesika System, p. 11.
6. Vaishesika Philosophy, p. 65.
7. Primer of Indian Logic, p. XIII (Introduction).
8. व्योम., पृष्ठ 20।
9. न्या.क., पृष्ठ 4।
10. Vaishesika Philosophy, p. 6.
11. किरणा., पृष्ठ 40।
12. व्योम., पृष्ठ 20।
13. Vaishesika Philosophy, p. 3.
14. व्योमवती, पृष्ठ 114।
15. नैषधीयचरितम्, 22–36 (प्रकाशटीका)।

16. "मुनये कणादाय स्वयमीश्वर उलूकरूपधारीप्रत्यक्षीभूयद्रव्यगुणकर्म-सामान्यविशेषसमावायलक्षणं पदार्थषट्कमुपदिदेश"।- न्यायलीलावती, पृष्ठ 2 (भूमिका)।
17. "एतदैवोक्तम् भगवता परमर्षिणा औलूक्येन"- सम्मतितर्कव्याख्या, पृष्ठ 140।
18. "पैलुकेन कणादशिष्येन"। - न्यायबिन्दुटीका, पृष्ठ 88।
19. प्र.पा.भा., पृष्ठ 162।
20. महाभारत शा.प., 47-11।
21. ध्वान्तस्य वामोरू विचारणायां वैशेशिकं चारूमतं मतं में।
    औलूकमाहुः खलु दर्शनं तत् क्षमं तमस्तत्त्वनिरूपणाय।। - नैषधीय चरितम्, 12-35।
22. Vaishesika Philosophy, p. 5.
23. चन्द्रकान्तभाष्यम्, पृष्ठ 5।
24. षड्दर्शन समुच्चय वृत्ति, पृष्ठ 4।
25. वही, पृष्ठ 9।
26. सूक्तिदीपिका, पृष्ठ 3-5।
27. किरणा., पृष्ठ 613।
28. "तत्त्वमनारोपितं रूपम्। तच्च साधर्म्यवैधर्म्याभ्यामेवविविच्यते।" किरणा, पृष्ठ 5।
29. न्यायकन्दली, पृष्ठ 16।
30. प्रमाणसमुच्चय, पृष्ठ 169।
31. विशालामलवती, पृष्ठ 174।
32. प्रमाणसमुच्चय, पृष्ठ 169।
33. विशालामलवती, पृष्ठ 174।

34. ब्रह्मसूत्रशांकरभाष्यरत्नप्रभा, 2-2-11।
35. "कटन्द्यां टीकायाम्" नयचक्रवृत्ति-174।
36. 'वैशेषिककटन्दीपण्डितः जगद्विजयमानः पर्यटामि' यह रावण की उक्ति है। - अनर्घराघव पृष्ठ 191, काव्यमाला संस्करण।
37. कुप्पू स्वामी शास्त्री, Journal of Oriental Reaserch Madras, Vol. III, p. 1-5.
38. 'भाष्यस्य चातिविस्तरत्वात्'। - किरणा., पृष्ठ 5।
39. किरणावलीभास्कर के नाम से गायकवाड़ सीरीज से प्रकाशित 'वैशेषिकसूत्रम्' पृष्ठ 150 पर उद्धृत।
40. "एवं त्वात्रेय-तन्त्रकम्"। -षड्दर्शनसमुच्चय, श्लोक सं. 127।
41. अविज्ञातकर्तृकव्याख्या, पृष्ठ 2।
42. Vadindra's work is called Vaiseshikasutra Vartika.
-Introduction to Vaiseshika-Sutra of Kanada, p. 13.
43. प्रशस्तपादाचार्यभाष्यव्याख्याच्छलेन कणादरहस्यं व्याख्यास्याम् इति शंकर मिश्राः।

'अत्र भाष्ये संहारविधिरूक्त इति बल्लभाचार्याः'

'प्रशस्ताचार्यास्तु सिद्धदर्शनं न ज्ञानान्तरमित्याहुरिति' उस्कारकाराः, 1-8-8।
44. व्योमवती, पृष्ठ 19।
45. न्यायकन्दली, पृष्ठ 4।
46. उपस्कार, 9-2-6।
47. स्याद्वादरत्नाकर, पृष्ठ 920।
48. न्याय लीलावती-भूमिका, पृष्ठ 2 पर पंजिका का उद्धरण।
49. वैशेषिक-दर्शन-भूमिका, पृष्ठ 23।
50. Vaisesika Sutra of Kanada, Introduction, p. 14-15.

51. प्र. पा. भा. सूक्तिदीपिका, भूमिका पृष्ठ 9।
52. Historical Survey of Indian Logic, J.O.A.S. Bombay Pr xix, p. 332.
53. The Vaisesika System, p. 605.
54. Indian Logica and Atomism, p. 27.
55. History of Indian Philosophy, p. 307.
56. Critique of Indian Realism p. 92.
57. ढुंढ़िराज शास्त्री, पदर्थधर्मसंग्रहभूमिका, पृष्ठ 15-16।
58. Introduction to Nyayapravesha, p. xxi.
59. वैशेशिकसूत्रम्, भूमिका, पृष्ठ 14-15।
60. व्योमवती (प्रत्येक पदार्थ निरूपण की समाप्ति पर)।
61. न्यायकन्दली (प्रत्येक पदार्थ-निरूपण की समाप्ति पर)।
62. तत्त्वसंग्रहपंजिका, पृष्ठ 192।
63. पराशरोपपुराण 18वां अध्याय न्यायकन्दली भूमिका पृष्ठ 15, द्वितीय संस्करण।
64. न्याय निबंन्ध प्रकाश, पृष्ठ 2।
65. व्योमवती, पृष्ठ 20।
66. वही, पृष्ठ 33।
67. न्यायकन्दली, पृष्ठ 4।
68. वही, पृष्ठ 696।
69. किरणा., पृष्ठ 5।
70. 'अग्निभाष्यानुरोधेन' - पृष्ठ 3, सेतु।
    "भाष्यकृत:" - वही पृष्ठ 118।
71. "पदार्थधर्मसंग्रहों भाष्यग्रन्थ:।" -सूक्ति पृष्ठ 1।
72. न्यायकन्दली भूमिका, 16-18 (द्विवेदी संस्करण)।
73. 'तदुक्तं पदार्थप्रदेशाख्ये प्रकरणे'। वै.सू. उपस्कार 7-2-26।
    'पदार्थप्रदेशाख्ये तु प्रकरणे तदुक्तम्' वहीं 9-2-6।

74. किरणा., पृष्ठ 5।
75. वैशेषिक दर्शन-भूमिका, पृष्ठ 27 तथा अमरकोश, 1-6-6 की पाद टिप्पणी पृष्ठ 59।
76. व्योमवती, पृष्ठ 20 (6)
77. न्यायकन्दली, पृष्ठ 6।
78. किरणा., पृष्ठ 5।
79. Critique of Indian Realism, p. 11-12.
80. This Period, extending from the fifth to the eleventh century, is the brightest period, not only in the history of Nayaya. Vaisesika School, but also in that of Indian Philosophy in General. - Critique of Indian Realism, p. 12.
81. न्याय-सूत्र, 4-1-39।
82. अक्षीणनिजपक्षेषु ख्यापयन्ती गुणानसौ।

    परप्रसिद्धसिद्धान्तान् दलतिन्यायकन्दली। उपसंहार श्लोक न्यायकन्दली, 2।
83. वैशेषिक सूत्र 8-2-3।
84. वही, 1-2-3।
85. द्रष्टव्य-'In the Vaisesika system it is very probably owes its origin to the theory of reasoning' -The Vaisesika system, p. 12.
86. 'के धर्मा इत्यत्र साधर्म्यवैधर्म्यरूपा अनुवृत्तव्यावृत्तरूपा इत्यर्थः'। - किरणा., पृष्ठ 6।
87. भाष्यकार वात्स्यायन ने भी छः पदार्थों की चर्चा की है:-

    'कि तत्सर्व? द्रव्यगुणकर्मसामान्यविशेषसमवायाः'। - न्याय-सूत्र 2.1.35
88. The Vaisesika System, p. 107.
89. 'एकां व्योमवतीनाम्नीं वृत्तिं व्योमशिवाचार्यो जुगुम्फ', न्यायकन्दली भूमिका, पृष्ठ 19 (द्वितीय संस्करण)।

90. न्यायमञ्जरी, पृष्ठ 73 चौखम्बा संस्करण पृष्ठ 78, विजयनगर संस्कृत सीरीज।
91. न्यायवार्तिक-तात्पर्यटीका, पृष्ठ 148 चौखम्बा संस्करण।
92. व्योमवती, पृष्ठ 555।
93. न्यायमंजरी, पृष्ठ 312 तथा चौखम्बा संस्कृत सीरीज, पृष्ठ 285।
94. न्यायवार्तिक, पृष्ठ 238।
95. न्यायकणिका, पद्य 3।
96. History of Indian Logic, p. 133.
97. उपसंहार श्लोक, 9 पूर्वार्द्ध।
98. न्यायकन्दली, पृष्ठ 115।
99. वही, टिप्पणी, पृष्ठ 57।
100. History of Navya-Nyaya in Mithila, p. 11-3.
101. Introduction to Prameya Kamal Martanda, p. 8-13.
102. षड्दर्शनसमुच्चय, पृष्ठ 63।

द्वितीय अध्याय

द्रव्य की अवधारणा

प्रशस्तपादभाष्य में "अथ के द्रव्यादयः पदार्थाः? किंस्वरूपाः किञ्च तेषां साधर्म्यम्? किंरूपञ्च वैधर्म्यम्?" के माध्यम से द्रव्य के विषय में प्रश्नात्मक शैली में कथन किया गया है। यहाँ ध्यातव्य है कि इससे पूर्व प्रशस्तपादाचार्य ने पदार्थों के नामोल्लेख क्रम में द्रव्य, गुण, कर्म, सामान्य, विशेष तथा समवाय इन 6 पदार्थों का उल्लेख किया है।[1] इन पदार्थों के साधर्म्य एवं वैधर्म्य के ज्ञान को ही प्रशस्तपादाचार्य ने निःश्रेयस में कारण माना है। समस्त पूर्वाचयों के मतों में निःश्रेयस के स्वरूप का खण्डन करने के पश्चात् वैशेषिक सम्बन्धी निःश्रेयस की स्थापना की जा रही है। पदार्थों का नामोल्लेख करने के पश्चात् प्रधान पदार्थ 'द्रव्य' का विवेचन व्योमशिवाचार्य ने पूर्वपक्षी (मुख्यतः बौद्ध) के मत के खण्डन से प्रारम्भ किया है।

व्योमशिवाचार्य बौद्ध मत को उद्धृत करते हुए कहते हैं कि कुछ लोग द्रव्यादि की सत्ता को स्वीकार नहीं करते हैं। ऐसे (बौद्ध मुख्यतः) लोगों के लिए उन द्रव्यादि की सत्ता के अस्वीकरण से उनके साधर्म्य एवं वैधर्म्य का प्रश्न ही नहीं उठता। यहाँ उल्लेखनीय है कि माध्यमिक/योगाचार बौद्ध द्रव्यादि (अवयवी) की सत्ता को स्वीकार नहीं करते है। उनका तर्क है कि चक्षुरिन्द्रिय तथा स्पर्शेन्द्रिय से रूप तथा स्पर्श का ज्ञान होता है, अतः रूपादि से व्यतिरिक्त रूपवान/गुणवान/क्रियावान वस्तु की सत्ता मानने की

कोई आवश्यकता नहीं है।[2] घटादिज्ञान को बौद्ध दार्शनिक कल्पनाज्ञान मानते हैं।[3] उनके अनुसार बाह्य जगत् के समस्त पदार्थ कल्पना जन्य होने के कारण मिथ्या है। नैयायिक के द्रष्टा की सत्ता के खण्डन के लिए बौद्ध पूर्वपक्षी में अवयव-अवयवी को माध्यम बनाया है। इस खण्डन प्रक्रिया को- "सत्व और वृत्ति में व्याप्ति के आधार पर अवयवी (द्रव्य) का निराकरण" इस उपशीर्षक के माध्यम से स्पष्ट किया जा रहा है।

सत्व और वृत्ति में व्याप्ति के आधार पर अवयवी (द्रव्य) का निराकरण-

बौद्ध पूर्वपक्षी ने सत्व और वृत्ति में व्याप्ति के आधार पर नैयायिक द्वारा मान्य 'द्रव्य' की सत्ता को खण्डित किया है। यहाँ वृत्ति का तात्पर्य है अपने अधिकरण में अस्तित्वपूर्वक रहना। सत्व का अर्थ है अस्तित्व अथवा सद्भाव।

बौद्ध पूर्वपक्षी नैयायिक से प्रश्न करता है कि आपके यहाँ अवयव तथा अवयवी का क्या स्वरूप है? यदि अवयव, अवयवी में रहते हैं तो यह मान्य नहीं, क्योंकि चक्षुरादि इन्द्रियों से तो केवल गुण का ही ज्ञान होता है द्रव्य (अवयवी) का नहीं। इसके अतिरिक्त यदि अवयवी, अवयवों में रहते हैं तो दो स्थितियाँ होगी-

(अ) अवयवी, अवयवों के एकदेश में रहता है, अथवा

(ब) अवयवी, अवयवों में पूर्णतः व्याप्त होकर रहता है।

उपरोक्त दोनों सम्भावनाओं को मानने पर भी दोनों में समस्या स्पष्ट करते हुए पूर्वपक्षी कहता है कि (अ) यदि "अवयवी, अवयवों के एकदेश में रहता है", तो उन अवयवों के एकदेश से इतर जो शेष अवयव हैं, उनका उस अवयवी के निर्माण में कोई प्रतिभाग नहीं रह जायेगा। अतः प्रथम सम्भावना युक्तियुक्त नहीं है। इस समस्या को लौकिक व्यवहार के उदाहरण से समझने के लिए हम कोई भौतिक वस्तु यथा-घट को ले

सकते है। प्रथम सम्भावना के अनुसार घट को उसके किसी अवयव (कपाल/कम्बुग्रीवा/परमाणु) में रहने वाला मानने पर अन्य कपाल/कम्बुग्रीवा से इतर तथा अन्य परमाणु निरर्थक हो जायेंगे। इसी प्रकार मेज के एक पैर में मेज (अवयवी) रहती है, इस प्रकार के निरर्थक तथ्य उपस्थित होंगे। इसके अतिरिक्त एक देश में अवयवी को मानने पर दो अन्य दोष उत्पन्न होते हैं, जिनका नामोल्लेख व्योमवतीकार ने किया है।

(क) अनेकवृत्तित्वव्याघातः–व्योमवतीकार ने पूर्वपक्षी (बौद्ध) का मत रखते हुए कहा है कि यदि अवयवी को अवयव के एकदेश में व्याप्त माना जायेगा, तो वह अवयव (परमाणु/एकदेश) ही अवयवी हो जायेगा। इस प्रकार नैयायिक जो यह मानते हैं कि अवयवी, अनेक अवयवों से मिलकर बनता है, उसके अवयवों के अनेकवृत्तित्व का व्याघात हो जायेगा। अतः अवयवी को अवयव के एकदेश में रहने वाला नहीं माना जा सकता।

(ख) एकद्रव्यञ्च द्रव्यं स्यात्ः- यहाँ व्योमवतीकार ने एकदेश व्याप्त मानने पर होने वाली अन्य समस्या को स्पष्ट करते हुए कहा है कि यदि एक ही परमाणु में (अवयव में), सम्पूर्ण घट (अवयवी) को माना जायेगा तो परमाणु ही अवयवी हो जायेगा। एक द्रव्यञ्च (एक परमाणु ही), द्रव्यं (अवयवी) स्यात्। इस प्रकार परमाणु के ही अवयवी हो जाने पर अवयवी के नित्यत्व का प्रसङ्ग हो जायेगा। चूँकि परमाणु अविभाज्य है तथा नित्य है, अतः परमाणु ही अवयवी (द्रव्य) होगा। अतः द्रव्य की भी नित्यता माननी पड़ेगी। इस प्रकार घटादि के भी नित्यत्व का प्रसङ्ग हो जायेगा।

इसके अतिरिक्त एक ही परमाणु में सम्पूर्ण द्रव्य की व्याप्ति मानने पर क्रम तथा यौगपद्य का भी अभाव होगा। यहाँ क्रम तथा यौगपद्य के अभाव का तात्पर्य है कि चूँकि कार्यकारण सम्बन्ध में कार्य का कारण के साथ यौगपद्य होता है अथवा क्रम होता है। जैसे मिट्टी तथा घट के मध्य

कार्यकारण सम्बन्ध है, मिट्टी, घट का कारण है तथा घट के पूर्व क्रम में रहती है। इसी प्रकार घट तथा घटरूप में कार्यकारण सम्बन्ध है तथा दोनों यौगपद्येन उत्पन्न होते है जिस समय कपालद्वय के संयोग से घट का निर्माण होता है, उसी के साथ-साथ घट में घटरूप की उत्पत्ति होती है। इस प्रकार दोनों उदाहरणों से कार्य-कारण के क्रमेण अथवा यौगपद्येन होने की बात कही गयी है। किन्तु कार्य तथा कारण नितान्त भिन्न है। पूर्वपक्ष इसी बिन्दु पर आघात करते हुए कहता है कि जब एक ही परमाणु को सम्पूर्ण द्रव्य मानेंगे तो वह भिन्नता न रहेगी जो कार्य और कारण के मध्य होनी चाहिए।

अवयव और अवयवी की इस सम्भावना को मानने पर होने वाली अन्तिम समस्या को स्पष्ट करते हुए व्योमवती टीका में कहा गया है कि यदि एक ही परमाणु (अवयव) से सम्पूर्ण द्रव्य (अवयवी) की उत्पत्ति मानी जायेगी तो द्रष्टा में रूपादि की भी अनुत्पत्ति हो जायेगी। क्योंकि वैशेषिक दर्शन में रूप का प्रत्यक्ष त्रसरेणुक परिमाण के द्रव्यों में माना जाता है। जब परमाणु को ही द्रव्य मान लिया जायेगा तो रूप के उत्पन्न न होने का दोष होगा।

प्रथम सम्भावना का खण्डन करते हुए व्योमवतीकार अब द्वितीय संभावना (ब) "अवयवी, अवयवों में पूर्णतः व्याप्त होकर रहता है" इस कथन का खण्डन करते हुए पूर्वपक्षी बौद्ध कहता है कि सभी अवयवों में यदि एक ही अवयवी की स्थिति मान ली जायेगी तो अवयवों की एकता का प्रसङ्ग हो जायेगा। जबकि वैशेषिक दर्शन में स्वरूपान्तरेण अनेकत्व- अर्थात् स्वरूपतः अनेकत्व को स्वीकार किया गया है।

इस प्रकार दोनों सम्भावनाओं में न तो अवयवी, अवयवों के एकदेश में रहता है और न ही सभी अवयवों में व्याप्त होकर ही रहता है। अतः अवयवों में किसी भी प्रकार से अवयवी की वृत्तिता नहीं बनती। वृत्ति के अनुपपन्न होने के कारण द्रव्य की (अवयवी की) सत्ता सिद्ध नहीं होती।

अतः अवयवों में अवयवी की वृत्ति व्यावृत्त हो जाती है और यदि अवयवों में अवयवी की वृत्ति का खण्डन हो जाये तो उस वृत्ति से व्याप्त अवयवी सत्व की व्यावृत्ति हो जायेगी। उपरोक्त तर्कों के माध्यम से बौद्ध पूर्वपक्षी नैयायिक के द्रव्य सत्व का खण्डन करता है।

व्योमवतीकार द्वारा अवयवी की सत्ता की स्थापना एवं पूर्वपक्षी का खण्डन -

बौद्धों द्वारा अवयवी की सत्ता न मानने पर तथा तर्कों द्वारा द्रव्य की सत्ता का खण्डन होने पर आचार्य व्योमशिव कहते हैं कि द्रव्यों की सत्ता होती है। रूपादि से भिन्न द्रव्य का प्रत्यक्ष होता है, अतः द्रव्य की सत्ता है तथा वह रूपादि से भिन्न है। द्रव्य के प्रत्यक्ष में प्रमाण स्पष्ट करते हुए कहते हैं कि रूप का ग्रहण, चक्षुरिन्द्रिय से होता है, स्पर्श का ग्रहण त्वगिन्द्रिय से होता है।

जबकि द्रव्य का ग्रहण दोनों इन्द्रियों से होता है। इसको स्पष्ट करते हुए व्योमशिवाचार्य कहते हैं कि किसी द्रव्य के सन्दर्भ में इन्द्रिय ग्राह्यता इस प्रकार होती है- जिस को मैंने चक्षुरिन्द्रिय से देखा, उसी का स्पर्श कर रहा हूँ तथा जिसका मैंने स्पर्श किया, उसी को देख रहा हूँ।[4] अतः जिसका चक्षुरिन्द्रिय तथा त्वगिन्द्रिय दोनों से बोध हो रहा है वह केवल रूप, गुणादि नहीं हो सकता। क्योंकि रूप आदि का ग्रहण त्वगिन्द्रिय से नहीं होता। अतः इस प्रकार का प्रतिसन्धान होने के कारण हमें यह मानना होगा कि कोई न कोई सत्ता अवश्य है जिसका बोध हमें चक्षु तथा त्वगिन्द्रिय से होता है और वह द्वीन्द्रिय ग्राह्य वस्तु द्रव्य ही है। इस प्रकार आचार्य व्योमशिव द्वीन्द्रिय ग्राह्यता के आधार पर द्रव्य की सत्ता की स्थापना करते है।

बौद्ध पूर्वपक्षी के कल्पनाज्ञान का खण्डन -

बौद्ध पूर्वपक्षी के कल्पनाज्ञान का खण्डन करते हुए व्योमशिवाचार्य कहते हैं कि आपके मत में निर्विकल्पक ज्ञान के साथ-साथ ही पदार्थ के

नष्ट हो जाने पर, आपको नामजात्यादि योजना पूर्वक होने वाला सविकल्पक ज्ञान निर्विषयक होगा। क्योंकि जब तक नामजाति आदि योजनाओं का यौगपद्य या साकल्य होगा तब तक पदार्थ नष्ट हो चुका होगा। अतः निर्विषयक होने के कारण आपका ज्ञान अप्रामाणिक हो जायेगा।[5] व्योमशिवाचार्य की इस शङ्का पर बौद्ध पूर्वपक्षी कहता है कि मुझे घट का ज्ञान सविषयक होता है, क्योंकि स्वलक्षणेन विद्यमान 'किञ्चित्' के होने पर यह उत्पन्न होता है और उसके न होने पर 'अयं घटः' इत्यादि सविकल्पक ज्ञान उत्पन्न नहीं हो सकता। इसलिए घट पटादि का 'सामान्यलक्षण' ज्ञान होता है, वह किसी घट पटादि द्रव्य से उत्पन्न नहीं होता अपितु तत्तत्स्वलक्षण द्रव्य से उत्पन्न होता है। अतः यह भी अर्थज होगा।[6] व्योमशिवाचार्य पुनः खण्डन करते हुए कहते हैं कि 'सामान्य लक्षण' ज्ञान को अर्थज मानने पर भी सामान्यलक्षण ज्ञान निर्विषयक ही होगा क्योंकि जब तक इन्द्रियों द्वारा आहृत द्रव्य, जाति, सम्बन्ध, गुण जैसे तत्वों की योजना आत्मा करेगी तब तक तो क्षणिक स्वलक्षण द्रव्य नष्ट हो चुका होगा। अतः सविकल्पक रूप कल्पनाज्ञान निर्विषयक ही रहेगा। इस पर बौद्ध कहता है कि पूर्व घट के नष्ट होने के साथ ही उत्तर घट की उत्पत्ति हो जाती है, अतः जब तक सविकल्पक ज्ञान होता है, तब तक द्वितीयादि घट उत्पन्न हो जाते हैं, अतः कल्पनाज्ञान पूर्णतया निर्विषयक नहीं है। उत्तर क्षण में उत्पन्न घट इन्द्रिय को पूर्व घट का स्मरण भी करा देगा अतः सविकल्पक के लिए जो पूर्वदृष्ट का स्मरण अपेक्षित है, वह भी उपपन्न हो जाता है। सिद्धान्तपक्षी, पूर्वपक्षी से पुनः प्रश्न करता है कि सविकल्पक ज्ञान के लिए उपेक्षित पूर्वदृष्ट का स्मरण कैसे होता है? क्या उसके लिए इन्द्रिय अथवा अर्थ में कुछ अतिशय की अपेक्षा है या इन्द्रिय अथवा अर्थ में दोष की निवृत्ति की अपेक्षा है?[7] वैशेषिक के इस प्रश्न की उपेक्षा करते हुए बौद्ध पूर्वपक्षी कहता है कि– स्मरण की उपपत्ति के लिए इन्द्रिय अथवा अर्थ में किसी अतिशय की अपेक्षा नहीं और न ही किसी दोष की निवृत्ति की अपेक्षा है। केवल इन्द्रिय और अर्थ के साथ-साथ स्मरण के आ जाने पर

सविकल्पक ज्ञान हो जाता है।[8] यहाँ बौद्ध ने वैशेषिक (सिद्धान्तपक्षी) द्वारा पूछे गये प्रश्न की उपेक्षा की है, शायद वह यह कहना चाहता है कि कलपना ज्ञान की उत्पत्ति के लिए केवल पूर्वदृष्ट स्वलक्षण का स्मरणमात्र अपेक्षित है और वह स्मरण द्वितीयादि क्षण विशिष्ट क्षणिक घटों से उत्पन्न हो जाता है। उस स्मरण के लिए इन्द्रिय अथवा अर्थ के किसी अतिशय की उत्पत्ति और अनतिशय की निवृत्ति की आवश्यकता नहीं है।

नैयायिक बौद्ध पूर्वपक्षी की इस अन्तिम सम्भावना का खण्डन करते हुए कहता है कि निर्विकल्पक ज्ञान की अवस्था में दृष्ट पदार्थ का स्मरण नहीं हो सकता।[9] दृष्ट पदार्थ का स्मरण केवल सविकल्पक ज्ञान की अवस्था में हो सकता है। क्योंकि निर्विकल्पक ज्ञान में वस्तु बिना नामादि की योजना के होती है तथा ज्ञान भी अधूरा होता है, अतः उसका स्मरण नहीं हो सकता। अतः कल्पनाज्ञान को मानना उचित नहीं है एवं यह अप्रामणिक है।

द्रव्यत्व सामान्यत्व विचार-

पूर्वपक्षी द्वारा द्रव्यत्व की सत्ता का खण्डन-

व्योमशिवाचार्य द्रव्य (अवयवी) की सत्ता की स्थापना करने के पश्चात् 'द्रव्यत्व' सामान्य की स्थापना करने के लिए पूर्वपक्षी के तर्कों का खण्डन करते हैं। पूर्वपक्षी के मत में समान धर्मों से युक्त धर्मियों में समानाकारता की प्रतीति शब्द के प्रयोग की परम्परा से होती है न कि सामान्य अथवा जाति नामक पदार्थ से। इसी बात को स्पष्ट करने के लिए पूर्वपक्षी दृष्टान्त देता है कि 'गो' शब्द से अभिहित गोपिण्ड को न जानने वाला अथवा 'गो पिण्ड' एवं 'गो' शब्द में सम्बन्ध को न जानने वाले (अकृतसमय) व्यक्ति को सभी गो पिण्डों में समानाकारता की प्रतीति नहीं हो सकती।[10] अतः समानाकारता की प्रतीति केवल शब्द प्रयोग की परम्परा को जानने पर निर्भर करती है, न कि सामान्य पर। एक अन्य

दृष्टान्त देते हुए पूर्वपक्षी कहता है कि जिस प्रकार नारिकेलद्वीप में रहने वाला व्यक्ति गोपिण्ड को जानता है, अतः उसे गोपिण्डों में समानाकारता की प्रतीति होती है, किन्तु वह पृथिवी, जल, तेजस्... आदि नौ द्रव्यों को नहीं जानता अतः उस व्यक्ति को उनमें (द्रव्यों में) समानाकारता की प्रतीति नहीं होती है।[11] यदि नौ द्रव्यों में वास्तव में कोई द्रव्यत्व सामान्य होता, तो नारिकेलद्वीपवासी व्यक्ति को भी द्रव्यों में समानाकारता की प्रतीति होती। इसके अतिरिक्त यदि किसी व्यक्ति को द्रव्यों में समानाकारता की प्रतीति होती भी है, तो उस व्यक्ति को 'द्रव्य' शब्द से अभिहित 'द्रव्य' पदार्थ का ज्ञान होगा और यह 'द्रव्यों' की समानाकारता की प्रतीति उसे सङ्केत (शक्ति) से होती है।

पूर्वपक्षी द्वारा 'द्रव्यत्व' सामान्य की सत्ता पर किये गये आक्षेप के उत्तर में व्योमशिवाचार्य कहते हैं कि बहुत से स्थलों पर शब्द समय अथवा धर्म, क्रिया अथवा गुण से समानाकारता की प्रतीति हो जाती है। किन्तु कई ऐसे स्थल भी होते है, जहाँ न तो शब्द सङ्केत का बोध होता है, न ही किसी गुण, क्रिया अथवा धर्म का। ऐसे स्थलों पर समानाकारता की प्रतीति की व्याख्या के लिए सामान्य अथवा जाति नामक पृथक् पदार्थ को मानना आवश्यक है।

सिद्धान्तपक्षी के इस तर्क पर पूर्वपक्षी अभाव विषयक वैशेषिक सिद्धान्त के आधार पर सामान्य विषयक सिद्धान्त का खण्डन करते हुए कहता है कि जिस प्रकार अनेक अभावों में बिना अभावत्व जाति के समानाकारता की प्रतीति होती है, उसी प्रकार बिना सामान्य को माने सभी घट-पटादि द्रव्यों में समानाकारता की प्रतीति मानी जा सकती है।[12]

पूर्वपक्षी पुनः एक शङ्का उद्‌घाटित करते हुए कहता है कि अयं अभावः अयं अभावः इस प्रकार का ज्ञान सभी अभावों में समानाकारता की प्रतीति कराता है। अतः यह माना जा सकता है कि सभी अभावों में

अभावत्व सामान्य, समवाय सम्बन्ध से रहता है। इस शङ्का का खण्डन करते हुए व्योमशिवार्च कहते हैं कि यदि सभी पदार्थों में सामान्य की कल्पना की जायेगी तो अनेकान्त दोष होगा। कदाचित् यहाँ अनेकान्त दोष से तात्पर्य है कि सभी पदार्थों में यहाँ तक कि सामान्य, विशेष तथा समवाय में भी सामान्यत्व, विशेषत्व एवं समवायत्व जाति माननी पड़ेगी। इसके अतिरिक्त पुनः सामान्यत्व आदि में रहने वाली सामान्यत्व आदि जातियाँ मानने पर अनेकान्त दोष होगा। व्योमशिवाचार्य अभावत्व जाति को माने बिना 'अयं अभावः अयं अभावः' इस प्रकार के ज्ञान में समानाकारता की प्रतीति कराने हेतु तर्क देते हैं कि जिस प्रकार सामान्य, विशेष तथा समवाय आदि सभी पदार्थों में बिना सत्ता जाति के ही, यह भी सत् है, यह भी सत् है, इस प्रकार की समानाकारता की प्रतीति होती है। अभावों के सन्दर्भ में भी बिना अभावत्व जाति को माने 'अयं अभावः अयं अभावः' का ज्ञान हो सकता है।

व्योमशिवाचार्य अभाव को सामान्य से युक्त मानने पर होने वाले एक अन्य दोष को स्पष्ट करते हुए कहते हैं कि यदि अभाव को अभावत्व जाति से युक्त माना जायेगा, तो अभाव भी भावरूप हो जायेगा। यद्यपि व्योमशिवाचार्य ने इसके कारण का उल्लेख नहीं किया किन्तु कदाचित् उनका अभिप्राय है कि जाति की सत्ता केवल द्रव्य, गुण तथा कर्म इन तीन पदार्थों में ही मानी गयी है। अतः यदि अभाव में जाति को माना जायेगा तो अभाव भी भावात्मक हो जायेगा और अभाव के भावात्मक होने पर अभाव के नित्य तथा अनित्यत्व की प्रसक्ति वस्तु की स्थितियों के सापेक्ष होगी। यदि वस्तु की अनुत्पत्ति अनादि होगी, तो अभाव नित्य होगा, जबकि वस्तु का विनाश सादि हो तो अभाव अनित्य हो जायेगा।

इस प्रकार अभाव के नित्यत्व और अनित्यत्व की प्रसक्ति होने पर अभाव विषयक सिद्धान्त ही खण्डित हो जायेगा। इस सन्दर्भ में एक दृष्टान्त देते हुए आचार्य व्योम कहते हैं कि यदि प्रागभाव की नित्यता मान

ली जाये तो वस्तु की प्राप्ति (उपलम्भ) कभी नहीं होगी। क्योंकि प्राग्भाव को नित्य मानने पर, उस वस्तु की उत्पत्ति का त्रैकालिक अभाव होगा। उस वस्तु का सदैव प्राग्भाव रहेगा, अतः उसकी कभी उत्पत्ति नहीं होगी। इस प्रकार द्रव्यत्व की स्थापना कर 'अभावत्व' नामक जाति का खण्डन सिद्ध हो जाता है।

द्रव्य-साधर्म्य-

सूत्रकार कणाद का कथन है कि उनके इस वैशेषिक-शास्त्र में निर्दिष्ट तत्त्वों का साधर्म्य-वैधर्म्य द्वारा ज्ञान प्राप्त करने से ही निःश्रेयस की प्राप्ति संभव है।[13] अतः तदनुसार, यहाँ प्रथम पदार्थ द्रव्य के 9 भेदों का परस्पर साधर्म्य विवेच्य है। प्रशस्तपाद द्वारा विहित द्रव्य-साधर्म्य का विवरण प्रस्तुत है-

(1) नित्यत्व-अनित्यत्व

उक्त नौ द्रव्यों को प्रथमतः 'नित्य' एवं 'अनित्य'- इन दो वर्गों में बांटा जा सकता है। सूत्रकार के अनुसार जो वस्तु किसी पर निर्भर होती है, वह अनित्य है और जो भावरूप, किन्तु किसी कारण पर निर्भर नहीं, वह नित्य होती है।[14] आकाश, काल, दिशा, आत्मा, मन एवं पृथिवी, जल, तेज तथा वायु के परमाणु- ये नित्य द्रव्य हैं, (**अतः इनका 'नित्यत्व' साधर्म्य है**) तथा कार्यरूप में पृथिवी, जल, तेज एवं वायु अर्थात् इनके द्व्यणुक से लेकर महत्पर्यन्त कार्य अनित्य (**अतः इनका 'अनित्यत्व' साधर्म्य है**)- इनमें भी अनित्य द्रव्य तो कार्यरूप होने के कारण अपने अवयवों में समवेत रहते हैं, किन्तु नित्य द्रव्य असमवेत होते हैं।[15]

नित्य द्रव्यों का ही 'अनाश्रितत्व' साधर्म्य- अन्य शब्दों में, नित्य द्रव्यों में 'अनाश्रितत्व' साधर्म्य भी पाया जाता है, अर्थात् सभी नित्य द्रव्य अनाश्रित ही होते हैं, कहीं भी समवेत नहीं होते[16] चूँकि उनका कोई समावायिकारण या आश्रय होता ही नहीं।

अनित्य द्रव्यों का ही 'अवयवित्व' साधर्म्य- अणुयुक्त (या अवयवी) होने के कारण ही इन चारों अनित्य द्रव्यों का 'अवयवित्व' भी साधर्म्य है अर्थात् ये अणुरूप अवयवों से निर्मित है तथा संसार के सारे कार्यद्रव्य इन्हीं से बने हैं। इसी अवयवित्व के कारण इन चारों अनित्य द्रव्यों का स्वरूप अन्य द्रव्यों से सर्वथा भिन्न है।[17] इसीलिए प्रशस्तपाद ने इन्हें 'अवयविद्रव्य' कहा है तथा विश्वनाथ ने 'द्रव्यारम्भक'।[18] व्योमवतीकार का कथन है कि अनित्य द्रव्य न तो स्वतः उत्पन्न होते हैं, न नष्ट; अपितु स्वभिन्न किसी वस्तु से उत्पन्न व नष्ट होते हैं।[19]

(2) भूतत्त्व

उक्त नौ द्रव्यों में से पहले पाँच द्रव्यों का 'भूतत्त्व' साधर्म्य है अथवा वे 'भौतिक' या 'भूतद्रव्य' कहे जाते हैं। 'भूतत्त्च' का अभिप्राय है कि ये पाँचों किसी न किसी बाह्येन्द्रिय के द्वारा अपने-अपने विशेष गुण को ग्रहण कराते हैं।[20] उमापति उपाध्याय के शब्दों में 'बहिरिन्द्रिय से ग्राह्य विशेष गुणवाले भूतद्रव्य पाँच हैं- (पृथिवी, जल, तेज, वायु एवं आकाश)।'[21]

(3) मूर्त्तत्व

पृथिवी, जल, तेज, वायु तथा मन- पाँचों द्रव्यों का 'मूर्त्तत्व' साधर्म्य है और ये परापरत्व, क्रिया तथा वेग के भी आश्रय हैं।[22] सरल शब्दों में, ये पाँचों द्रव्य मूर्त्त एवं क्रियाशील हैं।[23] मूर्त्तत्व का अभिप्राय ही है- परिच्छिन्न या सीमित परिमाण वाला होना तथा क्रियावान् होना।[24] अथवा 'इयत्ता से अवच्छिन्नं परिमाण वाला होना मूर्त्तत्व है' तथा उसका अभाव 'अमूर्त्तत्व।'[25]

भूतत्त्व एवं मूर्त्तत्व का अन्तर तो स्पष्ट ही है कि भूतद्रव्य तो बाह्येन्द्रियग्राह्य होते हैं तथा अकेले या अन्य द्रव्यों के साथ मिलकर संसार के कार्यों के उपादान कारण बनते हैं जबकि मूर्त्त द्रव्य सीमित परिमाण वाले होते हैं तथा सक्रिया या कर्मयुक्त होते हैं, इसीलिए आकाश बाह्येन्द्रियग्राह्य होने से व श्रोत्रेन्द्रिय का उपादान होने से 'भूत' तो है किन्तु

कर्मरहित होने से 'मूर्त्त' नहीं है तथा इसी भांति मन 'अणु' (परिच्छिन्न) परिमाण तथा क्रियाशील होने से मूर्त्त तो है, किन्तु भूत नहीं।

(4) विभुत्व या परममहत्त्व

आकाश, काल, दिशा तथा आत्मा- ये चारों विभु द्रव्य माने गये हैं अर्थात् उनका परममहत् परिमाण स्वीकार किया गया है। तात्पर्य यह है कि वे चारों द्रव्य सर्वव्यापक है, परमहत् हैं तथा सभी संयोगिद्रव्यों के समानदेशीय हैं।[26] विभुत्व का तात्पर्य है- सभी मूर्त्त द्रव्यों से संयोगित्व।[27] इन चारों में से भी पहले तीन अर्थात् आकाश, काल और दिशा एक-एक ही हैं परन्तु आत्मा अनेक हैं और उनमें से प्रत्येक विभु है।

(5) अनेकत्व एवं अपरजातिमत्व

उक्त नौ द्रव्यों में से पृथिवी, जल, तेज, आत्मा और मन में 'अनेकत्व' तथा 'अपरजातिमत्त्व' भी साधर्म्य है[28] अर्थात् ये छहों द्रव्य संख्या में अनेक हैं तथा 'पृथिवीत्व' आदि अपरजातियों के अधिकरण भी हैं।[29] इनमें से 'आत्मा' को छोड़कर शेष पाँचों का **'क्रियावत्त्व'** भी साधर्म्य है (अर्थात् आकाश, काल, दिशा एवं आत्मा- ये चारों निष्क्रिय द्रव्य हैं, तथा पृथिवी, जल, तेज, वायु एवं मन- ये पाँचों क्रियाशील)।

(6) प्रत्यक्षत्व-अप्रत्यक्षत्व

सूत्रकार के अनुसार तो केवल आत्मा और मन ही अप्रत्यक्ष द्रव्य हैं[30], किन्तु वैशेषिक सिद्धान्त-विवेचन के आधार पर कहा जा सकता है कि वायु, आकाश, काल, दिशा, आत्मा, मन एवं पृथिवी, जल, तेज के परमाणु सामान्य जन के लिए प्रत्यक्षगम्य नहीं है- केवल इन तीनों (पृथिवी, जल, तेज) के कार्य ही प्रत्यक्ष हैं।[31] यहाँ इस प्रत्यक्षत्व का तात्पर्य है 'इन्द्रिय के द्वारा उत्पन्न ज्ञान में प्रतिभासित होना'; महत्त्वादि प्रत्यक्ष के कारणों का सम्बन्ध नहीं, क्योंकि ऐसा मानने पर इन तीनों का 'रूपवत्त्व' साधर्म्य कहना पुनरुक्तिपूर्ण हो जायेगा।[32]

निष्कर्षतः इस अध्याय में द्रव्य की सत्ता की वैशेषिक सम्मत स्थापना, द्रव्यत्व नामक जाति की स्थापना तथा निःश्रेयस के कारणभूत द्रव्य-साधर्म्य का विवेचन कर दिया गया है। अग्रिम अध्यायों में पृथक्-पृथक् द्रव्यों का विवेचन किया जायेगा।

सन्दर्भ

1. द्रण्यगुणकर्मसामान्यविशेषसमवायानां षण्णां पदार्थानां साधर्म्यवैधर्म्याभ्यां तत्वज्ञानं निःश्रेयस हेतुः। व्योम., पृष्ठ 13।
2. चक्षुःस्पर्शनाभ्यां रूपस्पर्शयोः प्रतिभासनान्न तद्व्यतिरिक्तं द्रव्यमस्ति। व्योम. , पृष्ठ 13।
3. यच्चेदं घटादिज्ञानं तन्न प्रमाणम् कल्पनाज्ञानत्वात्। व्योम., पृष्ठ 13।
4. यदहमद्राक्षं चक्षुषा तमेव स्पृशामि, यञ्चास्पृशं तमेव पश्यामीति। व्योम., पृष्ठ 17।
5. निर्विषयत्वादप्रमाणमिति। व्योम. पृष्ठ 17।
6. निर्विकल्पकज्ञानवदर्थान्वयव्यतिरेकानुविधानादर्थजत्वमेव। व्योम., पृष्ठ 17।
7. अथस्मरणे वार्थस्येन्द्रियस्य च किमतिशयाधानमनतिशयनिवृत्तिरिष्यते। व्योम. , पृष्ठ 17।
8. स्मरणसद्भावे चेन्द्रियं कार्यकृदिति स्मरणमेव तस्यातिशयः। व्योम., पृष्ठ 17।
9. निर्विकल्पकबोधे नेन्द्रियस्य सङ्केतस्मरणमस्ति, सविकल्पके त्वस्तीत्युपयोगविशेषः। व्योम., पृष्ठ 17।
10. अथ अकृतसमयस्य गोपिण्डेष्विवानुगताकारज्ञानस्यानुपपत्तेर्न द्रव्यत्वं सामान्यमस्तीति। व्योम., पृष्ठ 18।
11. यथा हि नारिकेलद्वीपवासिनो गोपिण्डोपलम्भादेकाकारता प्रतिभासते नैवं पृथिव्यादिषूपलभ्यमानेष्विति। व्योम., पृष्ठ 18।
12. अभावोऽभाव इत्यनुगतसंवेदनं द्रव्यगुणकर्मानिमित्तमपि न सामान्याद् भवति। व्योम., पृष्ठ 43।

13. वै.सू. 1.1.4।
14. तदकारणवन्नित्यम्। वै.सू. 4.1.1।
15. तत्र नवसु द्रव्येषु मध्ये पृथिव्यादिचतुष्टयस्य परमाणवः आकाशं कालः दिक् आत्मा (जीवः परमात्मा च) मनश्च नित्यद्रव्याणि। पृथिव्यादिचतुष्टयस्य द्व्यणुकमारभ्य महत्पर्यन्तं सर्वाण्यनित्यद्रव्याणि भवन्ति। तत्र अनित्यद्रव्यं कार्यरूपत्वादवयवसमवेतम्, नित्यद्रव्यं त्वसमवेतमेव। न्या.को., पृष्ठ 370।
16. प्र.पा.भा., पृष्ठ 56।
17. अनाश्रितत्वनित्यत्वे चान्यत्रावयविद्रव्येभ्यः। प्र.पा.भा., पृष्ठ 56।
    तथा द्रव्यारम्भश्चतुर्षु स्यात्ख्र। भा.प., का. 27, पृष्ठ 97।
18. टिप्पणी- डॉ. धर्मेन्द्रनाथ शास्त्री ने अपने 'भारतीय दर्शन' में पृ. 155 पर जो कहा है- 'यह कुछ आश्चर्य की बात है न्याय - वैशेषिक में इन चारों द्रव्यों के लिए कोई अलग शब्द नहीं आता, यद्यपि इन चारों के अणुयुक्त होने के कारण उनका स्वरूप अन्य द्रव्यों से सर्वथा भिन्न है'- उसका उत्तर मेरी मति से यही 'अवयविद्रव्य' अथवा 'द्रव्यारम्भक' पद है।
19. अनित्यद्रव्याणां कारणविनाशयोः संभवेऽपि कारणेन न विनाशः किन्त्वन्येनेति विवेकः। व्योम., पृष्ठ 55।
20. पृथिवीव्यप्तेजोवाय्वाकाशानां भूतत्वं साधर्म्यम्। तच्च बहिरिन्द्रिय-ग्राह्यविशेषगुणवत्त्वम्। व्योम., पृष्ठ 55।
21. द्रव्येषु भूतानि बहिरिन्द्रियग्राह्यविशेषगुणवन्ति च पञ्च। प.दि.च., पृष्ठ 1।
22. क्षितिर्जलं तथा तेजः पवनो मन एव च।
    परापरत्वमूर्त्तत्वक्रियावेगाश्रया अमी।। भा.प., का. 25, पृष्ठ 94।
23. मूर्त्तानि कर्मवन्ति च मनसा सहितानि चत्वारि। व्योम., पृष्ठ 55।
24. मूर्तत्वं परिच्छिन्नपरिमाणवत्वं क्रियावत्वं वा। त.दी., पृष्ठ 11।
25. इयत्तावच्छिन्नपरिमाणयोगित्वं मूर्त्तत्त्वम्। तदभावोऽमूर्त्तत्वम्। स.प., पृष्ठ 136।
26. आकाशकालदिगात्मनां सर्वगतत्वं परममहत्त्वं सर्वसंयोगिसमानदेशत्वं च। प्र. पा.भा., पृष्ठ 11।
    तथा-कालखात्मदिशां सर्वगतत्वं परमं महत्। भा.प., का. 26, पृष्ठ 15।

27. सर्वमूर्तद्रव्यसंयोगित्वं विभुत्वम्। त.दी., पृष्ठ 11।
तथा– सकलमूर्त्तसंयोगित्वं विभुत्वम्। स.प., पृष्ठ 151

28. पृथिव्युदकज्वलनपवनात्ममनसामनेकत्वापरजातिमत्वे। प्र.पा.भा., पृष्ठ 10।

29. अनेकत्वं प्रत्येकं व्यक्तिभेदः। अपरजातिमत्त्वमिति पृथिवीत्वादिजाति-सम्बन्धित्वम्। न्या.क., पृष्ठ 56।

30. तत्रात्मा मनश्चाप्रत्यक्षे। वै.सू. 8.1.2।

31. त्रयाणां प्रत्यक्षत्वरूपवत्त्वद्रवत्वानि। प्र.पा.भा., पृष्ठ 11।

32. त्रयाणां क्षित्युदकतेजसां प्रत्यक्षत्वमिन्द्रियजज्ञानप्रतिभासभानता, न तु महत्त्वादिकारणयोगः, रूपवत्त्वमित्यस्य पुनरुक्तत्वप्रसंगात्। न्या.क., पृष्ठ 64।

तृतीय अध्याय

अनित्य द्रव्य

1. पृथिवी

साधर्म्य प्रकरण को स्पष्ट करने के पश्चात्, प्रत्येक द्रव्य का अन्य द्रव्यों से वैधर्म्य स्पष्ट करते हुए व्योमशिवाचार्य कहते हैं कि सर्वप्रथम द्रव्यों में पृथिवी का उद्देश (नाममात्र वस्तुसंकीर्तन) करने के कारण, पृथिवी का वैधर्म्य बताया जा रहा है। पृथिवी का लक्षण करते हुए प्रशस्तपादाचार्य ने अपने भाष्य में कहा है- पृथिवीत्वाभिसम्बन्धात् पृथिवी। व्योमशिवाचार्य इसकी व्याख्या करते हुए कहते हैं कि पृथिवीत्व अभिसम्बन्ध, पृथिवी का असाधारण धर्म है क्योंकि पृथिवीत्व अभिसम्बन्ध अन्य किसी द्रव्य में नहीं होता, केवल पृथिवी में होता है। अभिसम्बन्ध की व्याख्या में आचार्य का कथन है कि पृथिवीत्व से उपलक्षित समवाय ही अभिसम्बन्ध है। पृथिवी की अन्य द्रव्यों से भिन्नता स्पष्ट करने के लिए व्योमशिवाचार्य साध्य तथा हेतु के माध्यम से अनुमान प्रक्रिया को स्पष्ट करते हैं-

साध्य-पृथिवी धर्मिणी इतरेभ्यो भिद्यते

हेतु-पृथिवीत्वाभिसम्बन्धात्।

उदाहरण-यस्तु इतरस्मात् न भिद्यते न चासौ पृथिवीत्वेन सम्बद्धः यथा-उदकादि

उपनय-न च तथा पृथिवीत्वेन नाभिसम्बद्धा पृथिवी

निगमन-तस्मादितरेभ्यो भिद्यत इति।

उपर्युक्त प्रक्रिया द्वारा व्योमशिवाचार्य ने पृथिवीत्वाभिसम्बन्धात् हेतु से पृथिवी को पृथिवीतर द्रव्यों से भिन्न सिद्ध किया है। इस सिद्धि में व्योमशिवाचार्य ने परार्थानुमान में प्रयुक्त होने वाली पञ्चावयव वाक्य प्रक्रिया का प्रयोग किया है।

अभिसम्बन्ध पद की सार्थकता की स्थापना-

प्रशस्तपादभाष्य में पृथिवी का अन्य द्रव्यों से वैधर्म्य को स्पष्ट करने के लिए कहा गया है- 'पृथिवीत्वाभिसम्बन्धात् पृथिवी'। इस पर पूर्वपक्षी शङ्का करते हुए कहता है कि पृथिवीत्व के असाधारण होने के कारण (असाधारणं कारणं करणम्), केवल पृथिवीत्व पद मात्र ही वैधर्म्य स्पष्टीकरण हेतु पर्याप्त है। 'अभिसम्बन्धात्' पद की कोई आवश्यकता नहीं है। पूर्वपक्षी ने यहाँ असमर्थविशेषणता हेतु दोष बताया है।[1] पूर्वपक्षी की इस शङ्का का समाधान करते हुए व्योमशिवाचार्य कहते हैं कि 'अभिसम्बन्ध' पद की आवश्यकता है तथा यह निरर्थक नहीं है। पक्ष (पृथिवी) में असम्भवित्व की आशङ्का के परिहार के लिए यह 'अभिसम्बन्ध' पद आवश्यक है। क्योंकि 'पृथिवीत्वात् पृथिवी' इतना मात्र कहने पर पक्ष (पृथिवी) में 'पृथिवीत्व' रहता है अथवा नहीं इस शङ्का का समाधान नहीं होता।[2] अतः अभिसम्बन्ध पद ही यह स्पष्ट करता है कि 'पृथिवीत्व', 'पृथिवी' में ही रहता है और इस प्रकार यह पद सार्थक है। पूर्वपक्षी एक अन्य शङ्का उद्घाटित करते हुए कहता है कि जो पृथिवीत्व शब्द का प्रयोग किया जा रहा है वह भाव के अर्थ में है, अथवा षष्ठी सम्बन्ध के अर्थ में है किसी समवाय अथवा जाति अर्थ में नहीं है। तथा इस प्रकार स्वशब्द (पृथिवीत्व) से उस पदार्थ (पृथिवी) का अभिधान उचित नहीं है। इस शङ्का का खण्डन करते हुए उत्तर पक्षी कहता है कि भाव प्रत्यय शब्दवृत्ति के द्वारा भावों का बोध कराते हैं। अभिसम्बन्ध पद भाव का बोध नहीं कराता, अपितु अभिसम्बन्ध पद तो विशिष्ट सम्बन्ध (समवाय सम्बन्ध) का बोध कराता है। पुनः उत्तरपक्षी कहता है कि यदि प्रत्येक

स्थान पर भावसम्बन्ध अर्थ ही ग्रहण किया जायेगा तो अतिप्रसङ्ग होगा।[3] अतिप्रसङ्ग को यद्यपि यहाँ व्याख्यायित नहीं किया गया है। किन्तु इसका अर्थ लिया जा सकता है कि यदि घट में पृथिवीत्व रहता है तो भाव अर्थ करने पर पृथिवी, घट का भाव हो जायेगा, इसी प्रकार सत्ता भी घट का भाव हो जायेगा। अतः घट में अनेक भावों की असक्ति होगी और इस प्रकार अतिप्रसङ्ग हो जायेगा। अन्त में सिद्धान्तपक्षी कहता है कि षष्ठी सदैव अनियत (अर्थात् अनेक या अनिश्चित) सम्बन्धों का बोध करा सकती है, जबकि अभिसम्बन्ध पद विशिष्ट सम्बन्ध (समवाय) मात्र का बोध कराता है न कि भाव का।[4] इस सम्पूर्ण विवेचन के द्वारा सिद्धान्तपक्षी 'अभिसम्बन्ध' पद की सार्थकता एवं आवश्यकता का प्रतिपादन करता है।

पुनः अन्य शङ्का को उद्घाटित करते हुये पूर्वपक्षी कहता है कि समवाय के उपाधिभेद होने से वास्तव भेद किस प्रकार होगा? यहाँ यह स्पष्ट कि पूर्वपक्षी 'पृथिवीत्व' को जाति न मानकर उपाधि मान रहा है। उपाधि के वास्तविक न होने से 'पृथिवीत्व', पृथिवी को अन्य द्रव्यों से भिन्न कैसे प्रदर्शित करेगा। इस पर उत्तरपक्षी शङ्का का समाधान करते हुए कहता है कि यदि 'पृथिवीत्व' को उपाधि (कल्पित) भी मान लिया जाये तो वह पृथिवीतर द्रव्यों से पृथिवी को भिन्न कर लेगा। क्योंकि कल्पितभेद में भी अर्थक्रियाकारित्व होता है।[5] कल्पित वस्तुओं में अर्थक्रियाकारित्व को स्पष्ट करने के लिए 'श्रोत्र' का उदाहरण देते हुए कहा गया है कि जिस प्रकार कर्णशष्कुली से व्याप्त आकाश को श्रोत्र माना गया है। जबकि वह कर्णशष्कुली से व्याप्त आकाश, आकाश का कल्पित भेद है, न कि वास्तविक। ऐसे आकाश के कल्पित भेद (श्रोत्र) में शब्द उपलब्धि का सामर्थ्य (अर्थक्रियाकारित्व) है। अतः कल्पित भेद/उपाधि/समवाय (पृथिवीत्व) में भी इतर द्रव्यों से भिन्नता स्पष्ट करने की सामर्थ्य (अर्थक्रियारित्व) है।[6] उत्तरपक्षी कहता है कि कल्पितभेद में भी अर्थक्रियाकारित्व होने से 'समवाय' को यदि उपाधि भी मान लिया जायेगा

तो भी 'समवाय', द्रव्य को इतर द्रव्यों से भिन्न कर सकता है। अतः समवाय में भी दोष नहीं है।

व्योमशिवाचार्य ने 'पृथिवीत्वाभिसम्बन्धात् पृथिवी' का समास विग्रह करते हुए कर्मधारय समास माना है- "पृथिवीत्वञ्च तद् अभिसम्बध्यत् इत्यभिसम्बन्धश्चेति"। कदाचित् कर्मधारय समास मानने के पीछे यह कारण हो सकता है कि कर्मधारय समास में लक्षणा का ग्रहण नहीं होता। चूँकि पूर्वपक्षी ने अभिसम्बन्ध पद की निरर्थकता को स्पष्ट करने के लिए गम्यावृत्ति (लक्षणा) के द्वारा ही 'पृथिवीत्व' का अर्थ 'पृथिवी से सम्बन्धित' लेकर 'अभिसम्बन्ध' पद को असमर्थ सिद्ध करने का प्रयास किया था। व्योमशिवाचार्य ने कर्मधारय समास मानकर पूर्वपक्षी के लिए अवकाश को समाप्त कर दिया। 'अभिसम्बन्ध' शब्द की वैयाकरण सम्मत व्याख्या के दो पहलुओं को उद्घाटित किया है-

1. अभिग्रहणम् अभि समन्तात् इति पक्षे व्याप्त्यर्थम्-अर्थात् यदि अभिसम्बन्ध पद में 'अभि' शब्द का अर्थ 'सभी ओर से' लेकर किया जायेगा, तो पृथिवीत्व से सब ओर से सम्बन्धित पृथिवी अर्थात् पृथिवीत्व से पूर्णतः व्याप्त पृथिवी। अतः 'अभि' पद का अर्थ 'समन्तात्' लेने पर भी पृथिवीत्व, पृथिवी में उसी प्रकार से व्याप्त है, जिस प्रकार 'समवाय' सम्बन्ध से।

2. आभिमुख्येन च सम्बन्ध इति-अभिसम्बन्ध पद में 'अभि' पदांश का अर्थ यदि अभिमुख्येन लिया जाये तो पूर्वपक्षी एक समस्या उद्घाटित करता है कि यदि पृथिवीत्व से आभिमुख्येन पृथिवी सम्बन्धित है-

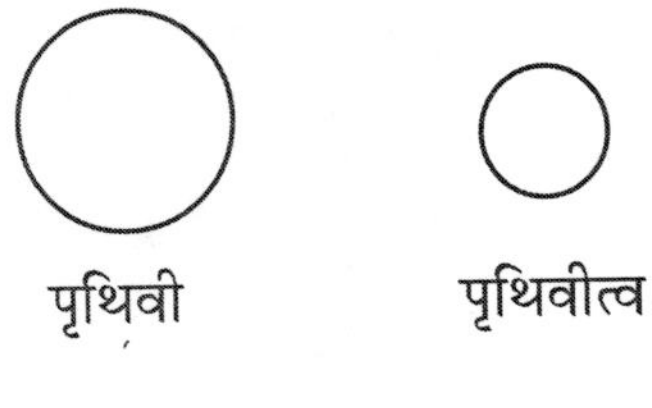

तो अन्वयव्यभिचार होगा। अन्वयव्यभिचार की प्रक्रिया को निम्न प्रकार से प्रदर्शित किया जा सकता है–

यत्र यत्र पृथिवीत्वम् सा सा पृथिवी

अथवा या या पृथिवी तस्याम् तस्याम् पृथिवीत्वम्

यहाँ पूर्वपक्षी यह आक्षेप कर सकता है कि यहाँ अन्योनाश्रय दोष है, क्योंकि आप (वैशेषिक) पृथिवीत्व से पृथिवी को परिभाषित करते हैं। अर्थात् पृथिवी वह है, जिसमें पृथिवीत्व होता है। इस साध्य की सिद्धि हेतु इसी साधक का प्रयोग ही अन्वयव्यभिचार है। इस अन्वयव्यभिचार को व्योमशिवाचार्य स्वीकार करते हुए कहते हैं कि केवलव्यतिरेक में ऐसा व्यभिचार नहीं होता तथा केवलव्यतिरेकाव्यभिचार के द्वारा यह ज्ञात होता है कि पृथिवी वह है जिसमें पृथिवीत्व होता है।[7] केवल व्यतिरेक की प्रक्रिया तथा उदाहरण अग्रलिखित है– **यत्र यत्र पृथिवीत्वाभावः सा सा न पृथिवी** यथा– जले।

इस प्रकार 'अभि' पद के 'समन्तात्' तथा 'अभिमुख्येन' दोनों अर्थ लेने पर पृथिवीत्व का वही स्वरूप स्पष्ट है जो समवाय सम्बन्ध से अभिप्रेत है।

बौद्ध सम्मत अपोह का खण्डन–

'पृथिवीत्वात् अभिसम्बन्धात् पृथिवी' प्रशस्तपादभाष्य की इस पंक्ति की व्याख्या करते हुए बौद्ध पूर्वपक्षी कहता है कि पृथिवी को पृथिवीतर द्रव्यों से व्यावृत्त करने वाला पृथिवीत्व, पृथिवी में असमवेत (अर्थात् पृथिवी से भिन्न) है। तथा अपृथिवीव्यावर्तक पृथिवीत्व एवं पृथिवी के मध्य जो व्यावर्तित–व्यावर्तक सम्बन्ध है, वही 'अभिसम्बन्ध' शब्द का अर्थ है। इस प्रकार बौद्ध पूर्वपक्षी पृथिवीत्व को अपोह (इतरव्यावर्तक) मानता है। इस अपोह का खण्डन करते हुए व्योमशिवाचार्य कहते हैं कि अपोह असिद्ध है। क्योंकि प्रमाण से ज्ञात पदार्थ का विशेषण द्वारा निरास

हो जाता है[8] जैसे नील शब्द से अनील (नीलभिन्न शब्दों) का निरास हो जाता है। अतः पृथिवी कहने मात्र से अपृथिवी (पृथिवीभिन्न द्रव्यों) से उसका व्यवर्तन स्पष्ट है। इसके अतिरिक्त वृत्ति तथा विकल्प की अनुपपत्ति के कारण भी अपोह असिद्ध है।[9]

पृथिवी के पक्षीकरण में दोष -

पूर्वपक्षी ने 'पृथिवीत्व' तथा 'अभिसम्बन्ध' इन दोनों शब्दों पर विविध आक्षेप करने के पश्चात् 'पृथिवी' के पक्षीकरण पर आक्षेप किया है। इस प्रसङ्ग में पूर्वपक्षी कहता है कि पृथिवीतर द्रव्यों (जल, तेज, वायु, आकाश, काल, दिक्, आत्मा, मनस्) से भिन्न पृथिवी प्रमाणसिद्ध है अथवा अप्रसिद्ध है? दोनों सम्भावनाओं की व्याख्या पूर्वपक्षी ने की है-

(अ) यदि पृथिवी प्रमाणसिद्ध नहीं हैं, तो इसे पक्ष नहीं किया जा सकता।[10] असिद्ध वस्तु को पक्ष बनाने से आश्रयसिद्ध हेत्वाभास होगा।

(ब) यदि पृथिवीतर द्रव्यों से व्यावृत रूप से प्रमाणसिद्ध है, तो 'पृथिवीत्वाभिसम्बन्धात् पृथिवी' यह लक्षण व्यर्थ है। क्योंकि यदि पृथिवी की सिद्धि, पृथिवीतर द्रव्यों से व्यावृत रूप में पहले ही हो चुकी है तो उपरोक्त लक्षण करना पिष्टपेषण होगा।[11]

इन सम्भावनाओं के अतिरिक्त पूर्वपक्षी कहता है कि यदि पृथिवी को अव्यावृत्ततया सिद्ध माना जायेगा तो यह उचित नहीं है क्योंकि यह अनुभव विरुद्ध होगी। पूर्वपक्षी का पूर्ण प्रयास है कि सिद्धान्ती द्वारा यह स्वीकार कर लिया जाये कि पृथिवी व्यावृत्ततया प्रमाणसिद्ध है, ताकि पूर्वपक्षी लक्षण का वैयर्थ्य स्पष्ट करके 'पृथिवीत्वाभिसम्बन्धात् पृथिवी' इस लक्षण का खण्डन कर सके। यहाँ व्योमशिवाचार्य पूर्वपक्षी के वाग्जाल में न फँसते हुए 'पृथिवी' की प्रमाणसिद्धि के विषय में मौन हैं तथा लोकप्रसिद्धि को पृथिवी के पक्षीकरण में कारण बताते हैं। व्योमशिवाचार्य पृथिवी की

प्रसिद्धि में लोके पृथिवी इति पृथिवी इति इस प्रकार की पृथिवी को पक्ष करने की बात करके पूर्वपक्षी के शब्द जाल से बचकर निकल जाते हैं।[12]

पूर्वपक्षी द्वारा अनुमान प्रक्रिया का नैरर्थ्य प्रदर्शन -

'पृथिवीतरेभ्यो भिद्यते पृथिवीत्वात्' इस अनुमान प्रक्रिया को निरर्थक सिद्ध करने के लिए पूर्वपक्षी इतरेतराश्रय (अन्योनाश्रय) दोष प्रदर्शित करता है। पूर्वपक्षी कहता है कि पूर्वोक्त अनुमान में जब पृथिवी को अन्य द्रव्यों से भिन्न कहा जाता है तो इतरों का पृथिवी से भेद स्वतः स्पष्ट है, क्योंकि इतर शब्द स्वतः दोनों (पृथिवी और पृथिवीतर) में भेद कर देता है। यहाँ पर पूर्वपक्षी तथा सिद्धान्ती के भेद विषयक सिद्धान्त को समझना आवश्यक है, न्याय-वैशेषिक सिद्धान्त में घटः, पटो न का तात्पर्य है कि घट, पट नहीं है अर्थात् घट, पट से भिन्न हैं जबकि पटः, घटो न का तात्पर्य है कि पट, घट से भिन्न है। इस मत में 'घटः, पटो न' कहने से केवल घट, पट से भिन्न है यही भाव लिया जाता है, पट को घट से भिन्न दिखाने के लिए पटः, घटो न ही कहना पड़ेगा। जबकि पूर्वपक्षी कहता है कि घटः, पटो न कहने पर घट का पट से जो भेद प्रदर्शित किया गया है, उस प्रक्रिया से पट का घट से भेद स्वतः स्पष्ट हो जाता है, अतः पटः, घटो न कहने की आवश्यकता नहीं है। इस प्रक्रिया के आधार पर पूर्वोक्त अनुमान को भी अनावश्यक बताया है।

पूर्वपक्षी की शङ्का का समाधान करते हुए सिद्धान्ती कहता है कि यद्यपि असाधारण धर्म तथा सहकारी इन्द्रिय से व्यावृत्तरूप से निर्विकल्पक ज्ञान में पृथिवी का बोध होता है। इस प्रकार प्रत्यक्ष निर्विकल्पक ज्ञान में पृथिवी का बोध होने पर भी अन्य व्यक्तियों (पूर्वपक्षी) को समझाने के लिए अनुमान का प्रयोग आवश्यक है।[13]

पूर्वपक्ष की सपक्ष सम्बन्धी समस्या-

व्योमशिवाचार्य ने 'पृथिवीतरेभ्यो भिद्यते पृथिवीत्वात्' इस अनुमान

प्रक्रिया में अन्वय का व्यभिचार माना है, उनके अनुसार अन्वय व्याप्ति की प्रक्रिया में कोई सपक्ष अर्थात् उदाहरण न होने के कारण, यहाँ केवलव्यतिरेकाव्यभिचार है (पूर्वपक्षी के खण्डन में इस तथ्य को स्पष्ट किया जायेगा)। इस पर पूर्वपक्षी कहता है कि आपकी अनुमान प्रक्रिया में जो साध्य है- इतरभेद, वह जल में भी रहता है, क्योंकि जल भी अन्य द्रव्यों से भिन्न है। अतः जल (अप्) के सपक्ष रूप में विद्यमान होने पर आप अन्वय व्यभिचार अथवा केवलव्यतिरेकाव्यभिचार कैसे मान सकते है?[14] इसका उत्तर देते हुए सिद्धान्ती कहता है कि यहाँ साध्य केवल इतरभेद नहीं है बल्कि पृथिवीतर भेद है। यद्यपि 'जल' में इतरभेद है, परन्तु पृथिवीतर भेद नहीं है, क्योंकि पृथिवीतरभेद तो केवल पृथिवी में ही होता है।

पृथिवीतर = अप्, तेज, वायु, आकाशादि 8 द्रव्य

पृथिवीतर भेद (पृथिवीतर से भिन्न) = अवादि 8 द्रव्यों से भिन्न = पृथिवी अतः अन्वय व्याप्ति में सपक्ष के अभाव के कारण यहाँ अन्वय व्यभिचार बना रहता है। इस प्रकार पूर्वपक्षी के मत का खण्डन हो जाता है।

असाधारण धर्म सम्बन्धी पूर्वपक्षी की शङ्कायें-

अन्य शङ्का उद्घाटित करते हुए पूर्वपक्षी कहता है कि पूर्वप्रकरण में आपने (सिद्धान्ती) यह कहा था कि असाधारण धर्म तथा सहकारि इन्द्रिय से व्यावृत्त रूप से पृथिवी का बोध होता है। उस असाधारण धर्म तथा पृथिवीत्व में क्या सम्बन्ध है? इस सम्बन्ध में पूर्वपक्षी तीन सम्भावनायें उद्घाटित करता है-

1. यदि पृथिवीत्व पृथिवी के किसी असाधारण धर्म से भिन्न है तो, उस असाधारण धर्म से भिन्न, अन्य सभी असाधारण धर्मों से भी भिन्न होगी, तो कहीं पर भी आप पृथिवी में रहने वाले किसी

धर्म के रूप में पृथिवीत्व की व्याख्या नहीं कर पायेंगे और इस प्रकार अनवस्था दोष की प्रसक्ति होगी।

2. यदि पृथिवीत्व तथा असाधारण धर्म एक ही होंगे तो दोनों के मध्य साध्य–साधन भाव नहीं बनेगा, क्योंकि पूर्वपक्षी के अनुसार किसी असाधारण धर्म के माध्यम से ही किसी पदार्थ में पृथिवीत्व के होने की सिद्धि होती है। अतः पृथिवीत्व तथा असाधारण धर्म में अभेद नहीं हो सकता।
3. यदि पृथिवीत्व को स्वतः भिन्न माना जायेगा, अर्थात् पृथिवीत्व को अन्य किसी भेदक धर्म की अपेक्षा नहीं हो तो जैसे पृथिवीत्व को स्वतः व्यावृत्त मान रहे हैं, उसी प्रकार पृथिवी को भी स्वतः व्यावृत्त मानने में कोई आपत्ति नहीं होगी।

पृथिवी के गुण–

वैशेषिक सूत्रों में पृथिवी के गुणों को उद्धृत करने वाले प्रमुख सूत्रों में से हैं–

1. रूपरसगन्धस्पर्शवती पृथिवी (वै.सू. 2/1/1)
2. संख्याः, परिमाणानि, पृथक्त्वम्, संयोगविभागौ, परत्वापरत्वे, कर्म च रूपिद्रव्यसमवायाच्चाक्षुषाणि (वै.सू. 4/1/12)
3. गुरुत्वात्पतनमिति (वै.सू. 5/1/7)
4. सर्पिर्जतुमधूच्छिष्ठानां पार्थिवानामग्निसंयोगाद् द्रवत्वमद्भिः सामान्यम् (वै.सू. 2/1/6)
5. नोदनादाद्यमिषोः कर्म तत्कर्मकारिताच्च संस्कारात्तथोत्तरमुत्तरञ्च (वै.सू. 5/1/17)

इस प्रकार पूर्वोक्त पाँच सूत्रों में पृथिवी के गुणों का विवेचन प्राप्त होता है। प्रशस्तपादभाष्य में इन सूत्रों की व्याख्या करते हुए प्रशस्तपादाचार्य

ने पृथिवी के 14 गुणों का नामोल्लेख किया है। रूप, रस, गन्ध, स्पर्श, संख्या, परिमाण, पृथक्त्व, संयोग, विभाग, परत्व, अपरत्व, गुरुत्व, द्रवत्व तथा संस्कार।[15] प्रशस्तपादाचार्य कहते हैं कि गुण प्रकरण में रूप, रस, गन्ध, स्पर्श ये चार गुणविशेष सिद्ध है। पृथिवी को चाक्षुष (प्रत्यक्षग्राह्य) होने के कारण संख्या, परिमाण, पृथकत्व, संयोग, विभाग, परत्व, अपरत्व इन सात गुणों से युक्त कहा गया है।[16] पतन क्रिया होने के कारण पृथिवी में गुरुत्व नामक गुण होता है।[17] जल के समान व्यवहार करने के कारण द्रवत्व होता हैं उत्तरकर्म का जनक होने के कारण संस्कार नामक गुण होता है।

व्योमशिवाचार्य विशेषरूप से व्याख्या करते हुए संख्या शब्द में बहुवचन (संख्याः) के प्रयोग को स्पष्ट करते हुए कहते हैं कि संख्यात्व के अतिरिक्त एकत्वादि अपरसामान्य के प्रदर्शन के लिए संख्या शब्द में बहुवचन का प्रयोग किया गया है। चूँकि संख्या में रहने वाला संख्यात्व, एकत्व, द्वित्व तथा त्रित्व में रहने वाले एकत्वत्व, द्वित्वत्व तथा त्रित्वत्व की अपेक्षा पर है। अतः एकत्वत्वादि के अपरसामान्य के प्रदर्शन के लिए संख्याः शब्द का प्रयोग है।[18]

पुनः 'परिमाण' शब्द में बहुवचन का प्रयोग करके 'परिमाणानि' शब्द प्रयोग का औचित्य प्रतिपादित करते हुए व्योमशिवाचार्य कहते है कि परिमाणत्व की अपेक्षा अणुत्वादि का अपरसामान्य प्रदर्शित करने के लिए परिमाण शब्द में बहुवचन का प्रयोग किया गया है।[19] तात्पर्य यह है कि परिमाण के तीन भेद माने गये हैं- अणु परिमाण, मध्यम परिमाण तथा विभु परिमाण। परिमाण में रहने वाली जाति परिमाणत्व, अणु आदि (अणु, मध्यम तथा विभु) में रहने वाली जाति अणुत्वादि की अपेक्षा पर जाति है।

'पृथक्त्व' नामक गुण में एकवचन के प्रयोग का औचित्य प्रतिपादित करते हुए व्योमशिवाचार्य कहते हैं कि पृथक्त्व सामान्य की अपेक्षा

एकप्रथक्त्वादि अपर सामान्य नहीं होता, अतः 'पृथक्त्वम्' इसे एकवचन में ही प्रयोग किया गया है।[20]

'संयोगविभाग' नामक गुण में द्विवचन के प्रयोग को स्पष्ट करते हुए आचार्य व्योमशिव कहते हैं कि 'संयोगविभागौ' शब्द का प्रयोग इसलिए किया गया है कि विभाग को सदैव संयोग की अपेक्षा होती है। तात्पर्य है कि विभाग केवल उन ही पदार्थों में होता है, जिनमें पहले कभी संयोग हुआ हो अतः विभाग के संयोगापेक्षित होने के कारण यहाँ द्विवचन का प्रयोग हुआ है।

'परत्वापरत्व' गुण में द्विवचन प्रयोग का कारण बताते हुए व्योमशिवाचार्य कहते हैं कि परत्व तथा अपरत्व का सदैव साहचर्य होने के कारण इसमें द्विवचन का प्रयोग किया गया है। तात्पर्य है कि परत्व अथवा अपरत्व किसी पदार्थ के सापेक्ष होता है। यथा- घटत्व, पृथिवीत्व की अपेक्षा अपर जाति है, जबकि पृथिवीत्व घटत्व की अपेक्षा पर जाति है। अतः परत्व तथा अपरत्व का साहचर्य होने के कारण यहाँ द्विवचन का प्रयोग किया गया है।

व्योमशिवाचार्य गुरुत्वात्पतनमिति (वै.सू. 5/1/7) को स्पष्ट करते हुए कहते हैं कि पतन क्रिया में गुरुत्व कारण होता है। चूँकि पार्थिव पदार्थों में पतन क्रिया होती है। अतः पृथिवी में गुरुत्व नामक गुण होता है। इसके अतिरिक्त ही, लाख शहद आदि पार्थिव द्रव्यों में अग्निसंयोग से ये जल की भाँति व्यवहार करते हैं अतः पृथिवी में द्रवत्व नामक गुण होता है। इसी प्रकार नोदन का प्रथम कर्म (वाण सन्धान), उत्तर-उत्तर कर्म को उत्पन्न करता है। इस प्रथम कर्म का संस्कार उत्तर कर्म में कारण होता है। अतः पृथिवी में संस्कार नामक गुण भी होता है।

2. जल

सामान्य परिचय- शीतस्पर्शवत्यापः-जिस द्रव्य में शीतस्पर्श समवाय

सम्बन्ध से रहता है वह जल है। तर्कसंग्रह में जल के दो विभाग किये गये हैं- 1. नित्य परमाणुरूप तथा 2. कार्यरूप अनित्य।[21]

जिसका नाश न हो, वह नित्य जल परमाणुरूप है जबकि कार्यरूप जल नश्वर है। प्रकारान्त से जल के तीन विभाग किये गये है 1. शरीर 2. इन्द्रिय 3. विषय। जलीय शरीर की सत्ता वरूण लोक में है।[22] जिह्वा के अग्रभाग (इन्द्रिय) में विद्यमान रसनेन्द्रिय से हम जलीय अंश के रस की अनुभूति करते हैं। विषयरूप कार्यजल के लिए नदी समुद्रादि का दृष्टान्त दिया गया है। इस प्रकार जल का सामान्य परिचय प्राप्त होता है।

जल वैधर्म्य-जल का अन्य द्रव्यों से वैधर्म्य स्पष्ट करते हुये प्रशस्तपाद भाष्य में कहा गया है कि 'अप्त्व' रूप जातिविशेष के साथ समवाय-सम्बन्ध से सम्बद्ध 'अप्' (जल) नामक द्रव्य होता है।[23] प्रशस्तपादभाष्य में यद्यपि समवाय सम्बन्ध का उल्लेख नहीं किया गया है किन्तु व्योमवतीकार ने समवाय-सम्बन्ध का स्पष्ट रूप से उल्लेख किया है।[24]

जल का अन्य 8 द्रव्यों से वैधर्म्य स्पष्ट करने हेतु व्योमवतीकार ने अनुमान प्रक्रिया स्पष्ट की है-

प्रतिज्ञा-आप इतरस्माद् भिद्यन्ते

हेतु-अप्त्वाभिसम्बन्धात्

उदाहरण-ये तु न भिद्यन्ते न ते अप्त्वाभिसम्बद्धाः यथा क्षित्यादयः

उपनय-न च तथापः

निगमन-तस्माद् भिद्यन्ते।

उपर्युक्त अनुमान प्रक्रिया द्वारा व्योमशिवाचार्य ने अप्त्वाभिसम्बन्धात् हेतु से जल को जलेतर द्रव्यों से भिन्न सिद्ध किया है। इस सिद्धि में व्योमशिवाचार्य ने परार्थानुमान में प्रयुक्त होने वाली पञ्चावयव वाक्य प्रक्रिया का प्रयोग किया है।

जल के गुण–

जल की द्रव्यत्व सिद्धि के लिये उसका गुणवान होना अनिवार्य है। यद्यपि प्रशस्तपादभाष्य में जल के गुणों के वर्णन के क्रम में द्रव्यत्व सिद्धि को उद्देश्य नहीं किया गया है किन्तु व्योमवतीकार ने टीका में कहा है कि गुणों का विश्लेषण किये जाने का कारण, जल के द्रव्यत्व की सिद्धि है।[25] जल के गुणों का क्रमवार विवेचन अग्रलिखित है।

(1) रूप–प्रशस्तपाद के अनुसार अभास्वर शुक्ल रूप जल का स्वाभाविक वर्ण है। यह अभास्वर शुक्ल रूप जल का असाधारण गुण हैं। यहाँ पूर्वपक्षी शङ्का करता है कि अग्निसंयोग होने पर पार्थिव पट या स्फटिकमणि आदि का शुक्ल रूप परिवर्तित हो जाता है, अतः द्रव्य होने के कारण जल में भी शुक्ल रूप का परिवर्तन अग्निसंयोग से हो जायेगा।

सिद्धान्तपक्ष (व्योमवतीकार) स्पष्ट करते हैं कि अग्नि संयोग होने पर भी जल का रूप नहीं बदलता बल्कि अभास्वर शुक्ल ही रहता है। जल में संयुक्त पार्थिव द्रव्यों का रूप अग्नि संयोग से परिवर्तित होने के कारण ऐसा प्रतीत होता है।

व्योमवतीकार ने जल के शुक्ल रूप को तेजस के शुक्ल रूप से भिन्न बताते हुये कहा है कि तेज का शुक्ल रूप भास्वर शुक्ल है, जबकि जल का शुक्ल रूप अभास्वर है।[26]

(2) रस–वैशेषिक दर्शन के अनुसार जल में केवल मधुर रस पाया जाता है अथवा मधुर रस जल का स्वाभाविक गुण है।[27]

इस विषय में पूर्वपक्षी शङ्का करता है कि जल की मधुरता में क्या प्रमाण है? चूँकि प्रत्यक्ष से तो जल में किसी रस का अनुभव नहीं होता। साथ ही समुद्र का जल खारा होता है, नीबू का खट्टा होता है, अतः मधुर रस जल में नहीं माना जा सकता।

उक्त शङ्का का समाधान करते हुये व्योमवतीकार कहते हैं कि वस्तुतः जल का रस मधुर ही होता है, उसमें पाये जाने वाले अवान्तर स्वाद जैसे समुद्र के जल का खारापन, उसमें संयुक्त पार्थिव द्रव्यों के कारण होता है। अतः वे वस्तुतः जल के नहीं पृथ्वी के ही गुण है।

(3) स्पर्श-वैशेषिक दर्शन के अनुसार जल का स्पर्श केवल शीतल ही होता है, अर्थात् शीतस्पर्श जल का, स्वाभाविक गुण है।

यहाँ पूर्वपक्षी शङ्का करता है कि दोपहर की धूप में या ग्रीष्मकाल में तो जल उष्ण ही प्रतीत होता है, अतः शीतस्पर्श जल का स्वाभाविक गुण कैसे कहा जा सकता है?

इसका समाधान करते हुये व्योमवतीकार कहते हैं कि जल में उष्णस्पर्श तेजसंयोग के कारण प्रतीत होता है। जल में उष्णस्पर्श औपाधिक है। तेजसंयोग की समाप्ति पर अर्थात् धूप के जाने पर जल का स्वाभाविक गुण शीतस्पर्शत्व पुनः आ जाता है। अतः शीतस्पर्श जल का स्वाभाविक गुण है।[28]

(4) स्नेह-स्नेह जल का स्वाभाविक गुण है, यह केवल जल में ही पाया जाता है, अन्य किसी द्रव्य में नहीं। चूर्णादि का जिससे संग्रह होता है, उस गुण को स्नेह कहते हैं तथा वह जल में ही रहता है।[29]

(5) द्रवत्व-जल में सांसिद्धिक द्रवत्व पाया जाता है तथा वैशेषिक दर्शन का यह भी सिद्धान्त है कि स्वाभाविक द्रवत्व केवल जल में ही पाया जाता है।[30] स्नेह के साथ-साथ द्रवत्व भी चूर्णादि के पिण्डीभाव के लिये एक अनिवार्य गुण है।

उपरोक्त 5 असाधारण गुणों के अतिरिक्त जल में (6) संख्या (7) परिमाण (6) पृथक्त्व (9) संयोग (10) विभाग (11) परत्व (12) अपरत्व (13) गुरुत्व तथा (14) संस्कार नामक गुण भी पाये जाते हैं।[31]

जल के भेद-जल को प्रथमतः दो प्रकार का माना गया है नित्य तथा अनित्य। इनमें से परमाणुस्वभाव जल तो नित्य है तथा कार्यस्वभाव अनित्य।[32] कार्यरूप अनित्य जल के तीन भेद किये गये हैं- शरीर, इन्द्रिय और विषय।[33] इन तीनों का क्रमशः विवेचन अग्रलिखित है।

(1) जलीय शरीर-व्योमवतीकार ने जलीय शरीर की प्रकृति अयोनिज कही है। उनके अनुसार चूँकि योनिज शरीर शोणित शुक्र संयोग से उत्पन्न होता है और शुक्र शोणित नियमतः पार्थिव होते हैं[34] तथा यह तो स्वतः सिद्ध है कि पार्थिव तत्व से जलीय शरीर उत्पन्न नहीं हो सकता। अतः यह स्वीकार करना होगा कि जलीय शरीर योनिज नहीं हो सकता, केवल अयोनिज होता है।

पूर्वपक्षी जलीय शरीर के विषय में शङ्का करता है कि जल तो स्वरूपतः द्रव तथा भङ्गुर है, अतः उससे उत्पन्न जलीय शरीर तो जल के बुलबुले के समान चंचल होगा, उसमें शरीर के प्रधान प्रयोजन आहार, विहारादि भोग का सम्पादन कैसे होगा?

इस शङ्का का समाधान स्वयं प्रशस्तपाद ने किया है कि पार्थिव अवयवों के उपष्टम्भ अर्थात् विलक्षण संयोग से जलीय शरीर में उपभोग की क्षमता आ जाती है अर्थात् जैसे अवयवों के अतिकठिन होने पर भी पार्थिव शरीर जलीय परमाणुओं के सहयोग से उपभोगयोग्य हो जाता है, उसी प्रकार द्रव होने पर भी जलीय शरीर पार्थिव परमाणुओं के सहयोग से भोगयोग्य हो जाता है।[35]

व्योमवतीकार ने जलीय शरीर की उत्पत्ति प्रक्रिया को स्पष्ट करके इस शङ्का का निराकरण कर दिया है। यथा- जलीय शरीर में जलीय परमाणु तो समवायिकारण है, उनका परस्पर संयोग असमवायिकारण है तथा पार्थिव परमाणु निमित्त कारण है।[36] शरीर की पंचभौतिकता का अभिप्राय भी यही है कि पंचमहाभूत परस्पर सहकारी कारण होते हैं, समवायिकारण तो केवल एक ही होता है।

(2) जलीय इन्द्रिय- प्रशस्तपादाचार्य के अनुसार जिससे प्राणियों को रस का प्रत्यक्ष होता है वही जलीय इन्द्रिय है। यह अन्य विजातीय द्रव्यों की शक्ति से अनभिभूत केवल जल के अवयवों से बनती है तथा इसका नाम रसना है।[37]

व्योमवतीकार ने जलीय रसनेन्द्रिय की सिद्धि करते हुये उसका लक्षण इस प्रकार दिया है कि– रसोपलब्धि कार्य किसी न किसी करण से जन्य है, क्योंकि यह एक क्रिया है, तथा जो-जो क्रिया होती है, वह किसी न किसी करण से जन्य होती है, जैसे छेदनक्रिया का करण परशु है। अतः रसनक्रिया का भी कोई न कोई करण अवश्य होगा, वही रसनेन्द्रिय है।[38]

रसनेन्द्रिय जलीय ही है – 'रसोपलब्धि की साधक इन्द्रिय ही रसना है' ऐसा कहने से केवल रसनेन्द्रिय के स्वरूप की सिद्धि होती है, उसकी आप्यत्व सिद्धि तो इस युक्ति से होती है कि वह रूप रसादि में से केवल रस की ही अभिव्यंजक होती है। तात्पर्य यह है कि रूप, रस, गन्धादि अनेक गुणों में से केवल रस की जिह्वा (रसना) द्वारा ग्राह्य है।[39] अतः यह स्पष्ट है कि रसना, जल एवं रस में कोई स्वाभाविक सम्बन्ध अवश्य है। अतः स्पष्ट है कि रसनेन्द्रिय जलीय है।

रसनेन्द्रिय की जलीय प्रकृति को स्पष्ट करने हेतु व्योमवतीकार दृष्टान्त देते हुये कहते हैं कि शुष्ककण्ठ में मोदक आदि के रस (स्वाद) की उपलब्धि नहीं होती, जबकि जलीय कण्ठ (कण्ठ के गीले होने पर) ही रस की उपलब्धि होती है। अतः रसनेन्द्रिय जलीय है।[40]

केवल रसना ही रस की अभिव्यञ्जक है – यहाँ पूर्वपक्षी शङ्का करता है कि सभी प्राणियों के रस प्रत्यक्ष का कारण रसनेन्द्रिय जलीय अवयवों से बनती है फिर भी इन्द्रिय रूप जलीय द्रव्य ही रस का अभिव्यंजक क्यों होगा? कोई अन्य जलीय द्रव्य क्यों नहीं?

इस प्रश्न का उत्तर देते हुये व्योमवतीकार कहते हैं कि यह रसनेन्द्रिय अन्य द्रव्यों से अनभिभूत केवल जलीय अवयवों से आरब्ध होती है, अतः

अन्य जलीय द्रव्यों से विलक्षण रूप से उत्पन्न होने के कारण यह इन्द्रिय रूप जलीय द्रव्य ही रस का व्यञ्जक है, कोई अन्य जलीय द्रव्य नहीं।[41] क्योंकि अन्य जलीय द्रव्यों की उत्पत्ति इससे भिन्न रीति से होती है। सूत्रकार ने इसे ही 'भूयस्त्व' हेतु कहा है अर्थात् चूँकि रसना में जलीय अवयवों का आधिक्य होता है, अन्यों को नहीं अतः केवल वही रसज्ञान का हेतु हैं।[42]

सामान्यतया न्यायदर्शन को भी यही बात अभीष्ट है कि कोई इन्द्रियविशेष किसी द्रव्य विशेष में उसके आधिक्य के कारण ही अपनी उत्कृष्टता व्यक्त करती है और इसलिये वह केवल उसी द्रव्य के गुण को ही ग्रहण करने की शक्ति रखती है। उदाहरणार्थ यद्यपि रसनेन्द्रिय में रूप, रस, स्पर्श ये तीनों ही गुण विद्यमान रहते हैं किन्तु वह केवल रस को ही ग्रहण कर सकती है, अन्य गुणों को नहीं चूँकि उसमें केवल रस का ही उत्कर्ष है।

(3) जलीय विषय- प्रशस्तपादाचार्य के अनुसार सरिता, समुद्र, हिम आदि जलीय विषय है।[43] व्योमवतीकार के अनुसार जलीय शरीर एवं इन्द्रिय से पृथक् जलीय द्वयणुक, त्र्यणुकादि से उत्पन्न होने वाला जलरूप विषय है[44] चूँकि वह ज्ञान के विषय में ही ग्रहण होता है।

जलीय विषय वास्तव में जल के दो अणुओं से मिलकर बनने वाले द्वयणुक तथा तीन द्वयणुकों के संघात से निर्मित त्र्यणुक इसी प्रकार क्रमशः चतुरणुक है। यह सृष्टि प्रक्रिया का क्रम है तथा इन्द्रियग्राह्य विषय भी है। अतः इसे जलीय विषय की संज्ञा दी गयी है।

3. तेज

सामान्य परिचय- 'उष्णस्पर्शवत्तेजः' जिस द्रव्य में उष्णस्पर्श समवाय सम्बन्ध से रहता है, वह तेज है। न्याय-वैशेषिक दर्शन में तेज के दो विभाग किये गये हैं- नित्य तथा अनित्य।[45] परमाणु रूप तेज नित्य है,

कार्यरूप तेज अनित्य है।[46] पुनः यह तीन प्रकार का है- (1) शरीर (2) इन्द्रिय तथा (3) विषय।[47] तैजस शरीर आदित्य लोक में है। रूप का ज्ञान कराने वाली कृष्णतारा के अग्रभाग में रहने वाली इन्द्रिय चक्षु है। तैजस विषय चार प्रकार का है- (1) भौम (2) दिव्य (3) उदर्य (4) आकरज। वह्नि, खद्योत आदि भौम तेज हैं। विद्युदादि दिव्य तेज है। भोजन की पाचक उदर्य तेज है। आकर अर्थात् खान से उत्पन्न होने वाले सुवर्ण आदि आकरज तेज है। इस प्रकार तेज का सामान्य परिचय न्याय वैशेषिक दर्शन में प्राप्त होता है।

तेज वैधर्म्य- तेजस् नामक द्रव्य का अन्य द्रव्यों से वैधर्म्य स्पष्ट करते हुये प्रशस्तपाद भाष्य में कहा गया है 'तेजस्त्व' रूप जातिविशेष के साथ समवाय सम्बन्ध से सम्बद्ध तेज नामक द्रव्य होता है।[48] जल की ही भीति तैजस् प्रकरण में भी प्रशस्तपादाचार्य ने भाष्य में समवाय सम्बन्ध का उल्लेख नहीं किया है किन्तु व्योमवतीकार ने अभिसम्बन्ध पद की व्याख्या में समवाय सम्बन्ध को स्पष्टतः निरूपित किया है।

तेज का अन्य 8 द्रव्यों से वैधर्म्य स्पष्ट करने हेतु व्योमवतीकार ने अनुमान प्रक्रिया स्पष्ट की है-

प्रतिज्ञा-तेजः इतरस्माद्भिद्यते

हेतु-तेजस्त्वाभिसम्बन्धात्

उदाहरण-ये तु न भिद्यन्ते न ते तेजस्त्वाभिसम्बन्धाः यथा क्षित्यादयः।

उपनय-न च तथा तेजः

निगमन्-तस्मादितरस्माद् भिद्यते इति।

उपर्युक्त अनुमान प्रक्रिया द्वारा व्योमशिवाचार्य ने 'तेजस्त्वाभिसम्बन्धात्' हेतु से तेज को तेज से इतर द्रव्यों से पृथक् सिद्ध किया है। यहाँ पर भी व्योमवतीकार ने पृथ्वी तथा अप् की अन्य द्रव्यों से भिन्नता दिखाने वाली समान अनुमान प्रक्रिया का प्रयोग किया है।

तेज के गुण-

वैशेषिक दर्शन के अनुसार तेज में ग्यारह गुणों की सत्ता सिद्ध की गई है- रूप (भास्वर शुक्ल), स्पर्श (उष्ण), संख्या, परिमाण, पृथक्त्व, संयोग, विभाग, परत्व, अपरत्व, द्रवत्व, (नैमित्तिक) और संस्कार।[49] इनमें से भास्वरशुक्ल रूप तथा उष्णस्पर्श - ये दोनों तेज के विशेष गुण हैं अर्थात् तेज का रूप केवल भास्वशुक्ल है एवं इसका स्पर्श केवल उष्ण है; तथा भास्वरशुक्ल रूप एवं उष्णस्पर्श अन्य किसी द्रव्य में नहीं पाये जाते।

(1) **'भास्वरशुक्ल' रूप** - इस प्रकार, तेज का रूप केवल भास्वरशुक्ल है- ऐसा कहने से ही स्पष्ट है कि वैशेषिक दर्शन के अनुसार तेज में लाल, पीला, आदि रूपों की प्रतीति वास्तविक नहीं है, वह पार्थिव या जलीय तत्त्वों के संयोग में उत्पन्न हो जाती है।

(2) **'उष्ण' स्पर्श** - उष्ण स्पर्श तेज का स्वाभाविक गुण है, औपाधिक नहीं, इसीलिए सूत्रकार ने स्पष्ट कहा है कि तेज की उष्णता व्यवस्थित है, नैसर्गिक है।[50] जिस प्रकार पृथिवी के स्वाभाविक गुण 'गन्ध' के आधार पर वैशेषिक दर्शन में पृथिवी का लक्षण 'गन्धवती पृथिवी' किया जाता है, उसी प्रकार तेज के स्वाभाविक गुण 'उष्णस्पर्श' के आधार पर तेज का लक्षण भी अनेक विद्वानों में 'उष्णस्पर्शवत्तेजः'- ऐसा किया है।[51] यद्यपि स्पर्श गुण पृथिवी, जल एवं वायु में भी पाया जाता है, किन्तु 'उष्णस्पर्श' उनमें नहीं रहता, वह केवल तेज में रहता है। इसीलिए वह तेज का मुख्य लक्षण चिह्न है।

इस स्थल पर विशेष उल्लेखनीय है कि चन्द्रमा, चक्षु एवं कुछ अन्य तैजस द्रव्यों में उष्णस्पर्श का स्पष्टतः अनुभव न होना उसकी असत्ता का द्योतक नहीं है, चूंकि वहां स्पर्श गुण की अनुद्भूति ही तादृशी प्रतीति में हेतु है। इसी प्रकार सुवर्ण में उष्णस्पर्श इसलिए प्रतीत नहीं होता कि वहां वह पार्थिव कणों से अभिभूत रहता है। सुवर्ण में उष्ण स्पर्श की

अनुपलब्धि अनुद्भूति के कारण नहीं मानी जा सकती, क्योंकि वैसा मानने पर तो सुवर्ण का प्रत्यक्ष भी न माना जा सकेगा।

रूप एवं स्पर्श भी द्विविध-'नित्य-अनित्य'-

उमेश मिश्र के अनुसार तेज की स्वाभाविक गति ऊर्ध्वोन्मुखी होती है। इसके रूप एवं स्पर्श में किसी प्रकार का पाकज परिवर्तन नही होता, अतः वे परमाणुरूप में नित्य हैं ओर कार्यरूप में अनित्य[52] – ऐसा माना जा सकता है। वस्तुतः अन्नमभट्ट ने ये दोनों भेद तेज–द्रव्य के बताये हैं, किन्तु श्री मिश्र ने उन्हें रूप एवं स्पर्श का भेद मान लिया है तथा इसी अर्थ में अन्नम्भट्ट का मत उद्धृत भी किया है।[53]

व्योमवतीकार का मत है कि यद्यपि तेज में प्रधान गुण केवल दो ही हैं– रूप एवं स्पर्श, तथा इसके अन्य नौ गुणों में भी रस एवं गन्ध की गणना नहीं की गई, किन्तु वस्तुतः ये दोनों गुण भी संयुक्तसमवायसम्बन्ध से तेज में रहते हैं – ऐसा मानना सर्वथा संगत है चूंकि तैजस वस्तुओं को उपभोगयोग्य बनाने के लिए अदृष्ट के प्रभाव से तैजस तत्त्वों में पार्थिव कण भी मिल जाते हैं जैसा कि सुवर्णादि में प्रत्यक्ष है।[54]

इस प्रकार, तेज में भास्वरशुक्ल रूप एवं उष्ण स्पर्श, इन दो गुणों की स्थिति तो सर्वथा निर्विवाद रूप से वैशेषिक दर्शन में मान्य है – यह सिद्ध है। किन्तु इन दोनों गुणों की उद्‌भूति की मात्रा में अन्तर होने से व्योमशिवाचार्य ने तेज को चतुर्विध माना है[55] यथा–

(अ) कुछ तैजस तत्त्वों में तो रूप एवं स्पर्श दोनों ही उद्‌भुत होते हैं, जैसे– सूर्य की रश्मियों में।

(आ) कुछ तैजस तत्त्वों में रूप एवं स्पर्श दोनों ही अनुद्‌भूत होते हैं, जैसे– चक्षु।

(इ) कुछ तैजस कार्यो में स्पर्श तो प्रकट होता है, किन्तु रूप अप्रकट ही रहता है। जैसे – उष्ण जल में तथा ऊष्मा में।

(ई) अन्य तैजस वस्तुओं में रूप तो उद्‌भुत होता है, किन्तु स्पर्श अनुद्‌भूत होता है, जैसे – चन्द्रकिरणों एवं दीपक के प्रकाश में तथा सुवर्णादि में।

(3) 'द्रवत्व': तेज में केवल नैमित्तिक द्रवत्व होता है–

सूत्रकार कणाद ने 'द्रवत्व' गुण को जल एवं रांगा, सीसा, लोहा, चांदी, सोना आदि तैजस धातुओं का साधर्म्य बताया है किन्तु व्योमवतीकार ने स्पष्ट कर दिया है कि केवल 'द्रवत्त्व' रूप से जल और तेज में साधर्म्य है अन्यथा जल का द्रवत्व को स्वभाव–सिद्ध, अतः सांसिद्धिक है, किन्तु तेज या उक्त तैजस धातुओं का द्रवत्त्व तभी प्रकट होता है, जब उनका अग्नि–संयोग होता है; अतः तेज का द्रवत्व अग्निसंयोग–निमित्त से होने के कारण नैमित्तिक है।[56]

(4) 'संस्कार': तेज में केवल 'वेग' नामक संस्कार होता है– त्रिविध संस्कार गुण में से केवल 'वेग' नामक संस्कार ही पृथिव्यादि पांचों मूर्त्त द्रव्यों में पाया जाता है, ऐसी प्रशस्तपाद की स्पष्ट उक्ति है।[57] इसके अतिरिक्त संख्या, परिमाण पृथक्त्व संयोग, विभाग, परत्व, अपरत्व की सिद्धि पूर्व द्रव्यों की भाँति ही है।

तेज के भेद–

उक्त गुणों का आश्रय तेज द्रव्य वैशेषिक दर्शन में दो प्रकार का माना गया है – 'परमाणुरूप' में यह तेज नित्य है तथा 'कार्यरूप' में अनित्य।[58] इनमें से भी कार्यरूप या अनित्य तेज पुनः त्रिविध कहा गया है–

(अ) तैजस शरीर (आ) तैजस इन्द्रिय (इ) तैजस विषय

इन तीनों का क्रमशः संक्षिप्त विवरण इस प्रकार है–

(अ) तैजस शरीर

भोग में उपयोगिता ही तैजस शरीर को मानने का आधार है, किन्तु यह

भी सत्य है कि यदि शरीर केवल तैजस हो, तो वह भोग–साधन नहीं बन सकेगा। अतः व्योमवतीकार की मान्यता है कि सामान्य रूप से तो केवल पार्थिव शरीर ही भोगसाधन होता है, किन्तु कुछ ऐसे भी कर्म होते हैं जिनके लिए अन्य तत्त्वों से बने शरीर को भोग करना होता है; उस दशा में भी पार्थिव परमाणु ही उन अन्यान्य तत्त्वों के साथ मिलकर शरीर को भोगयोग्य बनाते हैं इस प्रकार, तैजस शरीर में भी पार्थिव परमाणुओं की सत्ता माननी पड़ती है, ताकि वे भोगयोग्य बन सकें। प्रशस्तपाद का मत है कि शरीर केवल अयोनिज ही होते हैं, योनिज नहीं – चूंकि योनिज शरीर केवल पार्थिव ही होते हैं। ये तैजस शरीर पृथिवी पर नहीं, अपितु आदित्यलोक या सूर्यलोक में ही पाये जाते हैं तथा पार्थिव अवयवों के उपष्टम्भ से ही उपभोगयोग्य बनते हैं।[59]

(आ) तैजस इन्द्रिय–

व्योमवतीकार ने तैजस इन्द्रिय 'चक्षु' की सिद्धि एवं स्वरूप इस प्रकार स्पष्ट किया है – 'रूप की उपलब्धि करणजन्य है, चूंकि वह एक कार्य है और जो–जो कार्य होते हैं, उनका कोई न कोई करण अवश्य होता है, जैसे– छिदिक्रिया का परशु करण होता है। अतः रूपोपलब्धि की सम्पादिका, करणरूपा, चक्षुरिन्द्रिय है। वह चक्षुरिन्द्रिय तेजस ही है, चूंकि रूप और रसादि में से वह नियमतः रूप की ही व्यंजक होती है, जैसे – सूर्य या प्रदीपादि। अतः चक्षुरिन्द्रिय है और वह तैजस है, यह सिद्ध हो जाता है।[60]

उदयनाचार्य ने तैजस इन्द्रिय को लक्षित करते हुए कहा है कि जो इन्द्रिय रस, गन्ध या स्पर्श गुण को ग्रहण नहीं करती, केवल रूप को ही ग्रहण करती है– तैजस इन्द्रिय 'चक्षु' कहलाती है'।[61]

अतः उक्त लक्षणों के आधार पर हम कह सकते हैं कि जो इन्द्रिय रूप के ग्रहण का असाधारण कारण है, वही तैजस चक्षुरिन्द्रिय है। अन्नमभट्ट ने स्पष्ट कर दिया है कि वह चक्षुरिन्द्रिय आंख के कृष्णातारक के अग्रभाग में रहती है।[62]

'चक्षुरिन्द्रिय' के विषय में कुछ शंकायें व उनका सिद्धान्तमत से समाधान

भास्वरशुक्ल रूप एवं उष्ण स्पर्श – ये दोनों तेज के विशेष गुण माने गये हैं और तैजस इन्द्रिय को केवल रूप-व्यंजक कहा जा रहा है, अतः यह शंका होनी सर्वथा स्वाभाविक है कि चक्षु इन्द्रिय रूप की भांति ऊष्मा या उष्ण स्पर्श को क्यों प्रकाशित नहीं करती?

इस शंका का उत्तर व्योमवतीकार ने इस प्रकार दिया है कि चक्षुरिन्द्रिय केवल अन्य अवयवों से अनभिभूत तैजस अवयवों से ही उत्पन्न होती है, इसलिए केवल रूप गुण का ही व्यक्त करती है; इस अनुभव में कार्य-नियम ही प्रमाण है, चूंकि चक्षु-व्यापार से रूपादि में से केवल रूप की ही उपलब्धि देखी जाती है- अतः यही मानना पड़ता है कि यहां अदृष्ट ही चक्षु के रूपोपलब्धि-सम्पादकत्व में हेतु है, चूंकि वही सर्वत्र वस्तुव्यवस्था का नियामक है। किन्तु रूपग्राहक होने पर भी चक्षुरिन्द्रिय अतीन्द्रिय है अथवा अनुद्भूतरूप है, क्योंकि उसमें रूप प्रकट नहीं होता। चक्षुरिन्द्रिय में रूप के अनुद्भुत होने का कारण यह है कि सभी सद्वस्तुएं भोग के लिए ही उत्पन्न होती है। यदि चक्षु में भी रूप उद्भूत होता, तो अन्धकार में भी चक्षु का प्रत्यक्ष होना चाहिए था तथा फिर दृष्टसत्त्व वस्तुओं में भोग की अनुत्पत्ति होने से चक्षु भोगोपयोगी न रह पाती। अतः प्रजापति ने अदृष्टवश उपभोगसाधकता के लिए ही चक्षु को अनुद्भूतरूप बनाया, इसीलिए रूपग्राहिका होने पर भी चक्षु अनुद्भूतरूप है। इस प्रकार चक्षु में रूप की अनुद्भूति सिद्ध हो जाती है। जहां तक चक्षु में उष्णस्पर्श होने का प्रश्न है, उसका कारण यह है कि यदि चक्षुरिन्द्रिय में उष्णस्पर्श उद्भूत होता तो किसी सुन्दर वस्तु को देखनेवाली अनेक चक्षुओं के सन्निपात से ग्रीष्म-समय में तो उस दृश्य का ही दाह हो जाता, अतः अदृष्टवश ही चक्षु में उष्णस्पर्श का भी अनुद्भव मानना पड़ता है।[63]

चक्षु प्राप्यकारी है- यहां चक्षुरिन्द्रिय के विषय में न्याय-वैशेषिक का प्रत्यक्षसम्बन्धी मत उल्लेखनीय है, जिसके अनुसार चक्षु प्राप्यकारी इन्द्रिय है अर्थात् प्रत्यक्ष-प्रक्रिया में दृगिन्द्रिय आंख से बाहर दृश्य पदार्थ तक जाकर उसका ग्रहण करती है - इसी सिद्धान्त को चक्षुरिन्द्रिय का प्राप्यकारित्व[64] कहा गया है।

उक्त सिद्धान्तमत के विरुद्ध दिङ्नागादि बौद्ध दार्शनिकों ने अनेक आक्षेप उठाये हैं तथा प्रतिपादित किया है कि अक्षिगोलक ही चक्षुरिन्द्रिय है, वह सर्वथा एक भौतिक उत्पत्ति है अतः दृश्य वस्तु दूर होने पर, उसके ग्रहण के लिए वह वस्तु के पास नहीं जा सकती। इसलिए यही सिद्ध होता है कि चक्षुरिन्द्रिय प्राप्यकारी भी नहीं है और तैजस भी नहीं है।

उदयनाचार्य ने बौद्धों के उक्त मत को पूर्वपक्ष के रूप में उपन्यस्त कर के, उसका युक्तिपूर्वक खण्डन किया है तथा सिद्धान्तमतानुसार यही स्थापित किया है कि चक्षु प्राप्यकारी तैजस इन्द्रिय है- इसीलिए उसमें एवं दृश्य वस्तु में विशेष सम्बन्ध है।[65]

(इ) तैजस विषय-

विषयरूप में तेज द्रव्य चतुर्विध माना गया है- भौम, दिव्य, उदर्य या औदर्य तथा आकरज।[66] भौम तेज वह है जो भूमि पर उत्पन्न होता है तथा भौम इन्धन से उत्पन्न होता है- इसीलिए यह अन्य प्रकार के तेज से भिन्न है। ऊर्ध्वज्वलन इसका स्वभाव है तथा यह पचन, स्वेदनादि का हेतु है।[67] दिव्य तेज वह है जो जलीय या जलरूप इन्धन से उत्पन्न होता है[68] या जो द्युलोक में पाया जाता है[69], जैसे - सूर्य का तेज, विद्युत, वडवानल आदि। उदर्य या औदर्य तेज वह है जो शरीर में ही रहता है, खाये पिये भोजन को पचाने में सहायक होता है एवं उसे पचाकर रसरूप में परिणत कर देता है।[70] इस तेज द्वारा उत्पन्न परिणाम वही होता है जो पाक द्वारा होता है - भौम तथा दिव्य। आकरज तेज वह है जो आकर या खान से उत्पन्न

होता है। इसमें सब प्रकार की धातुएं, जैसे- सोना, चांदी, तांबा, सीसा आदि आती हैं।

(अ) सूर्यविद्युदुल्कादयः=दिव्य तेज

(आ) कष्ठेन्धनाट्यः=भौम तेज

(इ) उदर्यम्=उदर्य तेज

(ई) आकरज=आकरज तेज

सुवर्णादि का तैजस्व-

वैशेषिक दर्शन का उक्त सिद्धान्त, जिनके अनुसार सुवर्ण,[71] रजतादि धातुएं तैजस मानी गई हैं, अत्यन्त विवादास्पद रहा है। सुवर्ण को तैजस सिद्ध करने के लिए व्योमशिवाचार्य ने आगम प्रमाण का आश्रय लिया है यथा- 'तथा चाग्नेरपत्यं प्रथमं सुवर्ण द्यौर्वैष्णवी सूर्यसुताश्च गावः'- इस श्रुतिवाक्य के आधार पर उन्होंने सिद्ध किया है कि सुवर्ण तैजस द्रव्य ही है।[72]

'सुवर्ण पार्थिव है'-मीमांसक पूर्वपक्ष-

सिद्धान्तपक्ष की उक्त स्थापना के विरुद्ध पूर्वपक्षी का मत है कि सुवर्ण (एवं अन्य धातुओं) के तैजसत्व में कोई प्रमाण नहीं है। अतः यही मानना उचित है कि सुवर्ण एक पार्थिव द्रव्य है, क्योंकि उसमें भी घृतादि पार्थिव द्रव्यों की भांति औपाधिक तरलता पाई जाती है।[73] शंकरमिश्र एवं अन्नमभट्ट ने भी पूर्वपक्षी के रूप में मीमांसक के इस मत का उल्लेख किया है कि- 'गुरुत्व एवं तीतत्व इन दोनों गुणों का अधिकरण होने से हरिद्रा आदि की भांति सुवर्ण भी पार्थिव ही है। वह तैजस इसलिए भी नहीं माना जा सकता कि उसमें न तो उष्ण स्पर्श होता है, न ही भास्वरशुक्ल रूप'।[74] अतः सुवर्ण पार्थिव ही सिद्ध होता है।

सिद्धान्तपक्षीय समाधान-

मीमांसक के इन आक्षेपों का उत्तर वैशेषिक दर्शन के विद्वानों ने इस प्रकार दिया है कि 'सुवर्णादि पार्थिव' द्रव्य नहीं हैं, चूंकि अत्यन्त अग्नि-संयोग होने पर भी द्रव्यत्व का अधिकरण नष्ट नहीं होता है तथा असांसिद्धिक या नैमित्तिक द्रवत्व से उसका तैजसत्व भी सिद्ध हो जाता है। अथवा यह भी कहा जा सकता है कि पार्थिव द्रवत्व तो अत्यन्त अग्नि-संयोग से नष्ट हो जाता है[75] - अतः सुवर्ण पार्थिव नहीं, तैजस ही है।

मानमनोहरकार ने सुवर्ण की तैजसत्व-सिद्धि के लिए पहले उसके परमाणुओं को अपार्थिव सिद्ध किया है, तदनन्तर उसके पिण्ड को तैजस- 'विवादास्पद (सुवर्ण-परमाणु) पार्थिव नहीं होते, क्योंकि अग्नि के साथ साक्षात् सम्बन्ध होने पर भी वे भस्मसात् नहीं होते, जैसे- जलीय परमाणु। विवादास्पद (सुवर्ण-पिण्ड) तैजस होता है, क्योंकि शीत स्पर्श से रहित है एवं उपाकज रूप के आधारभूत परमाणुओं से जायमान द्रव्य है, जैसे- सर्वसम्मत अग्नि।[76] शंकरमिश्र ने मीमांसक के पूर्वपक्षी आरोप का खण्डन करते हुए कहा है कि वे सब युक्तियां (पूर्वपक्षी की) स्वरूपासिद्ध होने से हीन हैं, तथा सुवर्ण में नैमित्तिक द्रवत्व की सिद्धि से ही उसमें पृथिवीविलक्षणत्व एवं तैजसत्व भी सिद्ध हो जाता है।[77] न्यायसिद्धान्त-मुक्तावलीकार ने भी इसी युक्ति द्वारा प्रकारान्तर से सुवर्ण का तैजसत्व सिद्ध किया है।[78] अन्नमभट्ट ने सुवर्ण के तैजसत्वसिद्धिप्रसंग में अपनी युक्तियां इस प्रकार प्रस्तुत की हैं कि- 'अत्यन्त अग्निसंयोग होने पर घृतादि (पार्थिव द्रव्यों)' में द्रवत्व का नाश दिखाई देने से तथा जल में रहनेवाले घृत के द्रवत्व का नाश न दिखाई देने से ऐसा कार्यकारण-भाव स्थिर होता है कि प्रतिबन्धक के न रहने पर ही अग्नि-संयोग से पार्थिव द्रव्य के द्रवत्व का नाश होता है; किन्तु सुवर्ण के द्रवत्वाधिकरण का नाश तो अत्यन्त अग्नि-संयोग से भी नहीं होता, अतः वह पार्थिव द्रव्य नहीं हो सकता।' 'तर्कदीपिका' में अन्नमभट्ट ने यह भी सिद्ध किया है कि सुवर्ण पार्थिव नहीं है, जलीय एवं वायवीय तत्त्व भी नहीं है, (तथा अन्तिम पांच

द्रव्यों में तो उसका अन्तर्भाव सम्भव ही नहीं है) यथा– 'सुवर्ण जल नही है, चूंकि इसका द्रवत्व नित्य नहीं, आकस्मिक है; तथा यह वायु भी नहीं हो सकता, चूंकि इसमें रूप होता है, जबकि वायु रूपरहित द्रव्य है'।[79] तस्मात् परिशेषतः सुवर्ण तैजस है– यही सिद्ध होता है।

तात्पर्य यह है कि अग्निसंयोग होने पर पार्थिव वस्तु का रूप बदल जाता है जैसे कि घड़े के साथ अग्नि–संयोग होने पर उसका नील रूप बदल कर लाल रूप हो जाता है। परन्तु सुवर्ण के विषय में हम देखते हैं कि उसके अन्दर विद्यमान पार्थिव अंश का पीला रंग अत्यन्त अग्नि–संयोग होने पर भी नहीं बदलता। अतः रूप के बदलने को रोकने वाला कोई विजातीय द्रव द्रव्य मानना पड़ता है। और वह द्रव द्रव्य जल या पृथिवी हो नहीं सकते, क्योंकि जल या पृथिवी का द्रवत्व अग्निसंयोग होने पर भी नष्ट नहीं होता, इसलिए वह द्रव्य द्रव्य तैजस ही हो सकता है और पीतवर्ण तथा गुरुत्व के आश्रय पार्थिव भाग से भिन्न यह द्रव द्रव्य ही वस्तुतः सुवर्ण है, जो कि तैजस है। अतः व्यतिरेकानुमान से यह सिद्ध हो जाता है कि उष्णतम अग्नि–संयोग से भी तेज का द्रवत्व नष्ट नहीं होता, जबकि पार्थिव पदार्थों में ऐसा नहीं देखा जाता[80] – अतः मीमांसकों का यह मत कि– 'सुवर्ण पार्थिव है' सर्वथा खण्डित हो जाता है।

जहां तक औषधियों में प्रयुक्त होने वाली सुवर्ण एवं रजत–भस्मादि का प्रश्न है, उनमें प्रतीत होने वाले भांति–भांति के रूपादि सुवर्ण के नहीं, उसमें मिश्रित अन्य तत्त्व के प्रभाव से प्रतीत होते हैं।[81] इसी मत का समर्थन न्यायकौस्तुभ में भी किया गया है– तदनुसार सुवर्ण में पीत रंग एवं गुरुत्व की प्रतीति उसमें मिश्रित पार्थिव परमाणुओं के विशेष संयोग से होती है। न्यायकौस्तुभकार ने पूर्वपक्ष की ओर से एक अन्य शंका भी उपस्थिपित की है कि यदि सुवर्ण तैजस है तो तैजस तत्त्वों की भांति अन्धकार में भी उसका प्रत्यक्ष होना चाहिए; इसका समाधान उन्होंने इस प्रकार किया है कि पार्थिव द्रव्यों के अभिभावक प्रभाव के कारण ही

अन्धकार में उसका प्रत्यक्ष नहीं हो पाता।[82]

इस प्रकार, वैशेषिक दर्शन के अनेक ग्रन्थों में भिन्न-भिन्न युक्तियों द्वारा यही सिद्ध किया गया है कि सुवर्ण पार्थिव नहीं, अपितु तैजस द्रव्य है। इन सब युक्तियों का निष्कृष्ट अभिप्राय यही है कि यदि सुवर्ण पार्थिव द्रव्य होता तो घृतादि पार्थिव द्रव्यों की भांति अग्नि-संयोग होने पर उसका भी नाश हो जाता - किन्तु ऐसा नहीं होता। उसके द्रवीभूत कण पिघल तो जाते हैं परन्तु जल कर नष्ट नहीं होता। उसके द्रवीभूत कण अक्षुण्ण रहते हैं। अतः चूंकि तैजस कण तेजःसंयोग से भी विकृत नहीं होते- इसी से सिद्ध होता है कि सुवर्ण पार्थिव नहीं, तैजस द्रव्य है इस सिद्धान्तमत के विरुद्ध पूर्वपक्षी मीमांसक द्वारा उठाये गये विविध आक्षेपों के सयुक्तिक समाधान तो उक्त विवरण में यथास्थल प्रदर्शित कर ही दिये गये हैं।

इस विषय में डॉ. धमेन्द्रनाथ शास्त्री ने स्पष्ट किया है कि - 'सुवर्ण-चांदी आदि को तैजस या आग्नेय मानना आधुनिक विज्ञान के विरुद्ध है चूंकि पहली बात तो यह है कि सुवर्ण-चांदी आदि मूल तत्त्व हैं, दूसरी यह कि यहां जो युक्ति दी गई है, वह भी नहीं ठहरती, क्योंकि बहुत अधिक ताप देने से जल और घृत आदि के समान सुवर्ण या चांदी आदि भी भाप बनकर उड़ जाते हैं। अर्थात् उनका द्रवत्व नष्ट हो जाता है। इस विषय में यह भी ध्यान देने योग्य है कि प्राचीन समय में कदाचित् इतना ताप उत्पन्न नहीं किया जा सकता था कि जिससे सुवर्ण आदि भाप हो सके। परन्तु कुछ खान से उत्पन्न होनेवाली धातु जैसे जस्ता आदि बहुत कम ताप पर अर्थात् जितने ताप पर सुवर्ण गलता है, उससे भी कम पात पर भाप हो जाते हैं, उनके विषय में प्राचीनों ने क्या सोचा होगा, वह नहीं पता। जो कुछ भी हो, प्राचीनों के इन विचारों को इस समय केवल ऐतिहासिक मूल्य ही है।[83]

इसके विपरीत, प्रंडित उदयवीर शास्त्री ने वैशेषिक एवं आधुनिक

पदार्थविज्ञान की तुलना करते हुए वैज्ञानिक रीति में यह सिद्ध किया है कि सुवर्णादि धातुओं को तैजस मानना सर्वथा संगत है – उनका मत है कि प्रथम तो धातुवर्ग ताप का कुचालक नहीं, अपितु सुचालक है, जैसे सुवर्णादि धातुपिण्ड या छड़ के एक भाग से तेजस् का सम्पर्क होने पर समस्त धातुपिण्डु में ताप का संचार हो जाता है; इससे धातुवर्ग ताप को अनुकूलता से चालित कर देने के कारण उसका सजातीय प्रमाणित होता है, दूसरे धातुवर्ग में ताप को अन्तर्भुक्त करने की शक्ति भी कम होती है, जबकि अधातु पदार्थ भिन्नजातीय होने से ताप को अधिक अन्तर्भुक्त कर लेता है। एक यूनिट ताप के सम्पर्क से जल या काष्टादि में जो तापमान होगा, उतने ही ताप से धातु में कई गुना अधिक टैम्प्रेचर होगा। यह स्थिति भी धातु–सम्प्रदाय को तैजस वर्ग में मानने के लिए बाधित करती है।[84]

इसलिए, निष्कर्षतः कहा जा सकता है कि सुवर्णादि धातुएं तैजस द्रव्य है– यही वैशेषिक दर्शन का मौलिक एवं स्थिर सिद्धान्त है।

तेज के सम्बन्ध में कुछ सामान्य शंकायें–

वैशेषिक दर्शन द्वारा सिद्ध किये गये उक्तरूप तेज–द्रव्य के विषय में उत्पन्न होनेवाली कुछ सामान्य शंकायें भी हैं जिनका उल्लेख विभिन्न वैशेषिक विद्वानों ने अपने ग्रन्थों में किया है तथा उनके युक्तिपूर्वक समाधान भी किये हैं, यथा–

(अ) न्यायसिद्धान्तमुक्तावलीकार ने तेज के विषय में एक शंका प्रस्तुत की है कि तेज का स्पर्श उष्ण माना गया है, उबकि चन्द्रकिरणों को स्पर्श शीतल होता है (और चन्द्रकिरणें वैशेषिक दर्शन के अनुसार दिव्य तेज ही हैं)– अतः उनमें उष्णस्पर्शवत्त्व की अव्याप्ति होगी।

इस शंका का समाधान विश्वनाथ से इस प्रकार किया है कि वस्तुतः उन चन्द्रकिरणों में भी उष्णस्पर्श होता है हैं, परन्तु किरणों में विद्यमान जलीव तत्त्वों से अभिभूत रहता है। इसी प्रकार रत्न की किरणों में पार्थिव

तत्त्वों से अभिभूत होने के कारण उष्ण स्पर्श का ग्रहण नहीं होता और चक्षु आदि में भी उष्ण स्पर्श उद्भूत नहीं, अनुद्भूत ही रहता है।[85] व्योमशिवाचार्य ने इसका समाधान इस प्रकार किया है कि चक्षु आदि कुछ तैजस द्रव्यों में उष्ण स्पर्श अनुद्भूत ही रहता है, चूंकि यदि चक्षु में भी उष्णस्पर्श उद्भूत होता, तो ग्रीष्मऋतु में देखी जानेवाली वस्तु का ही दाह हो जाता, अतः अदृष्टवश ही चक्षु में उष्णस्पर्श अनुद्भूत मानना पड़ता है।[86]

(आ) न्यायसिद्धान्तमुक्तावली में ही तेज के रूप के विषय में भी एक शंका उठाई गई है कि वैशेषिक दर्शन में तेज का रूप भास्वर शुक्ल माना गया है परन्तु जलनेवाली अग्नि पीले या लाल रंग की दिखाई देती है। इसी प्रकार मणि (जिसे आकरज होने से वैशेषिक दर्शन में तैजस माना गया है) हरे रंग की होती है।

सिद्धान्तपक्ष में इस शंका का निवारण इस प्रकार किया जाता है कि वस्तुतः अग्नि या मणि में आभासित होनेवाली पीले, लाल, हरे आदि विविध रूप पृथिवी के होते हैं; पार्थिव तत्त्वों के सम्मिश्रण से वहां तेजस् का भास्वर शुक्ल रूप अभिभूत हो जाता है।

पुनरपि, पूर्वपक्षी का एक प्रश्न यह है कि जब जलने वाली अग्नि या मणि का अपना रूप दब गया है तो बिना अपने रूप के उन द्रव्यों का चाक्षुष प्रत्यक्ष कैसे हो सकता है?

इस प्रश्न का उत्तर विश्वनाथ ने इस प्रकार दिया है कि– अन्य के रूप से भी किसी के पीले प्रत्यक्ष संभव हो जाता है जैसे शंख का अपना श्वेत रूप आंख में रहनेवाले पित्त के पीले रूप से दब जाता है, किन्तु शंख की प्रतीति उस पित्त के पीले रूप से ही हो जाती है और 'शंख पीला है' ऐसा ज्ञान होता है। अथवा इसे इस प्रकार भी कह सकते हैं कि अग्नि का रूप नहीं दबता, अपितु अग्नि के रूप का शुक्लत्व ही दबता है। इसलिए अग्नि की प्रतीति अग्नि के रूप से ही होती है।[87]

वैशेषिक दर्शन द्वारा प्रतिपादित उक्त तेजस् द्रव्य का स्वरूप भौतिकविज्ञान में वर्णित ऊर्जा के स्वरूप से भी तुलनीय है। इसीलिए एक आधुनिक विद्वान् डा. डोंगरे ने तो 'तेज' द्रव्य को 'एनर्जी' पद से ही अनूदित किया है तथा वैशेषिक 'तेज' को भौतिकशास्त्रीय 'ऊष्मा' एवं प्रकाश के तुल्य माना है।[88] किन्तु उदयवीर शास्त्री ने स्पष्ट किया है कि भौतिकशास्त्र में ऊर्जा तत्त्व के जो पांच वर्ग बताये गये हैं- ताप, प्रकाश, ध्वनि, विद्युत् और चुम्बकत्व। उनमें से विद्युत् तत्त्व ही वैशेषिक तेज द्रव्य का समकक्ष कहा जा सकता है- ज्वलनशीलता (ताप) और प्रकाशरूपता विशेषताओं के आधार पर 'विद्युत्' को वैशेषिक में तैजस द्रव्यस्वरूप माना गया है - ऊर्जा के शेष चारों भेद वैशेषिक दर्शन के 'गुण' नामक पदार्थ के अन्तर्गत रखे जाने चाहिए।[89]

4. वायु

'वायुत्व' नामक जातिविशेष के साथ साक्षात् समवाय-सम्बन्ध से सम्बद्ध द्रव्य वैशेषिक दर्शन में 'वायु' कहा गया है।[90] इस लक्षणार्थ की भी व्याख्या पूर्ववत् करनी चाहिए अर्थात् 'वायुत्व' नामक सामान्यविशेष, उससे समवाय-सम्बन्ध द्वारा सम्बद्ध जो द्रव्य है, उसी का 'वायु' नाम से प्रयोग होता है। अपाकज, अनुष्णाशीत स्पर्श वायु का विशेष गुण है तथा रूपरहित होना उसका स्वभाव है, अतः कहा जा सकता है कि वायुत्व जाति से युक्त, अरूप, किन्तु स्पर्शवान् द्रव्य 'वायु' है।[91]

वैशेषिक दर्शन के ग्रन्थों में पृथिवी, जल एवं तेज- तीनों द्रव्यों के निरूपण के पश्चात् चतुर्थ स्थान पर वायु-द्रव्य का विवेचन किया गया है। इस विषय में व्योमवतीकार का मत है कि उक्त चारों द्रव्यों (पृथिवी, जल, तेज और वायु) में से प्रत्येक किसी नियत इन्द्रिय द्वारा ही ग्राह्य गुण का आश्रय है तथा पृथिव्यादि (इसी क्रम में) सुप्रसिद्ध हैं एवं गन्धादि चारों गुणों में से एक-एक का क्रमशः ह्रास होता जाता है- इसीलिए तेज के अनन्तर वायु द्रव्य का वर्णन किया गया है।[92] कन्दलीकार का विचार

है कि प्रत्यक्ष प्रमाण से ज्ञात होने वाले पृथिवी, जल और तेज- इन तीन पदार्थों के निरूपण के अनन्तर प्रत्यक्ष प्रमाण से ज्ञात न होने वाले द्रव्यों के वर्णन की ही प्रासंगिकता है। पृथिव्यादि तीनों द्रव्य नित्य और अनित्य दोनों प्रकार के हैं, अतः पूर्वागतज होने के कारण नित्यानित्यस्वभाव के द्रव्य का निरूपण ही क्रमप्राप्त है।[93]

यद्यपि यह सत्य है कि वैशेषिक दर्शन के अनुसार प्रचलयानन्तर सृष्टि के पुनः प्रारम्भ के अवसर पर सर्वप्रमुख वायु के परमाणुओं में ही कर्म की उत्पत्ति होती है तथा उन्हीं के परस्पर संयोग से द्वयणुकादिक्रम से महान् वायु उत्पन्न होता है, जो आकाश में कम्पित होता हुआ स्थित रहता है।[94] इस प्रकार, वैशेषिक सृष्टि-प्रक्रिया में वायवीय कार्यों को ही सर्वप्रमुख उत्पन्न भौतिक पदार्थ माना जाता है, यह स्पष्ट है। तथापि, निरूपण के क्रम में उसका स्थान चतुर्थ ही है- इसका कारण उदयनाचार्य एवं श्रीधराचार्य की उक्त पंक्तियों में ही स्पष्ट कर दिया गया है।[95]

वायु की सिद्धि-

वायु की प्रत्यक्षता विवादग्रस्त होने से वैशेषिक दर्शन में प्रायः सर्वत्र ही अनुमान द्वारा वायु की सिद्धि की गई है। इस अनुमान के साधक यहाँ चार लिङ्ग दिये गये हैं,[96] जिनका वायुसाधकहेतुत्व निम्न प्रकार से देखा जा सकता है-

(अ) **स्पर्शः**-सूत्रकार कणाद ने वायु-साधक लिंग केवल स्पर्श को ही कहा था।[97] परवर्ती व्याख्याकारों तथा संग्रहकारों ने यह स्पष्ट कर दिया कि वायु का यह स्पर्श सर्वथा विशेष प्रकार का, अर्थात् अपाकज एवं अनुष्णाशीत होता है तथा यही वायु की अनुमिति का हेतु भी है।[98] उदयनाचार्य ने भी स्पर्श के आश्रय-रूप में वायु ही सिद्धि करते हुये कहा है कि स्पर्श का आश्रय वह चतुर्थ द्रव्य वायु ही सिद्ध होता है, चूंकि आकाश की भांति रूपरहित होने से भी वह पृथिवी (द्रव्य) नहीं हो सकता तथ तेज की भांति गुरुत्वरहित होने से भी (वह पृथिवी नहीं हो

सकता)। श्रीधराचार्य की न्यायकन्दली एवं शंकरमिश्र के उपस्कार में भी स्पर्श गुण के आश्रय-रूप में वायु की सिद्धि उक्त रीति से ही की गई है तथा अन्नम्भट्ट के तर्कसंग्रह में भी।

उक्त युक्तियों का तात्पर्य यही है कि – 'स्पर्श, चूंकि एक गुण है अतः, उसे किसी न किसी द्रव्य में अवश्य रहना चाहिए। वह द्रव्य पृथिवी नहीं हो सकता, क्योंकि पृथिवी में पाया जानेवाला स्पर्श पाकज होता है। वह जल भी नहीं हो सकता, क्योंकि जल में स्वभावतः शीत स्पर्श रहता है। तेज भी वह द्रव्य नहीं माना जा सकता, चूंकि उसका तो स्वाभाविक धर्म उष्ण स्पर्श है। अन्य शब्दों में, पृथिवी, जल एवं तेज उस विशेष स्पर्श के आश्रय द्रव्य नहीं हो सकते, क्योंकि उन तीनों द्रव्यों का स्पर्श अपाकज एवं अनुष्णाशीत होने के साथ-साथ नीरूपात्मक भी होता है। आकाश, काल, दिशा एवं आत्मा-ये चारों द्रव्य विभु होने से सर्वत्र उपलब्ध होते हैं किन्तु वह विशेष प्रकार का स्पर्श सर्वत्र उपलभ्यमान नहीं है। अतः ये चारों द्रव्य भी उस स्पर्श-विशेष के आश्रय नहीं कहे जा सकते, क्योंकि वस्तुतः उनमें किसी भी प्रकार का स्पर्श होता ही नहीं। मन भी उस विशेष स्पर्श का आश्रय नहीं हो सकता, क्योंकि उसे वैशेषिक दर्शन में अणुपरिमाण द्रव्य मान गया है और परमाणु का स्पर्श तो अतीन्द्रिय ही होता है।

इस प्रकार, इतरबाधसहकृत परिशेषानुमान से सिद्ध होता है कि उन आठ द्रव्यों के अतिरिक्त जो नवम द्रव्य बचता है, वही उस विशेष प्रकार से अपाकज, अनुष्णाशीत स्पर्श का आश्रय कहा जा सकता है। अतः सिद्ध होता है कि वायु ही उस प्रतीयमान, विशिष्ट स्पर्श गुण का आश्रय द्रव्य है।

(आ) शब्दः- इसी प्रकार, शब्द भी वायु का साधक लिंग है। उपस्कारकर्ता शंकरमिश्र ने इस शब्द की उत्पत्ति में निमित्तकारण-रूप वायु की सिद्धि करते हुए कहा है कि – 'मेघादि-संयोग से आकाश में उत्पन्न होने वाला शब्द किसी न किसी निमित्तकारण से जन्य तो होता है तथा

अन्य किसी स्पर्शयुक्त द्रव्य की संभावना न होने से केवल वायु की उस शब्द का निमित्तिकारण सिद्ध होती है।[99]

इस प्रकार, सिद्ध होता है कि शब्द के निमित्तकारण-रूप में भी वायु द्रव्य की सत्ता माननी ही पड़ती है।

(इ) धृतिः- व्योमशिवाचार्य के अनुसार धृति का अर्थ है- धारण अर्थात् आकाश में पर्णादिकों का अवस्थान और वह धृति भी वायु की सत्ता का अनुमापक हेतु है।[100] उदयनाचार्य के अनुसार गुरुत्वयुक्त द्रव्य का भी पतन न होना ही धृति है तथा उससे भी वायु द्रव्य का अनुमान किया जा सकता है।[101] न्यायकन्दलीकार ने भी उक्त रीति से ही आकाश में पर्णादि-धृति के आश्रय-रूप में वायु की सिद्धि की है[102] तथा शंकरमिश्र ने उपस्कार एवं कणादरहस्य - दोनों ग्रन्थों में यही मत व्यक्त किया है।[103] अतः यही मानना समीचीन प्रतीत होता है कि आकाश में पर्णादि की धृति का हेतु वायुद्रव्य ही है। इस प्रकार, धृतिविशेष से भी वायु की सिद्धि होती है।

(ई) कम्प :- वैशेषिक दर्शन के अनुसार 'कम्प' भी वायु द्रव्य की सत्ता में अनुमापक हेतु कहा गया है। इस विषय में शंकरमिश्र का कथन है कि 'उड़ने वाले तिनकों आदि में जो गति या कर्म है, वह किसी रूपवान् द्रव्य के अभिघात से जन्य नहीं है, अपितु स्पर्श एवं वेगयुक्त द्रव्य के अभिघात से जन्य है, गुरुत्व एवं प्रयत्नवान् आत्मा के संयोग से उत्पन्न किया न होने से, नदी के वेग से आहत किनारे के बेंतवन-कम्पन की भांति। इस प्रकार तृणादि में होनेवाला कम्प स्पर्शवद्द्रव्याभिघातजन्य होने से वह भी वायु की सिद्धि में साधक है, यह सिद्ध हो जाता है'।[104] न्यायकन्दली में इस स्थल पर पूर्वपक्ष की ओर से शंका उठाई गई है कि यह 'कम्प' हतु वायु की सिद्धि का ही नहीं, अपितु भूकम्प का भी हेतु होने से व्यभिचरित है। इस शंका का समाधान कन्दलीकार ने इस प्रकार किया है कि भूकम्प की अपनी एक विशेषता होती है, जिससे स्पष्ट हो

जाता है कि भूकम्प स्पर्शयुक्त किसी द्रव्य के संयोग से ही उत्पन्न होगा है, अतः उक्त हेतु व्यभिचारि नहीं कहा जा सकता।[105] इस प्रकार, शब्द, स्पर्श, धृति एवं कम्प – उक्त चारों हेतुओं से वायु की सिद्धि हो जाती है।

वायु का लक्षण-

सूत्रकार ने वायु का लक्षण इस प्रकार कि – 'स्पर्शवाला वायु है'।[106] शिवादित्य ने इस लक्षण को कुछ परिष्कृत करते हुए कहा है कि- 'वायुत्व जाति से युक्त, रूपरहित, किन्तु स्पर्शवान्, वायु होता है'।[107] वादिवागीश्वर[108] तथा अन्नम्भट्ट[109] दोनों ने रूपरहित, किन्तु स्पर्शवान् का ही वायु कहा है।

इस प्रकार उक्त लक्षणों में से प्रत्येक वायु की किसी न किसी विशेषता को ही व्यक्त करता है, अतः उन सब लक्षणों के विश्लेषण से वायु की तीन प्रमुख विशेषतायें व्यक्त होती हैं-

(अ) वायु वायुत्वजातियुक्त द्रव्य है।

(आ) वायु रूपरहित है।

(इ) वायु में स्पर्श गुण पाया जाता है।

व्योमवतीकार ने वायु की द्रव्यत्वसिद्धि हेतु दो युक्तियां दी हैं- प्रथम, द्रव्य के अतिरिक्त गुण-कर्मादि सभी पदार्थ द्रव्याश्रित ही होते हैं किन्तु वायु किसी द्रव्य का आश्रित नहीं है, इससे उसका द्रव्यत्व सिद्ध होता है। द्वितीय, वायु में स्पर्श (गुण) और गति (कर्म) – ये दोनों पाये जाते हैं तथा गुण और कर्म सदा द्रव्य में ही रहते हैं, अतः वायु भी द्रव्य है, यह सिद्ध हो जाता है।[110]

वायु के गुण-

प्रशस्तपादाचार्य ने वायु में पाये जानेवाले नौ गुणों का संग्रह करते हुए कहा है कि स्पर्श, संख्या, परिमाण, पृथक्तव, संयोग, विभाग, परत्व,

अपरत्व एवं (वेग) संस्कार (गुणों) वाला (द्रव्य) वायु होता है।[111] विश्वनाथ ने भी एक कारिका में वायु के गुणों का वर्णन इसी भांति किया है।[112]

इस प्रकार स्पष्ट है कि वैशेषिक दर्शन के अनुसार वायु में नौ गुण माने गये हैं जिनमें से स्पर्श उसका विशेष गुण है अतः उसके विषय में कुछ विस्तृत विवेचन अभीष्ट है।

(1) स्पर्श-

स्पर्श को वायु का लिङ्ग भी कहा गया है, चूंकि यह उसका विशेष गुण है। यहां उल्लेखनीय यह है कि यद्यपि स्पर्श गुण पृथिवी, जल और तेज- इन तीनों द्रव्यों में भी रहता है, किन्तु वायु में रहनेवाला स्पर्श उक्त तीनों द्रव्यों के स्पर्श से विलक्षण है।

सूत्रकार ने वायु के स्पर्श को अन्य द्रव्यों के स्पर्श से पृथक् प्रतिपादित करते हुए कहा है कि पृथिव्यादि द्रव्य दृश्य और स्पृश्य दोनों होते हैं, उन्हें छूकर भी जाना जा सकता है और देखकर भी; किन्तु वायु रूपरहित होने से दृष्ट नहीं, अदृष्ट ही है- इसलिए वायु में रहनेवाला यह स्पर्श अदृष्ट द्रव्य का लिंगभूत है।[113]

इसके अतिरिक्त, अनुभूति की दृष्टि से भी वायु का यह स्पर्श विचित्र ही माना गया है, चूंकि इसे हम न तो शीतल कह सकते हैं और न उष्ण। जब वायु में जलीय कणों का संयोग होता है तब यह स्पर्श शीतल प्रतीत होता है तथा जब इसमें तैजस तत्त्व मिल जाते हैं तब यह उष्ण अनुभव होता है। वस्तुतः वह इन दोनों से भिन्न 'अनुष्णाशीत' है। यहां यह शंका होनी सर्वथा स्वाभाविक है कि ऐसा स्पर्श तो पृथिवी का भी माना गया है, अतः पृथिवी को ही उस स्पर्श-विशेष का आश्रय क्यों न मान लिया जाये? उस विशिष्ट प्रकार के स्पर्श के आश्रय रूप में वायु को पृथक् द्रव्य मानने की क्या आवश्यकता है? इस शंका का समाधान सिद्धान्तमत से यह

है कि पृथिवी में पाया जानेवाला अनुष्णशीत स्पर्श तो पाकज होता है, किन्तु वायु में अपाकज, अनुष्णाशीत स्पर्श होता है।[114] यही इसका वैलक्षण्य है, अतः ऐसे विलक्षण स्पर्श का आधार द्रव्य ही वायु है। अतः सिद्ध होता है कि अनुष्णाशीत, अपाकजस्पर्श वाला द्रव्य ही वायु है।[115]

(2) संख्या-वायु की नानात्व-सिद्धि-

'संख्या' एक सामान्य गुण होने से अन्य द्रव्यों की भांति वायु में भी पाया जाता है। परन्तु इस स्थल पर प्रश्न यह उठता है कि वायु एक है या अनेक?

उक्त प्रश्न के उत्तर में सूत्रकार का स्पष्ट कथन है कि अनेक वायुखण्डों का टकराना ही वायु की नानात्वसिद्धि में हेतु है।[116] इस विषय में भाष्यकार की भी यही सम्मति है कि यद्यपि वायु का प्रत्यक्ष नहीं होता है, तथापि उसकी अनेकता 'सम्मूर्छन' हेतु से अनुमित हो जाती है। 'सम्मूर्छन' पद का अर्थ है- 'दो समान वेग वाले वायु द्रव्यों का परस्पर विरोधी दिशाओं में क्रिया होने पर, एक ही स्थान पर मिलना या टकराना।' वह टकराना भी अवयव सहित दो वायुद्रव्यों के ऊर्ध्वगमन से सिद्ध होता है तथा वह ऊर्ध्वगमन भी तृणादिकों के ऊर्ध्वगमन से सिद्ध होता है।[117] प्रशस्तपादभाष्य पर 'सेतु' व्याख्या के रचयिता पद्मनाीामिश्र ने भी वायु को अनेक स्वीकार करते हुए कहा है कि यद्यपि अप्रत्यक्ष की संख्या प्रत्यक्ष नहीं होती ('वायु' द्रव्य वैशेषिक दर्शन के अनुसार 'अप्रत्यक्ष' माना गया है), तथापि अनुमान से उसे जाना जा सकता है।[118]

व्योमवतीकार के अनुसार भी तृणादि के ऊर्ध्वगमन से वायु का ऊर्ध्वगमन सिद्ध होता है- उस ऊर्ध्वगमन से सन्निपात होता है और (वायुओं के परस्पर) सन्निपात से ही वायु का नानात्व सिद्ध हो जाता है।[119] इस प्रकार, वैशेषिक मत में वायु अनेक है, यह सिद्ध हो जाता है।

वायु के भेद-

पृथिवी, जल एवं तेज की ही भांति वैशेषिक दर्शन में वायु को भी नित्य एवं अनित्य अथवा अणु एवं कार्य रूप से द्विविध माना गया है। तदनुसार परमाणुरूप वायु नित्य है। और कार्यरूप अनित्य।[120]

'कार्य' या 'अनित्य' वायु के प्रभेद - अनित्य या कार्यरूप वायु के पुनः चार प्रभेद किये गये हैं- (अ) शरीर (आ) इन्द्रिय (इ) विषय (ई) प्राण[121]

न्यायसिद्धान्तमुक्तावलीकार ने 'प्राण' रूप वायु का चतुर्थ प्रभेद पृथक्तः स्वीकार न करके उसे 'विषय' रूप वायु के अन्तर्गत ही रखा है और इस प्रकार अनित्य वायु के केवल तीन ही प्रभेद स्वीकार किये हैं।[122] तर्कसंग्रहकार ने भी अनित्य वायु के केवल तीन ही प्रभेद किये हैं किन्तु उन्होंने स्पष्टतः निर्दिष्ट नहीं किया कि वे 'प्राण' को विषय के अन्तर्गत रखना चाहते है अथवा उसे अनित्य कार्यरूप वायु का चतुर्थ प्रभेद मानते हैं। यद्यपि अन्नम्भट्ट की तर्कदीपिका टीका में आये 'ननु प्राणस्य कुत्रान्तर्भावः।'[123] वाक्यांश से इतना अवश्य व्यक्त हो जाता है कि वे इस विषय में कुछ मौलिक विचार रखते थे किन्तु विवाद से बचने के लिए उन्होंने अपने इस प्रश्न को प्रश्न ही रहने दिया है तथा अनित्य वायु को केवल तीन ही भागों में बांटकर 'प्राण' को भी उसी में जोड़ दिया है।

(अ) वायव्य शरीर-

प्रशस्तपाद का कथन है कि वायुलोक में पाया जानेवाला वायवीय शरीर केवल अयोनिज ही होता है, तथा वह पार्थिव अवयवों के सम्बन्ध से ही उपभोग में समर्थ होता है।[124] व्योमवतीकार ने स्पष्ट किया है कि वायवीय शरीर अयोनिज होता है अर्थात् इसकी उत्पत्ति शुक्र-शोणित-संयोग के बिना ही होती है तथा धर्मविशेषसहित परमाणु ही इसके समवायिकारण

होते हैं, उनका संयोग असमवायिकारण तथा क्षित्यादि निमित्तकारण एवं वह आगमप्रमाण से ही वायुलोक में सिद्ध है।[125]

आचार्य व्योमशिव ने यहां पूर्वपक्ष की ओर से यह शंका उठाई है कि वायु तो तिर्यग्गतिशील एवं क्षणिक है अतः उससे जन्य शरीर उपभोगयोग्य कैसे हो सकेगा? सिद्धान्तमत से इस शंका का समाधान यह किया गया है कि यद्यपि वायवीय शरीर के मूल उपादान वायव्य परमाणु है, किन्तु पार्थिव परमाणु भी उसमें निमित्तकारण माने गये हैं और इन्हीं पार्थिव परमाणुओं के संयोग से वह वायवीय शरीर उपभोगयोग्य बन जाता है।[126] उदयनाचार्य एवं श्रीधराचार्य ने भी यही मत व्यक्त किया है कि वायवीय शरीर के उपादान केवल वायव्य परमाणु ही नहीं होते, अपितु उसमें अन्य भूतों एवं विशेषतः पार्थिव अवयवों के उपष्टम्भ से ही भोगायतनत्व निष्पन्न होता है। उसे 'वायवीय' कहना तो उपलक्षण मात्र है।[127] विश्वनाथ का भी यही विचार है कि यद्यपि वायवीय शरीर अयोनिज होता है और पिशाचादि का ही होता है परन्तु जलीय एवं तैजस शरीरों की ही भाँति वायवीय शरीरों में भी पार्थिव भाग के संयोग से ही उपभोगयोग्यता आती है- जलीय, तैजस या वायवीय परमाणुओं के प्राधान्य के कारण ही उन्हें तत्तद् नाम से जाना जाता है।[128]

अन्य शब्दों में, वायवीय शरीर केवल वायुलोक अर्थात् अन्तरिक्ष में ही पाये जाते हैं, ऐसा वैशेषिक दर्शन का सिद्धान्त है, जो वैदिक परम्परा से भी अनुमत है।

(आ) वायव्य इन्द्रिय-

सभी प्राणियों को शीतादि स्पर्श का ग्रहण कराने वाली, सम्पूर्ण शरीर में व्याप्त त्वगिन्द्रिय ही वायवीय इन्द्रिय है जो पृथिव्यादि के अवयवों से अस्पृष्ट, केवल वायव्य अवयवों से ही निर्मित होती है।[129]

न्यायमञ्जरीकार की स्पष्ट उक्ति है कि त्वगिन्द्रिय से हमें केवल शरीर का बाह्य आवरण चर्म ही नहीं समझना चाहिए, अपितु त्वचा के उन भीतरी तन्तुओं को भी जानना चाहिए, जो सारे शरीर में व्याप्त है। यही कारण है कि शीतल एवं उष्ण स्पर्श की अनुभूतियाँ त्वचा तक ही नहीं, हृदय के अन्तस्तल तक अनुभव की जाती है।[130]

व्योमवतीकार ने भी पूर्वपक्ष के रूप में यह शंका उपन्यस्त की है कि वृद्धि एवं क्षय को प्राप्त होते हुए शरीर का आवरण ही त्वचा है और वह पार्थिव तथा प्रत्यक्षसिद्ध है, अतः त्वक् को वायवीय इन्द्रिय कैसे कहा जा सकता है? इस शंका का समाधान करते हुए उन्होंने सिद्धान्तमत प्रतिपादित किया है कि यद्यपि मुख्यतः त्वचा या आवरक चर्म को ही त्वक् समझ लिया जाता है, किन्तु वस्तुतः वहाँ लक्षणा से उस त्वचा में रहने वाली 'त्वगन्द्रिय' ही जाननी चाहिए, जो स्पर्श का अधिष्ठान तथा वायवीय है।[131] व्योमवतीकार ने भी यही मत व्यक्त किया है कि त्वचारूप अधिकरण में रहने के कारण ही लक्षणा वृत्ति के द्वारा उसके आधेयरूप इन्द्रिय में भी 'त्वक्' शब्द का प्रयोग होता है।[132]

त्वगिन्द्रिय की सिद्धि

स्पर्श की अनुभूति प्रत्येक प्राणी को होती है, इसमें कोई सन्देह नहीं। अतः इस स्पर्शानुभूति के करण-रूप में ही वैशेषिक ग्रन्थों में त्वगिन्द्रिय की सिद्धि की गई है।[133]

वैशेषिक दर्शन के अनुसार त्वगिन्द्रिय वायवीय है अर्थात् उसका निर्माण केवल वायु के परमाणुओं से ही होता है, चूंकि वह रूप, रसादि गुणों में से केवल वायु के विशेष गुण स्पर्श की ही अभिव्यंजक होती है। यहाँ यह शंका होनी स्वाभाविक है कि क्या किसी भी प्रकार के वायवीय परमाणु त्वगिन्द्रिय की रचना कर सकते है? वैशेषिक दर्शन के अनुसार इसका उत्तर यह है कि केवल वही वायवीय परमाणु त्वगिन्द्रिय की रचना

में उपादान हो सकते हैं जो अन्य किसी भी भूत (पृथिवी, जल या तेज) के परमाणुओं से अभिभूत नहीं हैं।[134]

व्योमवतीकार के मतानुसार इसका अभिप्राय यह है कि वायु के परमाणु या तो अदृष्ट के सहयोग से स्वयं अकेले ही बिना किसी अन्य भौतिक-परमाणु-संयोग के त्वगिन्द्रिय के जनक होते हैं अथवा यदि उनमें किसी अन्य भूत के परमाणुओं का संयोग होता भी है, तो वह अत्यल्प होता है। यही कारण है कि त्वगिन्द्रिय रूपादि में से केवल स्पर्श की ही व्यंजिका होती है।[135] न्यायकन्दलीकार ने त्वगिन्द्रिय की इस प्रकार की संरचना को 'विशिष्टोत्पाद' कहा है। अभिप्राय यह है कि सभी प्राणियों के प्रत्यक्ष का कारण यह इन्द्रिय पार्थिव अवयवों से अनभिभूत है अर्थात् जिन वायवीय अवयवों की शक्ति का पार्थिवादि विरोधी शक्तियों से नाश नहीं हुआ है, उनसे बनी हुई है, इसीलिए यह इन्द्रिय है तथा स्पर्श की अनुभूति ही उस इन्द्रिय की सत्ता में प्रमाण है। यह इन्द्रिय चूंकि रूपादि गुणों में से केवल स्पर्श के प्रत्यक्ष की उत्पादक है अतः पसीने की शीतता को व्यक्त करने वाले समीर की भाँति यह इन्द्रिय भी वायवीय सिद्ध होती है।[136] यही कारण है कि जब कभी त्वचा का एक विशेष भाग नष्ट हो जाता है अथवा कुष्टादि रोग से आवष्टि हो जाता है तो उस स्थलविशेष पर स्पर्शानुभूति नहीं होती। इसका कारण व्योमवतीकार ने यह बताया है कि किसी विशेष अर्थात् अन्यद्रव्यानभिभूत वायु में ही इन्द्रियारम्भकत्व होता है, सर्वत्र नहीं। जब त्वचा का कोई अंशविशेष अवायवीय तत्त्वों से अभिभूत हो जाता है, तब यहाँ की त्वचा स्पर्शेन्द्रिय त्वक् के रूप में कार्य नहीं करती।[137]

त्वगिन्द्रिय सारे शरीर में व्याप्त हैं

उल्लेखनीय है कि शरीर के किसी विशेष अवयव में त्वगिन्द्रिय का अधिष्ठान नहीं है, अपितु यह सारे शरीर में ही व्याप्त है।[138] व्योमवतीकार

ने स्पष्ट किया है कि 'त्वगिन्द्रिय के सर्वशरीरव्यापी होने का तात्पर्य यह है कि जहाँ तक त्वगिन्द्रिय की सामर्थ्य है, वही तक शरीर है अत: केशों में त्वगिन्द्रियाधारत्व न होने से शरीरत्व भी नहीं है, अपितु संयोगिद्रव्यमात्रत्व ही है।'[139] विश्वनाथ ने भी त्वगिन्द्रिय को देहव्यापी कहा है[140] तथा अन्नम्भट्ट ने भी उसे सर्वशरीरवर्ती कहा है।[141] शंकरमिश्र के शब्दों में- 'त्वचा ही जिसका अधिष्ठान है, ऐसी शरीर का सहज आवरणरूप त्वक् ही वायवीय त्वगिन्द्रिय है।'[142]

(इ) विषय-

प्रशस्तपाद के अनुसार अनुभूयमान 'स्पर्श' का अधिष्ठान ही विषयरूप 'वायु' है।[143] शिवादित्य एवं अन्नम्भट्ट के अनुसार वृक्षादिकों में कम्प का जनक ही विषयरूप वायु है।[144] व्योमवतीकार के शब्दों में- 'पृथिवी, जल एवं तेज की ही भाँति वायु में भी शरीर एवं इन्द्रिय से व्यतिरिक्त अवयवी को विषय समझना चाहिएं।[145] शंकरमिश्र के मत से 'उपलभ्यमान स्पर्श (गुण) का आश्रय (द्रव्य) ही विषयरूप वायु है।'[146]

(ई) प्राण-

विषयरूप वायु के निरूपण के अनन्तर अनित्य वायु के चतुर्थ प्रभेद 'प्राण' का ही निरूपण है। जैसा कि पहले कहा जा चुका है, वैशेषिक दर्शन में इस प्रश्न पर तो मतभेद है कि 'प्राण' को अनित्य वायु के 'विषय' नामक भेद में ही अन्तर्भूत कर लिया जाये अथवा उसे अनित्य वायु का ही एक पृथक् प्रभेद माना जाये, किन्तु 'प्राण' की सत्ता, स्वरूप एवं उपयोगिता के विषय में कोई विप्रतिपत्ति नहीं है।

व्योमवतीकार का स्पष्ट कथन है कि यद्यपि 'प्राण' नामक वायु भी उपलभ्यान स्पर्श का अधिष्ठान होने से विषय में अन्तर्भूत हो सकती थी , किन्तु उसके विशष्ट रूप से अर्थक्रियाकारी होने के कारण प्राधान्य-ज्ञापन के लिए ही उसका पृथगभिधान किया गया है।[147]

प्रशस्तपाद ने प्राण का लक्षण करते हुए कहा है कि 'शरीर के अन्दर संचरण करने वाली वायु ही प्राण है, तथा रस, मल, धातु आदि का प्रेरण ही उसका कार्य है'।[148]

प्राण के भेद- क्रिया भेद से वस्तुतः यह प्राणवायु एक ही है, किन्तु क्रिया-भेद के कारण इसकी अपानादि पांच संज्ञायें हैं, ऐसा प्रशस्तपाद का मत है।[149]

श्रीधराचार्य ने इस स्थल पर यह शंका प्रस्तुत की है कि शरीर में प्राण, अपान आदि पांच वायुओं की प्रसिद्धि है, अतः केवल एक प्राणवायु कैसे मानी जा सकती है? सिद्धान्तमत के अनुसार इस शंका का समाधान यह है कि एक मूर्त्त द्रव्य में अनेक द्रव्यों का समावेश असम्भव है, अतः पंचत्व उसमें केवल कल्पित किया जाता है, वस्तुतः वह एक ही है।[150] शंकरमिश्र ने भी शरीर मे पञ्चवायवीयत्व-प्रवाद का इसी भंति खण्डन किया है तथा प्राणादि की पाँचों संज्ञाओं का आधार क्रियाकारित्व को ही कहा है।[151]

इस प्रकार, वैशेषिक दर्शन के अनुसार वस्तुतः शरीर के अन्दर संचरणशील प्राणवायु एक ही है, किन्तु भिन्न- भिन्न कार्यों को करने के कारण असके पांच नाम हैं -प्राण, अपान, समान, उदान और व्यान। प्रशस्तपाद के व्याख्याकार पद्मनाभमिश्र का कथन है- जिस प्रकार एक ही देवदत्त 'पाठक' 'पाचक' आदि नामों से क्रिया- भेद के कारण व्यवहृत होता है, उसी प्रकार एक ही शरीराभ्यन्तरचारी वायु होने पर भी मुख एवं नासिका से बाहर आनेवाला एवं अन्दर जानेवाला श्वास-प्रश्वासरूप वायु प्राण कहलाता है, खाये-पिये आहार के विकाररूपी रस को नीचे की ओर ले जानेवला अपान कहलाता है, उदरस्थ अग्नि को आहार के पाचन के लिए सर्वत्र ले जानवाला समान, ऊपर की ओर ले जाने वाला उदान कहा जाता है तथा नाड़ियों के माध्यम से भुक्त आहार के रस को सर्वत्र फैलानेवाला व्यान वायु जाना जाता है। इस प्रकार लाघववश एक ही

प्राणवायु मानना चाहिए, चूंकि ये केवल संज्ञा भेद है, संज्ञी तो वस्तुतः एक है।[152]

उक्त पंचविध 'प्राण' के अतिरिक्त कुछ अन्य विद्वानों के मतानुसार शरीर में पांच प्रकार की वायु और भी होती है– नाग, कूर्म, कृकर, देवदत्त और धनंजय[153]–किन्तु जैसा कि इनके लक्षणों से ही स्पष्ट है, ये पांचों उपर्युक्त प्राण–अपानादि के ही पैराणिक नामान्तर मात्र हैं, उनका कोई विशेष प्रयोजन नहीं। न्यायकोश में 'प्राण' के सम्बन्ध में कुछ अन्य मतों का भी संकलन है, जिनसे प्राण वायु की महत्ता एवं उपयोगिता व्यक्त होती है।[154]

निष्कर्ष–

अतः उक्त विवेचन के आधार पर स्पष्ट है कि वैशेषिक दर्शन द्वारा स्वीकृत नौ द्रव्यों में से पहले चार अर्थात् पृथिवी, जल, तेज और वायु भौतिक द्रव्य कहे जा सकते हैं। ये चारों द्रव्य दो प्रकार के माने गये हैं– अनित्य और नित्य। यहां अनित्य या कार्यरूप में ही इन चारो द्रव्यों पर विचार किया गया है। परमाणुरूप में तो ये भी नित्य ही होते है एवं इनसे ही संसार के सारे 'कार्य द्रव्य' बनते हैं।

यहाँ यह भी उल्लेखनीय है कि प्रायः सामान्य रूप से आकाश को पृथिवी आदि चार द्रव्यों के साथ जोड़कर इन पाँचों को भूत–तत्त्व या पंचमहाभूत माना जाता है। किन्तु वस्तुतः यह पाँच महाभूतों की कल्पना उपनिषदों के समय से चली आ रही अत्यन्त प्राचीन कल्पना है जिसके अनुसार यह जगत् और इसके सभी कार्य इन्हीं पाँचों महाभूतों से बने हुए हैं। अन्य शब्दों में, ये पाँच महाभूत जगत् के उपादानकारण माने गये थे।

जैसा कि उक्त विश्लेषण से ही व्यक्त है, न्याय–वैशेषिक परम्परा में पाँच भूतों की इस प्रकार की कल्पना के लिए कोई स्थान नहीं है। यद्यपि यहाँ भी उसी प्राचीन धारणा के आधार पर आकाश को 'भूत' द्रव्य तो

माना गया है, किन्तु 'भूतत्व' की परिभाषा सर्वथा भिन्न दी गई है।[155] तदनुसार 'भूतत्व' किसी कार्य का उपादान कारण हो, यह अनिवार्य नहीं। अतः इस प्राचीन दृष्टि से न्याय-वैशेषिक में माने गये आकाश द्रव्य को 'भूत' नहीं कहा जा सकता क्योंकि उससे कोई वस्तु उत्पन्न नहीं होती। इसलिए कहा जा सकता है कि न्याय-वैशेषिक में पाँच भूतों को केवल प्राचीन परम्परावश ही मान लिया गया है- पाँच भूतों में रहने वाली कोई 'भूतत्व' जाति भी यहाँ नहीं मानी जाती।

यही कारण है कि प्रस्तुत अध्ययन में हमने वैशेषिक-दर्शन-प्रतिपादित क्रमानुसार पहले चार द्रव्यों को एक अध्याय में रखा है तथा अगले तीन द्रव्यों- आकाश, काल तथा दिशा को एक पृथक् अध्याय में तत्पश्चात् आत्मा (तदन्तर्गत परमात्मा) एवं मन का निरूपण एक स्वतंत्र अध्याय में किया गया है, चूँकि वे दोनों क्रमशः ज्ञान, सुख-दु:खादि के अधिष्ठान एवं साधन माने गये हैं।

सन्दर्भ

1. नन्वेदं पृथिवीत्वमेवासाधारणत्वाद् व्यवच्छेदसमर्थमित्यसमर्थविशेषणता हेतोर्दोषः। व्योम., पृष्ठ 56।
2. नन्वेदं पृथिवीत्युक्ते पक्षेऽस्ति, नास्तीत्याशङ्का न निवर्तते। व्योम., पृष्ठ 56।
3. शास्त्रे तथाभावेऽतिप्रसङ्गात्। व्योम., पृष्ठ 56।
4. षष्ठीचानियतसम्बन्धाभिधायिकेति विशिष्टसम्बन्धलाभायाभिसम्बन्धपदम्। व्योम. , पृष्ठ 56।
5. कल्पितभेदस्याप्यर्थक्रियाकरणात् यथा श्रोत्रस्य। व्योम., पृष्ठ 56।
6. श्रोत्रं कर्णशष्कुल्याकाशसंयोगोपलक्षितो नभोदेश:, स चावास्तवभेदोऽपि शब्दोपलब्धिलक्षणामर्थक्रियां विदधति। व्योम., पृष्ठ 56।
7. आभिमुख्येन च सम्बन्ध इति केवलव्यतिरेकाव्यभिचारेण गमकत्वप्रदर्शनार्थम्। व्योम., पृष्ठ 56।

8. प्रमाणेन हि प्रसिद्धस्य विशेषणेन व्युदासो दृष्टः। यथा नीलेनानीलादेः। व्योम., पृष्ठ 56।
9. न वा अपोहः सिद्धः वृत्तिविकल्पानुपपत्तेः। व्योम., पृष्ठ 56।
10. यदि अप्रसिद्धा, पक्षीकरमयुक्तम्। व्योम., पृष्ठ 57।
11. अथप्रमाणसिद्धा व्यावृत्ततया, तर्हि लक्षणवैयर्थ्यम्। व्योम., पृष्ठ 57।
12. यत्र जनानां पृथिवीति व्यवहारः सा पक्षीकृतेत्यबाधः। व्योम., पृष्ठ 57।
13. विप्रतिपद्यमानः परः परार्थानुमानेनैव प्रतिपाद्यत इति। व्योम., पृष्ठ 57।
14. अथेतरेभ्यो भेदे साध्येऽबादयोऽपीतरेभ्यो भिद्यन्त इति विद्यमाने सपक्षे कथं केवलव्यतिरेकाव्यभिचारः? व्योम., पृष्ठ 57।
15. रूपरसगन्धस्पर्शसंख्यापरिमाणपृथक्त्वसंयोगविभागपरत्वापरत्वगुरुत्व-द्रवत्वसंस्कारवती। प्र.पाद.भा., पृष्ठ 54।
16. चाक्षुषवचनात् सप्तसंख्यादयः। प्र.पाद.भा., पृष्ठ 54।
17. पतनोपदेशात् गुरुत्वम्। प्र.पाद.भा., पृष्ठ 54।
18. पदार्थश्च संख्या इति बहुवचनं संख्यात्वव्यतिरेकेणैकत्वत्वाद्यपरसामान्य प्रदर्शनार्थम्। व्योम., पृष्ठ 61।
19. परिमाणत्वापेक्षयागुणत्वाद्यपरसामान्यञ्चापनार्थम्। व्योम., पृष्ठ 61।
20. पृथक्त्वसामान्यपेक्षया एकपृथक्त्वत्वाद्यपरसामान्यशून्यताप्रदर्शनार्थम्। व्योम. , पृष्ठ 61।
21. शीतस्पर्शवत्यापः। ता द्विविधाः नित्यानित्याश्च। त.सं., पृ. 41।
22. शरीरं वरूणलोके। त.सं., पृ. 41।
23. अप्त्वाभिसम्बन्धादापः। प्र.पा.भा., पृ. 79।
24. अप्त्वेनाभिसम्बन्धोऽप्त्वेनाभिलक्षितः सम्बन्धः समवायो लक्षणमिति। व्योम. , पृ. 19।
25. गुणाश्रयो द्रव्यं। व्योम., पृष्ठ 80।
26. तैजसे भास्वरं रूपमुष्ण एव स्पर्शः। व्योम., पृष्ठ 81।
27. मधुर एव रसः। व्योम., पृष्ठ 80।
28. शीत एव स्पर्शः। व्योम., पृष्ठ 80।
29. स्नेहाऽम्भस्येव। व्योम., पृष्ठ 80।

30. द्रवत्वं सांसिद्धिकद्रवत्वेन रूपेण जलस्याधारणम्। व्योम., पृष्ठ 80।
31. रूपरसस्पर्शद्रवत्वस्नेहसंख्यापरिमाणपृथक्त्वसंयोगविभागपरत्वापरत्व-गुरुत्वसंस्कारवत्यश्च। प्र.पा.भा., पृष्ठ 79।
32. तास्तु द्विविधा नित्यानित्यभावात्। प्र.पा.भा., पृष्ठ 79।
33. कार्यं पुनस्त्रिविधं शरीरेन्द्रियविषयसंज्ञकम्। प्र.पा.भा, पृष्ठ 79।
34. शरीरमयोनिजम- न शुक्रशोणितसन्निपातजमिति। व्योम., पृष्ठ 80।
35. पार्थिवावयवोपष्टम्भादुपभोगसमर्थम्। प्र.पा.भा., पृष्ठ 79।
36. अवयवाः समवायिकारणम् तत्संयोगाश्चासमवायिकारणम्, पार्थिवावयवाश्चनिमित्तकारणमिति। व्योम., पृष्ठ 79।
37. इन्द्रियं सर्वप्राणिनां रसोपलम्भकमन्यावयवानभिभूतैर्जलावयवैरारब्धं। प्र.पा.भा., पृष्ठ 89।
38. रसोपलब्धिः करणकार्या क्रियात्वात् या क्रिया सा करणकार्या यथा छिदिक्रिया। व्योम., पृष्ठ 82।
39. यच्च रसोपलब्धिसम्पादकं करणं तदाव्यम्, तद्रसनम्, रूपरसादिषु मध्ये नियमेन व्यञ्जकत्वात्। व्योम., पृष्ठ 82।
40. शुष्ककण्ठस्य मोदकादिषु रसोपलब्धिर्नोपलब्धा। व्योम., पृष्ठ 8।
41. अन्यावयवानभिभूतैः ईषत्सम्पृक्तैरपि जलवायवैरारब्धं रसनम्। इति रसस्यैव व्यञ्जकमिति। व्योम., पृष्ठ 82।
42. भूयस्त्वाद्रसवत्वाच्चोदकं रसज्ञाने प्रकृतिः। वै.सू. 8.2.5-61।
43. विषयस्तु सरित्समुद्रहिमकरणादिरिति। प्र.पा.भा., पृष्ठ 79।
44. शरीरेन्द्रियव्यतिरिक्तो द्वयणुकादिप्रक्रमेणारब्धो विषयः। व्योम., पृष्ठ 83।
45. तद्द्विविधम् नित्यमनित्यं च। त.सं.।
46. नित्यं परमाणुरूपं, अनित्यं च कार्यरूपं। त.सं.।
47. पुनस्त्रिविधं शरीरेन्द्रियविषयभेदात्। त.सं.।
48. तेजस्त्वेनाभिसम्बन्धस्तेजस्त्वोपलक्षितसमवायो लक्षणमिति। व्योम., पृ 84।

49. रूपस्पर्शसंख्यापरिमाणपृथक्त्वसंयोगविभागपरत्वापरत्वद्रवत्वसंस्कारवत्। प्र.पा.भा., पृष्ठ 83।

50. तेजस्युष्णता।–वै.सू. 2.2.4।

51. त.सं., पृ. 8।

52. Mishra, Conception of Matter According to Nyaya Vaisesika, p. 330.

53. तद्द्विविधम्-नित्यमनित्यं च। नित्यं परमाणुरूपम्। अनत्यिं कार्यरूपम्। त. सं., पृष्ठ 8।

54. तत्र संयुक्तसमवायाधरसाद्युपलब्धिरिति। व्योम., पृष्ठ 87।

55. अत एव तेजश्चतुर्विध्यभ्युपगमः। किञ्चिदुभूतरूपस्पर्शं यथा सौरम्। किञ्चिदनुद्भूतोभयं यथा चक्षुः। किञ्चिदनुद्भूतरूपमात्रं यथोष्मा तैलादिगतं च तेजः। किञ्चिदनुद्भूतस्पर्शमात्रं यथा चन्द्रचामीकरादि। व्योम., पृष्ठ 87।

56. सुवर्णादौ च भृशमप्यग्निसंयोगातिशयेन द्रवत्वमेव। व्योम., पृष्ठ 87।

57. प्र.पा.भा., पृष्ठ 83।

58. तदपि द्विविधम् अणुकार्यभावात्। प्र.पा.भा., पृष्ठ 83।

59. प्र.पा.भा., पृष्ठ 22–23।

टिप्पणी-वैशेषिक दर्शन की वह मान्यता कि तैजस शरीर आदित्यलोक या सूर्यलोक में ही पाये जाते हैं, आधुनिक वैज्ञानिक सिद्धान्त के सर्वथा प्रतिकूल है, चूंकि अब यह प्रमाणिक हो चुका है कि सूर्य में इतना प्रचण्ड ताप है कि वहां किसी जीवधारी शरीर का होना सम्भव ही नहीं। इसी प्रकार चन्द्रमा इतना शीतल है कि वहां भी कोई जीवधारी शरीर नहीं हो कसता। जीवन की संभावना पृथिवी जैसे लोक में ही है, जिसके अन्दर गर्मी भरी हो और ऊपर इतनी मोटी पपड़ी जम गई हो कि उसके कारण वनस्पति और प्राणियों के रूप में जीवन संभव हो सके। पृथिवी भी पहले सूर्य की भांति गरम भी किन्तु जब करोड़ों वर्षतक घूमने के बाद पृथिवी की यह अवस्था हुई, तब उसमें जीवन, वनस्पतियों और प्राणियों का अस्तित्व संभव हुआ। शास्त्री ध.ना., न्या.सि.मु., प्रत्यक्ष खण्ड, पृष्ठ 206।

60. रूपोपलब्धिः, करणकार्या, क्रियात्वात् या या क्रिया सा सा करणकार्या यथा छिदिक्रिया, तथा चेयं क्रिया, तस्मात्, करणकार्येति। व्योम., पृष्ठ 85।

61. किरणा., पृष्ठ 73।
62. इन्द्रियं रूपग्राहकं चक्षुः, कृष्णताराग्रवर्ति। त.सं., पृष्ठ 8।

    टिप्पणी-यद्यपि आधुनिक विज्ञान से यह मान्यता समर्थित नहीं है। तदनुसार कृष्णतारक बाह्य प्रकाश के अन्दर जाने का मार्ग मात्र है, रूप का वास्तविक ग्राहक आजकल रैटीना को माना जाता है।
63. तथोष्णस्पर्शोखवेऽप्यनेक चक्षुः सन्निपातात् प्रीतिकरे वस्तुनि नर्तक्यादौ ग्रीष्मसमयेऽत्युष्णैर्मरीचिभिरिवदाहः स्यादित्यदृष्टवशादेवोष्णस्पर्श- स्याप्युनद्भवः कल्प्यत इति। व्योम., पृष्ठ 86।
64. अथ प्राप्यकारित्वे चक्षुषः किं प्रमाणम्? इन्द्रियत्वमेव। प्राप्यकारि चक्षुः, इन्द्रियत्वात् घ्राणदिवत्। घ्राणादीन्द्रियं प्राप्यकारि दृष्टम्। तथा चक्षुः। तस्मात् प्राप्यकारीति। न्या.वा., (सू. 1.14 पर) पृष्ठ 38।
65. किरणा., पृष्ठ 74-76।
66. विषयलक्षणं चतुर्विधं भौमंदिव्यमुदर्यमाकरजञ्च। प्र.पा.भा., पृष्ठ 83।
67. क्रियानिरूपणञ्च पचनस्वेदनादि समर्थमिति। व्योम., पृष्ठ 83।
68. आपः इन्धनं यस्य। व्योम., पृष्ठ 258।
69. दिव्यं दिवि भवम्। किरणा., पृष्ठ 76।
70. एवमुदरे भवमुदर्यं। तच्च भुक्तस्याहारस्य रसादिपरिणामार्थमिति रसमलधातुपरिमाणार्थम्। व्योम., पृष्ठ 83।
71. यहां सर्वत्र 'सुवर्ण' पद को सभी आकरज धातुओं का उपलक्षक जानना चाहिए।
72. व्योम., पृष्ठ 86।
73. लक्षणा., पृष्ठ 10।
74. क.र., पृष्ठ 20; त.दी. पृष्ठ 8।
75. किरणा., पृष्ठ 78; लक्षणा., पृष्ठ 10।
76. मा.मनो., पृष्ठ 19।
77. क.र., पृष्ठ 20।
78. न्या.सि.मु., पृष्ठ 133-136।
79. त.दी., पृष्ठ 8।

80. न्यायकौस्तुभ-प्रत्यक्ष, पृष्ठ 101।
81. किरणा., पृष्ठ 78।
82. न्यायकौस्तुभ-प्रत्यक्ष, पृष्ठ 101-102।
83. न्या.सि.मु., प्रत्यक्ष खण्ड, पृष्ठ 212-213।
84. वै.द.वि.भा., परिशिष्ट 2, पृष्ठ 426-427।
85. न्या.सि.मु., पृष्ठ 130।
86. व्योम., पृष्ठ 86।
87. न्या.सि.मु., पृष्ठ 130-131।
88. वैशिषिक सिद्धान्तानां गणितीयपद्धत्या विमर्शः। पृष्ठ 102-103।
89. Heat, Light, Sound, Electricity, Magnetism. शास्त्री, उदयवीर, वै.द.वि.भा., परिशिष्ट 2, पृष्ठ 409-414।
90. वायुत्वाभिसबन्धाद्वायु। प्र.पा.भा., पृष्ठ 87।
91. वायुत्वजातियोगि अरूपस्पर्शवान् वायु । सप्तपदार्थी, पृष्ठ 64।
92. व्योम., पृष्ठ 79।
93. न्या.क., पृष्ठ 111।
94. प्र.पा.भा., पृष्ठ 32।
95. **टिप्पणी**- इस क्रमिकता का उल्लेख यहां इसलिए प्रतिपादित किया गया है कि अर्वाचीन विद्वान् श्री उमेश मिश्र ने अपने शोधग्रन्थ में पृथिव्यादि चारों द्रव्यों के इस क्रम का विपर्यास कर सर्वप्रथम वायु का ही निरूपण किया है। Conception of Matter According to Nyaya Vaisesika, p. 289.
96. स्पर्शशब्दधृतिकम्पलिङ्गः। प्र.पा.भा., पृष्ठ 27।
97. स्पर्शश्च वायोः। वै.सू., 2.1.9।
98. अथास्त्वनुष्णाशीतत्वे सत्यपाकज स्पर्शस्य आश्रितत्वम्। व्योम., पृष्ठ 85।
99. अन्यत्रासम्भव एवेति। यत्रायं वर्तते असौ वायुरिति। व्योम., पृष्ठ 93।
100. धृतिर्धारणम्, आकाशे पर्णादीनामवस्थानम्। व्योम., पृष्ठ 94।
101. एवं गुरुणो द्रव्यस्यापतनं धृतिः। ततोऽप्यनुमीयते वायुः। किरणा., पृष्ठ 85।

102. न्या.क., पृष्ठ 117।

103. उप., पृष्ठ 126-127 तथा क.र., पृष्ठ 22।

104. उप., पृष्ठ 127 तथा क.र., पृष्ठ 22।

105. न्या.क., पृष्ठ 118।

106. स्पर्शवान् वायुः,। वै.स., 2.1.4।

107. वायुत्वजातियोगि अरूपस्पर्शवान् वायुः । व्योम. पृष्ठ 94।

108. नीरूपः स्पर्शवान् वायुः। मा.मनो., पृष्ठ 22।

109. रूपरहितस्पर्शवान् वायुः। त.सं., पृष्ठ 9।

110. वै.सू. 2.9.11।

111. स्पर्शसंख्यापरिमाणपृथक्त्वसंयोगविभागपरत्वापरत्वसंस्कारवान्। प्र.पा.भा., पृष्ठ 87।

112. स्पर्शादयोऽष्टौ वेगाख्यः संस्कारो मरूतो गुणाः। भा.प., 30, पृष्ठ 102।

113. न च दृष्टानां स्पर्श इत्यदृष्टलिङ्गो वायुः। वै.सू. 2.9.10।

114. स्पर्शोऽस्यानुष्णाशीतत्वे सत्याकजः। प्र.पा.भा., पृष्ठ 26।

115. तथा च सत्यनुष्णाशीतापाकजस्पर्शवान् वायुरिति सिध्यति। व्योम., पृष्ठ 90।

116. वायोर्वायुसम्मूर्छनं नानात्वलिङ्गम्। वै.सू., 2.9.14।

117. प्र.पा.भा., पृष्ठ 27-29।

118. सेतु, पृष्ठ 269।

119. तत्संयोगाच्च तृणादीनामूर्ध्वगमनमितिसिद्धं तृणादीनामूर्ध्वगमनेन वायोरुर्ध्वगमनम्। तेन च सन्निपातः। तस्मान्नानात्वमिति। व्योम., पृष्ठ 95।

120. प्र.पा.भा., पृष्ठ 26।

121. प्र.पा.भा., पृष्ठ 26।

122. न्या.सि.मु., पृष्ठ 140।

123. शरीरेन्द्रियविषयभेदात्। त.सं. तथा त.दी., पृष्ठ 9।

124. पार्थिवावयवोपष्टम्भाच्चोपभोगसमर्थम्। प्र.पा.भा., पृष्ठ 89।

125. अयोनिजञ्च शुक्रशोणितसन्निपातमनपेक्ष्योपजातम्। व्योम., पृष्ठ 89।

126. व्योम., पृष्ठ 90।
127. किरणा., पृष्ठ 81 तथा न्या.क., पृष्ठ 113।
128. न्या.सि.मु., पृष्ठ 139।
129. प्र.पा.भा., पृष्ठ 26।
130. त्वगिति च न बाह्यमेव चर्म केवलमुच्यते, अपितु सकलशरीरव्यापि, हिमकणशिशिर- सलिलपानसमयेऽन्तर्हृदयेऽपि शीतस्पर्शोपलम्भादिति। न्या. मं., भाग-2, पृष्ठ 48।
131. किरणा., पृष्ठ 82।
132. त्वगिन्द्रियमिति समाख्या त्वचि स्थितमिन्द्रियं त्वगिन्द्रियमित्युच्यते, तत्सथे तदुपचारात्। व्योम., पृष्ठ 90।
133. व्योम., पृष्ठ 90।
134. पृथिव्याद्यनभिभूतैर्वाय्वयवैरारब्धं...। प्र.पा.भा., पृष्ठ 26।
135. व्योम., पृष्ठ 90।
136. न्या.क., पृष्ठ 114।
137. व्योम., पृष्ठ 82।
138. प्र.पा.भा., पृष्ठ 26, किरणा., पृष्ठ 82 तथा न्या.क., पृष्ठ 114।
139. 'सर्वशरीरव्यापीत्यनेन यावत् त्वगिन्द्रियं तावदेव शरीरमित्युक्त्या केशादीनां त्वगिन्द्रियानाधारत्वान्न शरीरत्वं किन्तु संयोगिद्रव्यमात्रत्वमित्युक्तं भवति।' व्योम., पृष्ठ 90।
140. भा.प., कारिका 43, पृष्ठ 139।
141. त.सं., पृष्ठ 9।
142. इन्द्रियं त्वगधिष्ठानं शरीरस्य सहजावरणं त्वक् वायूपादानमिन्द्रियं त्वगिन्द्रियं त्वगधिष्ठानमिन्द्रियं शरीरस्य सहजावरणमित्यर्थः। क.र., पृष्ठ 22।
143. विषयस्तूपलभ्यमानस्पर्शाधिष्ठानभूतः। - प्र.पा.भा., पृष्ठ 27।
144. स.प., पृष्ठ 15 तथा त.सं., पृष्ठ 9।
145. पूर्वेष्वत्र च शरीरेन्द्रियव्यतिरिक्तोऽवयवी विषय इत्यवगन्तव्यम्। व्योम., पृष्ठ 90।
146. विषयस्तूपलभ्यमानस्पर्शाश्रयो वायुः। क.र., पृष्ठ 23।

147. प्राणख्यस्य वायोरूपलभ्यमानस्पर्शाधिष्ठानतया विषयान्तर्भावेऽपि प्राधान्यज्ञापनार्य विशिष्यार्थक्रिया- कारितय पृथगभिधानम्। व्योम., पृष्ठ 90।

148. प्रणोऽन्तः शरीरे रसमलधातूनां प्रेरणादिहेतुकः। प्र.पा.भा., पृष्ठ 29।

149. प्र.पा.भा., पृष्ठ 29।

150. न्या.क., पृष्ठ 21।

151. स एक उएव हृदादिनानास्थ्ज्ञनवशान्मुखदिर्गमनादिनानाकियाभेदाच्च नाना संज्ञा सभते। न्या.सि.भु., पृष्ठ 140।

152. स चैकोऽप्युपाथिभेदादपानादि संज्ञां सभते। त.सं., पृष्ठ 9।

153. उद्गारे नाग आख्यातः कूर्म उन्मीलने स्मृतः।

कृकरः क्षुत्करो ज्ञेयो देवदतो विजृम्भणे।।

न जहाति मृतं चापि सर्वव्यापी धनञ्जयः। गोरक्षाशतक, 35-36 (वेदान्तसार, पृष्ठ 65 पर उद्धृत)

154. पाश्चात्यास्तु प्राणाख्यं वायुं जलस्य समवायिकारणमङ्गीचक्रुः। उत्तरपश्चिमदिगधिपतिर्देवताविशेषः इति पौराणिका आहुः। परमात्मैव इति वेदान्तिनः प्राहुः। न्या.को., पृष्ठ 732।

155. 'भूतत्व नाम बहिरिन्द्रियग्राह्यविशेषगुणवत्त्वम्।' व्योम., पृष्ठ 90।

चतुर्थ अध्याय

आकाश

सामान्य परिचय–'शब्दगुणकमाकाशम्' जिस द्रव्य में समवाय सम्बन्ध से शब्द गुण रहता है, वह आकाश है। आकाश के लक्षण में 'गुण' पद साभिप्राय है। लक्षण 'शब्दवत्व' मात्र भी हो सकता है। 'गुण' पद का निवेश इसलिए किया गया है ताकि यह स्पष्ट हो जाये कि आकाश में शब्द ही विशेष गुण है। आकाश पाँच भूतों में से एक है। 'घटाकाश', 'मठाकाश' आदि प्रयोगों से ऐसा प्रतीत होता है कि आकाश भी पृथिवी के समान अनेक है। वस्तुतः आकाश से सम्बन्धित अनेकता की यह प्रतीति उपाधियों के कारण है। घट मठादि आकाश के अवच्छेदक (अवच्छिन्न करने वाले) हैं। इन अवच्छेदकों के भेद के कारण आकाश भी भेदयुक्त होता है। जबकि वास्तव में आकाश एक ही है।

आकाश-वैधर्म्य –

आकाश को आकाशेतर (पृथ्वी, जल, तेज, वायु, काल, दिक्, आत्मा तथा मनस्) द्रव्यों से वैधर्म्य स्पष्ट करते हुए प्रशस्तपादाचार्य कहते है कि आकाश, काल तथा दिक् इन तीनों में एकत्व संख्या (अर्थात् इनके एक-एक होने के कारण), इनमें अपरजाति का अभाव होता है।[1] व्योमशिवाचार्य ने व्योमवती टीका में पूर्वपक्षी के माध्यम से प्रश्न किया है कि उपरोक्त तीन (आकाश, काल तथा दिक्) पारिभाषिक्य क्यों है?

पुनः पूर्वपक्षी प्रश्न करता है कि यहाँ आकाशत्व, कालत्व तथा दिक्त्व सामान्य लक्षण निमित्त है, अतः पारिभाषिक्य कहना उचित नहीं। समाधान करते हुए व्योमशिव कहते हैं कि आकाशादि (तीनों द्रव्यों) की एकत्व संख्या के कारण इनकी अपरजाति का अभाव होता है, जबकि जाति (सामान्य) भिन्न-भिन्न समानाकार अधिकरणों में होती है। अतः अधिकरण का नानात्व न होने के कारण आकाशत्व, कालत्व तथा दिक्त्व सामान्य लक्षण नहीं होंगे। इस प्रकार इन द्रव्यों को पारिभाषिक्य कहना ही उचित है।

प्रशस्तपादभाष्य की पंक्ति में आकाश, काल तथा दिक् पारिभाषिक्यों की तिस्त्र संख्या का विधान किया गया है।[2] इस पर पूर्वपक्षी संदेहः करता है कि यहाँ पर आकाश का वैधर्म्य स्पष्ट करना लक्ष्य है, जबकि भाष्यकार द्वारा आकाश का काल तथा दिक् से साधर्म्य दिखाया जा रहा है। इस का समाधान करते हुये आचार्य कहते हैं कि वैधर्म्य के स्पष्टीकरण में संज्ञाओं (आकाश, काल तथा दिक्) की परस्पर व्यावृत्ति के द्वारा आकाश का अन्य द्रव्यों से भेद स्पष्ट हो रहा है।

तात्पर्य है कि पारिभाषिक्य की दृष्टि से आकाश, अपारिभाषिक्यों यथा- पृथिवी, जल, तेज, वायु, आत्मा तथा मनस् से भिन्न है। इस प्रकाश आकाश का वैधर्म्य ही स्पष्ट किया जा रहा है न कि काल तथा दिक् से इसका साधर्म्य बताया जा रहा है।

अनादिकाल प्रवाह से प्रचलित 'आकाश' इस संज्ञा का प्रयोग आकाश द्रव्य के अतिरिक्त और कही प्रयोग में नहीं आता। अतः 'आकाश' संज्ञा असाधारण होने के कारण लक्षण है। इस तथ्य को व्योमशिवाचार्य एक अनुमान प्रक्रिया के माध्यम से स्पष्ट करते हुए कहते हैं-

तथाह्याकाशम् इतरस्माद् भिद्यते, अनादिकालप्रवाहायाताकाशशब्द-वाच्यत्वात्

यहाँ पर व्योमशिवाचार्य पारिभाषिक्य संज्ञा का स्वरूप स्पष्ट करने के लिए कहते हैं कि ऐसी संज्ञायें जिनमें द्रव्य, गुण तथा कर्मात्मक निमित्त का अभाव होता है वे पारिभाषिक्य संज्ञा है।[3] यहाँ यह कहा जा सकता है कि संज्ञायें (नाम) दो प्रकार की होती हैं- (1) सामान्य लक्षणा (2) पारिभाषिकी संज्ञा।

कुछ संज्ञायें ऐसे पदार्थों को मिलती हैं, जो किसी द्रव्य, गुण या कर्म की समवायिकारणता की अवच्छेदक जातियों के आधारभूत पदार्थ होते है या आश्रय होते हैं। जैसे- तन्तु को तन्तुसंज्ञा इसलिए प्राप्त है, क्योंकि उसमें तन्तुत्व जाति रहती है, जो कि पट नामक द्रव्य की समवायिकारणता की अवच्छेदक है। यह सामान्य लक्षणा संज्ञा है। इसके विपरीत आकाश, काल एवं दिक् ये पारिभाषिक संज्ञायें हैं, क्योंकि आकाश, काल एवं दिक् को ये नाम शास्त्रतः प्राप्त हैं, ये तीनों ही द्रव्य किसी द्रव्य, गुण या कर्म की समवायिकारणतया की अवच्छेदक किसी जाति के आश्रय नहीं है। केवल व्यवहार तथा शास्त्र में इसी नाम से वर्णित होने के कारण ये पारिभाषिक्य है। अर्थात इनकी पारिभाषिकी संज्ञा है।

प्रशस्तपादभाष्य में आकाश के गुणों का वर्णन करते हुए प्रशस्तपादाचार्य कहते हैं कि आकाश में शब्द, संख्या, परिमाण, पृथक्त्व, संयोग तथा विभाग नामक गुण होते हैं। पुनः पूर्वपक्षी शङ्का करता है कि ये समस्त गुण आकाश की सत्ता के अभाव में (चूँकि आकाश की सत्ता में कोई प्रमाण नहीं है।) आश्रयासिद्ध है।[4] इसका समाधान करते हुये आचार्य व्योमशिव कहते हैं कि प्रत्यक्ष से अग्राह्य न होने वाला आकाश, अनुमान प्रक्रिया से सत् सिद्ध होता है।[5] यह अनुमान प्रक्रिया अग्रिम चरणों में स्पष्ट है।

प्रथम चरण- शब्द, प्रत्यक्षग्राह्य होता हुआ, अकारणगुणपूर्वकत्व के कारण, अयावद्द्रव्यभावि होने के कारण तथा आश्रय से अन्य (पृथक्) स्थान पर उपलब्ध होने के कारण स्पर्शवान द्रव्यों (पृथिवी, जल, तेज तथा वायु) का विशेष गुण नहीं हो सकता।[6]

यहाँ अकारणगुणपूर्वकत्व से तात्पर्य है कि शब्द (गुण) कारण गुण से उत्पन्न नहीं होता, जबकि कारणगुणपूर्वकत्व का अर्थ है कि सफेद पट का सफेद रूप (गुण), (कारण गुण) श्वेत तन्तु से उत्पन्न होता है। इस प्रकार स्पर्शवान द्रव्यों (पृथिवी, जल, तेज, वायु) में कारणगुणपूर्वकत्व होता है इसके विपरीत शब्द में अकारणगुणपूर्वकत्व होने के कारण यह स्पर्शवान द्रव्यों का विशेष गुण नहीं हो सकता।

पुनः अयावद्द्रव्यभावित्व की व्याख्या करते हुए व्योमशिवाचार्य स्पर्शवान् द्रव्यों के गुणों से शब्द की भिन्नता प्रतिपादित करते हुए कहते हैं-

यो योऽस्मदादिप्रत्यक्षत्वे सति अयावद्द्रव्यभावी स स स्पर्शवतां विशेष गुणो न भवति यथा सुखादिः।

तात्पर्य है कि जो जो हमारे द्वारा प्रत्यक्ष होता हुआ अपने आधारभूत द्रव्य में पूरा का पूरा अवच्छिन्न न हो अर्थात् उसके एकदेश में रहे वह (गुण) स्पर्शवान्, द्रव्यों (पृथिवी, जल, तेज तथा वायु) का विशेष गुण नहीं होता, जैसे- सुखादि।

अयावदद्रव्यभावि गुण	यावदद्रव्यभावि गुण
जिन द्रव्यों में उन पर आश्रित गुण, द्रव्यों के पूरे परिमाण में न रहकर एकदेश में रहते हैं, अयावद्द्रव्यभावि गुण कहलाते हैं।	जिन द्रव्यों में उन पर आश्रितगुण, द्रव्य के पूर्ण परिमाण में व्याप्त होते हैं, यावद् द्रव्यभावि गुण कहलाते हैं।
यथा- सुख, दुख, इच्छा, शब्द	**यथा**- रूप, रस आदि

व्योमशिवाचार्य 'आश्रयादन्यत्रोपलब्धि' के माध्यम से स्पर्शवान द्रव्यों के गुणों से शब्द की भिन्नता प्रतिपादित करते हुए कहते हैं कि चूँकि स्पर्शवान् द्रव्यों के गुण अपने आश्रयभूत द्रव्यों में ही उत्पन्न होते है, जबकि शब्द की उपलब्धि आश्रयभूत श्रोत (आश्रय) से अन्यत्र भी होती

है। जिस प्रकार वक्ता के मुख्य से निकला हुआ शब्द, श्रोता के श्रोत्रेन्द्रिय (आश्रय से अन्यत्र) उपलब्ध होता है। अतः शब्द, स्पर्शवान द्रव्यों का गुण नहीं हो सकता। आचार्य व्योमशिव ने टीका में भेरी नामक बाद्ययन्त्र के शब्द से इसका दृष्टान्त किया है।[7]

इस प्रकार अनुमान के प्रथम चरण में यह सिद्ध किया गया कि शब्द, स्पर्शवान द्रव्यों (पृथिवी, जल, तेज तथा वायु) का विशेष गुण नहीं है।

द्वितीय चरण- अनुमान प्रक्रिया के प्रथम चरण में व्योमशिवाचार्य ने पृथिवी, जल, तेज, वायु (स्पर्शवान द्रव्यों) में शब्द नामक गुण का अनाश्रयत्व सिद्ध किया है। द्वितीय चरण का उद्देश्य 'आत्मा' नामक द्रव्य में शब्द का अनाश्रयत्व सिद्ध करना है। इस उद्देश्य की सिद्धि हेतु प्रशस्तपादभाष्य में कहा गया है कि शब्द के बाह्येन्द्रिय से प्रत्यक्षग्राह्य होने के कारण, आत्मा से भिन्न के द्वारा ग्रहण किये जाने के कारण, आत्मा में असमवेत होने के कारण, अहङ्कार से विभक्त (इन्द्रिय) के द्वारा ग्रहण होने के कारण वह 'शब्द' आत्मा का गुण नहीं है।[8]

आचार्य व्योमशिव पूर्वोक्त साध्य (आत्मा में शब्द का अनाश्रयत्व) सिद्ध करते हुए कहते हैं कि चूँकि आत्मा के गुण बाह्येन्द्रिय से प्रत्यक्षग्राह्य नहीं होते। इस सन्दर्भ में आत्मा के गुणों की विशेषताओं का उल्लेख आचार्य ने टीका में किया है-

आत्मा के गुण एकदेशवर्ती होते हैं, अर्थात् पूरी आत्मा में व्याप्त नहीं होते अपितु एकदेश में व्याप्त होते है। इसके अतिरिक्त आत्मा के गुण क्षणिक विशेष होते है, अर्थात् यदि सुख नामक गुण का अनुभव हो रहा है, तो अग्रिम क्षण दुःख का अनुभव भी होता है। सुखदुःखादि जैसे आत्मा के गुणों का बाह्येन्द्रिय से प्रत्यक्ष भी नहीं होता।[9] अतः शब्द का आत्मा के गुणों से नितान्त भेद स्पष्ट है।

व्योमशिवाचार्य शब्द के ग्राह्य (श्रोत्र) को आत्मा से भिन्न सिद्ध करके यह स्पष्ट करते हैं कि आत्मा के गुणों का ग्रहण आत्मा अथवा

अन्तःकरण के द्वारा होता है। जबकि शब्द का ग्रहण आत्मा तथा अन्तःकरण से भिन्न अन्य ग्राहक से होता है। यहाँ उल्लेखनीय हे कि प्रशस्तपादभाष्य में कथित 'आत्मान्तरग्राह्यत्वाद' शब्द का व्योमशिवाचार्य ने अर्थ न केवल आत्मा से भिन्न के द्वारा ग्रहण लिया है, अपितु एक कदम आगे बढ़कर अन्तःकरण से भिन्न के द्वारा ग्रहण भी सम्मिलित किसी है। यह शोध का विषय हो सकता है कि कदाचित प्रशस्तपाद के समय तक आभ्यन्तर प्रत्यक्ष (अन्तःप्रत्यक्ष) की प्रक्रिया प्रचिलित नहीं रही होगी, जबकि व्योमशिवाचार्य के समय तक यह प्रक्रिया स्पष्ट हो गयी होगी।

प्रक्रिया → आत्मा → मन → इन्द्रिय → विषय [10]

अथवा यह भी कहा जा सकती है कि आत्मा में ही अन्तःकरण भी निहित है।

व्योमशिवाचार्य आत्मा के गुणो की एक और विशेषता बताते हुए कहते हैं कि आत्मा के गुण आत्मा में ही समवेत होते है चूँकि शब्द आत्मा में समवेत नहीं होता अतः शब्द आत्मा का गुण नहीं हो सकता।[11] इस प्रकार द्वितीय चरण में अनुमान की प्रक्रिया के द्वारा आचार्य व्योमशिव ने आत्मा में शब्द के अनाश्रय की सिद्धि की है।

तृतीय चरण- अनुमान प्रक्रिया के तृतीय चरण में शब्द नामक गुण का दिक्, काल तथा मनस् नामक द्रव्यों में अनाश्रयत्व सिद्ध किया है। इसके तर्क के रूप में आचार्य प्रशस्तपाद कहते हैं कि श्रोत्र से ग्राह्य होने के कारण तथा विशेष गुण होने के कारण दिक्, काल तथा मनस् का भी गुण नहीं हो सकता।[12]

व्योमशिवाचार्य दो अनुमान प्रक्रियाओं के माध्यम से उपरोक्त साध्य की सिद्धि करते हैं-

(अ) प्रतिज्ञा-'शब्द', दिक्, काल तथा मनस् का गुण नहीं है।

हेतु-श्रोत्र से ग्राह्य होने के कारण

उदाहरण- जो श्रोत्र ग्राह्य है वह दिक्, काल तथा मनस् का गुण नहीं होता जैसे- शब्दत्व।

उपनय- उसी प्रकार शबद श्रोत्रग्राह्य है।

निगमन-अतः दिक्, काल तथा मनस् का गुण शब्द नहीं हो सकता।[13]

इस अनुमान प्रक्रिया से यद्यपि साध्य की सिद्धि हो जाती है, परन्तु एक और अनुमान प्रक्रिया का प्रयोग व्योमशिवाचार्य ने टीका में किया है। इस प्रक्रिया में आचार्य ने बताया है कि दिक्, काल तथा मनस् के जो गुण है, वे श्रोत्रग्राह्य नहीं होते जैसे संख्यादि।[14] इस प्रकार दिक्, काल तथा मनस् के गुणों में श्रोत्रग्राह्यता का अभाव स्पष्ट करके इन तीनों द्रव्यों में शब्द के अनाश्रयत्व की सिद्धि को पूर्णता प्रदान की है।

पूर्वोक्त तीनों चरणों में पूर्ण होने वाली अनुमान प्रक्रिया के माध्यम से प्रशस्तपादाचार्य ने यह सिद्ध कर दिया कि 'शब्द' नामक गुण पृथिवी, जल, तेजस्, वायु, काल, दिक्, आत्मा तथा मनस् इन आठों द्रव्यों पर आश्रित नहीं है। अतः यह निश्चित रूप से इन आठ द्रव्यों से इतर द्रव्य (आकाश) का ही गुण होगा।[15] यहाँ यह उल्लेखनीय है कि चूँकि शब्द एक गुण के रूप में प्रतिष्ठित है तथा गुण निश्चित रूप से किसी न किसी द्रव्य पर आश्रित होता है।[16] अतः गुण का आश्रयभूत परिशेष द्रव्य (आकाश) ही है। प्रशस्तपादाचार्य कहते हैं कि यही शब्द आकाश के ज्ञान में लिङ्ग होता है।[17] अर्थात् आकाश की सिद्धि शब्द के आश्रयभूत द्रव्य के रूप में ही होता है।

उपरोक्त विवरण के आधार पर प्रशस्तपादाचार्य की शैली प्रशंसनीय है। दर्शनसम्मत इतने साध्यों को एक साथ सुसंगठित एवं क्रमबद्ध रूप में इस प्रकार समाहित कर देना कि सभी साध्य एक ही प्रक्रिया से सिद्ध हो जाये। इस स्थल की शैलीगत विशिष्टता यह है कि प्रशस्तपादाचार्य ने न

केवल अनुमान के चरणों के माध्यम से आकाश को शब्द का आश्रय सिद्ध किया, बल्कि साथ ही साथ अपने पर लक्ष्य आकाश वैधर्म्य को भी इन्हीं चरणों के माध्यम से सिद्ध कर दिया। यहाँ यह उल्लेखनीय है कि प्रथम चरण में आकाश का पृथिवी, जल, तेज तथा वायु से वैधर्म्य स्पष्ट किया गया है।

अनुमान प्रक्रिया के द्वितीय चरण में आकाश का आत्मा से वैधर्म्य स्पष्ट किया गया है। जबकि तृतीय चरण में काल, दिक् तथा मनस् से आकाश का वैधर्म्य स्पष्ट कर दिया गया है। यद्यपि यह सुश्लिष्ट शैलीगत विशेषता अन्य स्थलों पर भी प्राप्त होती है, परन्तु यहाँ वैशिष्ट्याधिक्य के कारण उल्लेखनीय है।

सन्दर्भ

1. आकाशकालदिशामेकैकत्वादपरात्भावे। प्र.पाद.भा., पृष्ठ 108।
2. पारिभाषिक्यस्तिस्त्रः संज्ञाभवन्त्याकाशकालोदिगिति। प्र.पाद.भा., पृष्ठ 108।
3. अथ कस्मादिमाः पारिभाषिक्यः? द्रव्यगुणकर्मात्मकस्य निमित्तस्याभावात्। व्योम., पृष्ठ 109।
4. ननु सर्वमेतदाश्रयासिद्धम, आकाशसद्भावे प्रमाणाभावात्। व्योम., पृष्ठ 110।
5. प्रत्यक्षेणानुपलम्भेऽप्यनुमानेन सद्भावसिद्धेः। व्योम. पृष्ठ 110।
6. तत्र शब्दः प्रत्यक्षत्वे सत्यकारणगुणपूर्वकत्वाद् अयावद्द्रव्यभावित्वाद् आश्रयादन्यत्रोपलब्धेश्च न स्पर्शवद्विशेषगुणः। प्र.पाद.भा., पृष्ठ 108।
7. भेरीशब्दस्तद्गुणो न भवति, ततोऽन्यत्रोपलभ्यमानत्वात्। व्योम., पृष्ठ 112।
8. बाह्येन्द्रियप्रत्यक्षत्वाद् आत्मान्तरग्राह्यत्वाद् आत्मन्यसमवायाद् अहङ्करेण विभक्तग्रहणाच्च नात्मगुणः। प्र.पाद.भा., पृष्ठ 108।
9. अथैकदेशवृत्तिविशेषगुणत्वात क्षणिकविशेष गुणत्वाच्च सुखादिवदात्मगुणो भविष्यतीत्याह न बाह्येन्द्रियप्रत्यक्षत्वात् इत्यादि। व्योम., पृष्ठ 114।

10. आत्मा मनसा सयुष्यते, मनः इन्दियेष्य, इन्द्रियश्चविषयेणख्र.। तर्कभाषा, पृष्ठ 55।
11. न च इतोऽव्यात्मगुणः शब्दः, आत्मन्यसमवेतात्, रूपादिवत, ये चात्मगुणास्ते तत्रैव समवेताः सुखादय इति। व्योम., पृष्ठ 115।
12. श्रोत्रग्राह्यत्वाद् विशेषगुणभावाच्च न दिक्कालमनसाम्। प्र.पाद.भा., पृष्ठ 108।
13. शब्दः श्रोत्रग्राह्यः, तस्माद् दिक्कालमनसां गुणो न भविष्यतीति। व्योम., पृष्ठ 116।
14. ये तु तद्गुणास्ते तु श्रोत्रग्राह्या न भवन्ति यथा संख्यादय इति। व्योम., पृष्ठ 116
15. तथाहि शब्दः, पृथिव्युदकज्वलनपवनदिक्कालात्ममनोव्यतिरिक्तद्रव्याश्रयः। व्योम., पृष्ठ 114।
16. गुणाश्रयो द्रव्यं क्रियाश्रयो वा। व्योम., पृष्ठ 114।
17. पारिशेष्याद् गुणो भूत्वाकाशस्याधिगमे लिङ्गम्। प्र.पाद.भा., पृष्ठ 108।

पञ्चम अध्याय

काल तथा दिक्

1. काल

सामान्य परिचय- प्रशस्तपादभाष्य के परवर्ती ग्रन्थों में (यथा-तर्कसंग्रह में) काल का लक्षण बताते हुए कहा गया है- 'अतीतादिव्यवहारहेतुः कालः' अर्थात् अतीतादि (भूत, भविष्यत् तथा वर्तमान) शब्द प्रयोग का हेतु काल है। काल, एक है, सर्वव्यापक है तथा नित्य है। यद्यपि काल आकाश के समान ही एक है, विभु है तथा नित्य है, तथापि आकाश के समान उसमें कोई ऐसा विशेष गुण नहीं है, जिसका बाह्येन्द्रिय से प्रत्यक्ष हो सके। जब हम 'घट था' 'घट है' अथवा 'घट होने वाला है' इस प्रकार के वाक्यों का प्रयोग करते हैं तब हम यह विचार करते हैं कि ऐसे शब्द प्रयोगों का कोई वास्तविक आधार होना चाहिए। इसलिए इन शब्द प्रयोगों के हेतु के रूप में काल ही वास्तविक आधार है। तर्कदीपिका में काल को सबका आधार बताया गया है तथा यह भी उल्लेख किया गया है कि काल सभी कार्यों का निमित्त कारण है[1], क्योंकि जो भी कार्य उत्पन्न होता है, उससे पूर्व काल नियतरूप से विद्यमान होता है।

काल-वैधर्म्य-

काल को परिभाषित करते हुए प्रशस्तपादभाष्य में कहा गया है- पर, अपर, व्यतिकर, यौगपद्य, अयौगपद्य, चिर तथा क्षिप्र प्रत्यय जिसके लिङ्ग

हैं वह काल है।[2] तात्पर्य है कि परापर आदि उक्त प्रत्यय के द्वारा जिस द्रव्य का कथन किया जाता है वही काल हैं व्योमशिवाचार्य कहते हैं कि पूर्वोक्त प्रत्ययों के द्वारा ही काल का सद्भाव प्रतिपादित होता है तथा पूर्वोक्त प्रत्यय व्यवहार ही काल को कालेतर (पृथिवी, जल, तेज, वायु, आकाश, दिक्, आत्मा तथा मनस्) द्रव्यों से भिन्न करता है, अतः काल का कोई अन्य लक्षण नहीं कहा गया है। काल को कालेतर द्रव्यों से भिन्न प्रदर्शित करने के लिए व्योमशिवाचार्य एक अनुमान प्रक्रिया का सहारा लेते है–

कालः, इतरस्माद भिद्यते, परापरव्यतिकरख्रप्रत्ययलिङ्गत्वात्

इस केवलव्यतिरेकि लिङ्ग में व्यतिरेक व्याप्ति से काल को कालेतर द्रव्यों से भिन्न किया गया है।

यस्तु न भिद्यते, न चासावुक्तलिङ्गः, यथा क्षित्यादि

अर्थात्– जो काल से भिन्न नहीं है, वह पूर्वोक्त लिङ्ग (परापरव्यतिकरादि) से युक्त नहीं है, जैसे– पृथिवी आदि। व्यतिरेक से साध्य इस वैधर्म्य को अन्वय से सिद्ध करने के लिए अन्वय व्याप्ति का दृष्टान्त देते हुये व्योमशिवाचार्य कहते हैं–

विवादगोचरतापन्नं द्रव्यं काल इति व्यवहर्तव्यं परापरव्यतिकरादिलिङ्गत्वात्।

पक्ष– विवादगोचरतापन्न द्रव्य

साध्य– 'काल' इस प्रकार का व्यवहार

हेतु– परापरव्यतिकरादि लिङ्ग।

चूँकि व्योमशिवाचार्य ने पहले भी (काल) की सद्भाव प्रतिपत्ति में इस अनुमान को सिद्ध किया है, अतः अन्वय व्याप्ति से भी काल का कालेतर द्रव्यों से वैधर्म्य (भेद) स्पष्ट हो जाता है।

व्योमशिवाचार्य द्वारा परापरादिप्रत्ययों की विशिष्टकार्यता का प्रतिपादन–

व्योमशिवाचार्य द्वारा 'काल' का सीमित लक्षण न किये जाने पर, पूर्वपक्षी आशङ्का करता है कि लक्षण में प्रतिबन्ध (सीमा) की अनुपलब्धि होने पर ये प्रत्यय काल के सद्भाव में लिङ्ग कैसे होगें? चूँकि परापरादि व्यवहार में कोई नियम (प्रतिबन्ध) उपलब्ध नहीं है। यद्यपि आचार्य व्योमशिव ने प्रतिबन्ध की व्याख्या नहीं की है, किन्तु प्रसङ्ग से यहाँ प्रतिबन्ध के अनुपलब्धि के दो अर्थ ग्रहण किये जा सकते हैं–

(1) परापरादि प्रत्ययों के विषय बनने वाले विषयी की कोई सीमा नहीं है– घट, पट पृथिवी, जल, तेज सभी इन प्रत्ययों के विषय बन सकते है।

(2) परापरादि प्रत्ययों के विषय में कोई प्रतिबन्ध नहीं है, यदि किसी वस्तु की दृष्टि से काल के सम्बन्ध में कोई अन्य वस्तु पर है, तो तीसरी वस्तु की दृष्टि से वही वस्तु अपर हो सकती है। इस प्रकार इन प्रत्ययों के सापेक्षिक होने के कारण यहाँ अनुबन्ध की अनुपलब्धि है।

आचार्यव्योमशिव प्रतिबन्ध की अनुपलब्धि होने का खण्डन करते हुए कहते हैं कि परापरादि प्रत्ययों में विशिष्टकार्यता है। यहाँ उल्लेखनीय है कि विभिन्न तथ्यों को अनुमान प्रक्रिया से सिद्ध करने वाले व्योमशिवाचार्य यहाँ परापरादि प्रत्ययों की विशिष्टकार्यता के प्रतिपादन में स्पष्टीकरण के समय मौन हो जाते हैं। यहाँ सामान्यतया यह कहा जा सकता है कि किसी भी कारण में दो प्रकार की कार्यता हो सकती है– (1) सामान्यकार्यता तथा (2) विशिष्टकार्यता, जिस प्रकार घट के कारण कपालद्वय में सामान्यकार्यता है। चूँकि कपालद्वय, प्रतिबन्ध से युक्त है अर्थात् कपालद्वय की सीमा तत्तद् दोनों कपालों में ही सीमित है तथा इनमें सामान्य कार्य घट

को ही उत्पन्न करने की सामर्थ्य है। जबकि इन परापरादि प्रत्ययों का क्षेत्र सीमित नहीं है तथा इनके कार्य भी, घटपटादि की भाँति सामान्य नहीं है। कदाचित इसी विशिष्टता को ध्यान में रखकर परापरादि कारणों की विशिष्ट कार्यता का प्रतिपादन किया गया है।[3] यहाँ अनुमान प्रक्रिया न उद्धृत करने का कारण परापरादि प्रत्ययों से भिन्न विशिष्टकार्यता का कोई अन्य दृष्टान्त उपलब्ध न होना माना जा सकता है। अन्यथा पदे-पदे अनुमान प्रक्रिया को उद्धृत करने वाले आचार्य इतने विशिष्ट स्थल पर मौन न होते।

कालविवक्षित परापरप्रत्यय का दिग्विवक्षित परापर प्रत्यय से भेद-

व्योमशिवाचार्य दिक् व्यवहार में प्रयुक्त पर तथा अपर इन प्रत्ययों का काल व्यवहार में प्रयुक्त परापर प्रत्यय से भेद स्पष्ट करते हुए कहते हैं कि दिग् से विवक्षित जो पर है, वह अन्य की अपेक्षा अपर भी हो जाता है।[4] जबकि दिग् से विवक्षित अपर, अन्य की दृष्टि से पर हो जाता है। इस प्रक्रिया को चित्र द्वारा समझा जा सकता है-

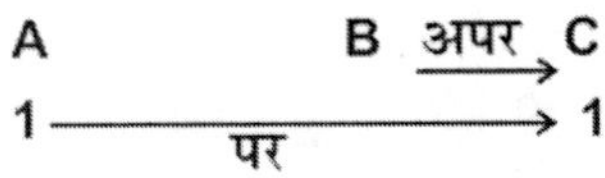

यहाँ पर वस्तु/व्यक्ति C, B की अपेक्षा अपर है (कम दूरी पर), जबकि A की अपेक्षा पर है (अधकि दूरी पर)। इस प्रकार C की दिक्कृत विवक्षा में परत्व तथा अपरत्व दोनों की आपत्ति का प्रसङ्ग आ जाता है। इस प्रकार दिक्कृत परापर प्रत्यय, कालकृत परापर प्रत्ययों से भिन्न है।

पूर्वपक्षी शङ्का उद्घाटित करते हुए कहता है कि कालकृत परापर व्यवहार में भी एक ही व्यक्ति/वस्तु के सन्दर्भ में पर तथा अपर की

आपत्ति हो सकती है। पूर्वपक्षी के इस आक्षेप की प्रक्रिया को चित्र द्वारा समझा जा सकता है–

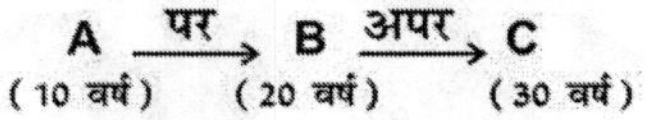

यदि A, B तथा C की आयु क्रमश 5 10, 20 तथा 30 वर्ष मानी जायेगी तो यहाँ पर B, A की अपेक्षा पर (आयु में बड़ा) जबकि वही, B, C की अपेक्षा अपर (आयु में छोटा) होगा। इस प्रकार एक ही व्यक्ति B में पर तथा अपर दोनों की आपत्ति का प्रसङ्ग इस कालकृत विवक्षा में भी होगा।

पूर्वपक्षी द्वारा इस प्रकार के खण्डन के बाद आचार्य व्योमशिव एक ही व्यक्ति/वस्तु में काल तथा दिक् दोनों विवक्षाओं की स्थिति को घटाकर कालविवक्षित परापर को दिक्विवक्षित परापर प्रत्ययों से भिन्न सिद्ध करते हैं। आचार्य व्योमशिव की यह प्रक्रिया भी चित्र द्वारा समझी जा सकती है–

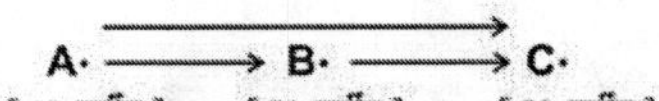

दिक् विवक्षा में C की दृष्टि से B का अपरत्व है, जबकि A का परत्व है।

जबकि काल विवक्षा में C की दृष्टि से A का अपरत्व है, जबकि B का परत्व है।

उपरोक्त दोनों विवक्षाओं में निकले हुए निष्कर्षों का समन्वय करने पर B का दिक्विवक्षा में अपरत्व है, जबकि काल विवक्षा में परत्व है। जबकि A का काल विवक्षा में अपरत्व है, जबकि दिक् विवक्षा में परत्व है। यदि काल तथा दिक् दोनों विवक्षाओं में A का परत्व होता / A का अपरत्व होता / A का परत्व / B का अपरत्व होता तो हम दिक् तथा

कालकृत परापर प्रत्ययों को समान मान सकते थे, किन्तु ऐसा नहीं है। अतः दिक् तथा कालकृत परत्वापरत्व भिन्न-भिन्न है।

अन्य प्रसङ्ग को उद्घाटित करते हुये पूर्वपक्षी की ओर से शङ्का उद्घाटित करते हुये व्योमशिवाचार्य कहते हैं कि यदि काल को न माने तो क्षिति आदि आठ द्रव्य इस परत्व व अपरत्व के निमित्त नहीं हो सकते।[5] विभिन्न दूरस्थ, समीपस्थ पार्थिव द्रव्यों के आधार पर अन्य किसी दो द्रव्यों के परत्वापरत्व की व्याख्या नहीं हो सकती, क्योंकि इन द्रव्यों का दूरस्थ/समीपस्थ द्रव्यों से कोई संबंध नहीं है। इस प्रकार पृथिवी आदि परत्वापरत्व का निमित्त नहीं हो सकती। अतः पृथिवी आदि आठ द्रव्यों में जो शेष बचता है, अर्थात् काल, वही परत्वापरत्व का निमित्त है।[6]

जाति (जन्म) के आधार पर परत्वापरत्व की व्याख्या का खण्डन-

पूर्वपक्षी कहता है कि यदि जाति (जन्म) के आधार पर परत्वापरत्व की व्याख्या करेंगे तो भी एक ही समय में पके हुये दो घड़ों में परत्वापरत्व का बोध नहीं होगा, क्योंकि उनका सूर्य के एक ही परिस्पन्द से संबंध होगा।[7] इस शङ्का के समाधान में व्योमशिवाचार्य परिस्पन्द शब्द के अर्थ को स्पष्ट करते हुये कहते हैं कि सूर्य के परिस्पन्द का अर्थ केवल पूर्व दिशा से पुनः पूर्व की समग्र यात्रा चक्र नहीं, अपितु उस यात्रा चक्र के अलग-अलग बिन्दुओं अर्थात् आकाश पटल पर सूर्य की भिन्न-भिन्न अवस्थितियों (positions) को भी सूर्य का परिस्पन्द कहा जाता है। अतः क, ख की अपेक्षा पर हो सकता है, क्योंकि यदि क की उत्पत्ति के समय सूर्य पश्चिम में हो और ख की उत्पत्ति के समय सूर्य पूर्व में हो तो 'ख' की अपेक्षा 'क' पर होगा। एक ही उत्पत्ति के समय सूर्य की आकाश में कम गतियाँ हुयी हैं, जबकि दूसरे की उत्पत्ति के समय सूर्य की आकाश में अधिक गतियाँ हो चुकी है। जिस पिण्ड के संबंध में सूर्य की अधिक गतियाँ हैं, उसका परत्व है, जबकि अन्य का अपरत्व है।[8]

क्रिया की काल से भिन्नता का प्रतिपादन

पूर्वपक्षी काल को द्रव्य के रूप में स्वीकार नहीं करना चाहता, इस दुराग्रह के लिये पूर्ववर्णित कई तर्क दे चुका है। पुनः काल का अन्य विकल्प सुझाते हुये वह कहता है कि काल की आवश्यकता नहीं है, बल्कि क्रिया ही काल है। किसी वस्तु में अवस्था परिवर्तन के कारण उसके अतीत वर्तमान अथवा भविष्य जैसे मिथ्या काल का ज्ञान होता हैं जैसे- मुम्बई से दिल्ली की ओर आने वाली ट्रेन आदि सायंकाल से चलकर अग्रिम दिन प्रातः दिल्ली पहुँचती है, तो दिल्ली पहुँचने पर मुम्बई की स्थिति के सन्दर्भ में अतीत का व्यवहार, अथवा दिल्ली के सन्दर्भ में वर्तमान का व्यवहार, केवल अलग-अलग स्थानों पर उस ट्रेन की क्रिया ही दृष्टिगोचर होती है और उसी अवस्था परिवर्तन को काल समझ लिया जाता है। यदि केवल क्रिया को ही काल माना जायेगा तो आचार्य व्योमशिव कहते हैं कि इससे यौगपद्य का बोध नहीं होगा। व्योमशिवाचार्य इस शङ्का को खण्डित करते हुये कहते हैं कि क्रिया के प्रत्यक्ष से क्रिया अथवा अवस्था परिवर्तन का बोध तो हो सकता है, किन्तु क्रिया स्वयं युगपत्, पूर्व, पर आदि प्रत्ययों को उत्पन नहीं कर सकती अतः क्रिया काल का स्थान नहीं ले सकती।[9]

व्योमशिवाचार्य कहते हैं कि कर्ता और कर्म से बद्ध क्रिया युगपत आदि का बोध नहीं करा सकती[10], यदि पूर्वपक्षी की वह क्रिया कर्ता और कर्म से स्वतन्त्र पदार्थ है, तो वही हमारे अनुसार काल है। यह केवल संज्ञा भेद है।[11]

यौगपद्य तथा अयौगपद्य प्रत्ययों की विशिष्ट कारणता-

व्योमशिवाचार्य परापरव्यतिकर प्रत्ययों की विशिष्ट कारणता स्पष्ट करने के पश्चात् यौगपद्य तथा अयौगपद्य प्रत्ययों की विशिष्ट कारणता प्रतिपादित करते हुये कहते हैं- युगपत होने का अर्थ है कि जब बहुत सारे

कर्ता मिलकर कार्य करें तो बहुत सारी क्रियायें उत्पन्न हो जाती है।[12] जब हम कहते हैं कि ये सब एक साथ कार्य कर रहे हैं, तो यह कर्ता आधारित यौगपद्य है।

यौगपद्य का बोध कहीं कर्तृमूलक होता है, तो कहीं क्रियामूलक।[13] दोनों प्रकार के यौगपद्य केवल कर्ता या केवल कर्म के आधार पर नहीं समझे जा सकते। कर्ता या कर्म के आधार पर यौगपद्य की व्याख्या नहीं हो सकती, क्योंकि परापर व्यवहार जहाँ पर होता है, वहाँ भी कर्ता एवं क्रिया विद्यमान होते हैं।[14]

यदि हम परत्वापरत्व या यौगपद्य के बोध को, काल को माने बिना, कर्तृजन्य/कर्तृस्वरूप या कर्मजन्य/कर्मस्वरूप मानेंगे तो किसी सन्दर्भ विशेष में उत्पन्न पूर्वापर बोध/प्रत्यय दो विशिष्ट कर्ताओं से या दो विशिष्ट क्रियाओं से निरूपति होगा तथा अन्य दो कर्ताओं से निरूपित वही प्रत्यय तत्तत्कर्तृद्वयस्वरूप हो जायेगा और इसी प्रकार दो क्रियाओं से निरूपित यौगपद्य या परत्वापरत्व तत्तत्क्रियाद्वयस्वरूप हो जायेगा। तथा अन्यत्र होने वाला वही यौगपद्य किन्हीं दो अन्य क्रियास्वरूप हो जायेगा। इस प्रकार अलग-अलग प्रसङ्गों में होने वाले यौगपद्य, परत्वापरत्वादि प्रत्ययों का रूप नानाकर्तृस्वरूप तथा नानाक्रियास्वरूप हो जायेगा। ऐसे में यौगपद्य का अपना कोई स्वरूप नहीं रहेगा। जबकि व्यवहार में यौगपद्य परत्व, अपरत्व आदि का बोध द्रव्य या क्रियास्वरूप नहीं होता, वह द्रव्य क्रिया आदि से भिन्न एक अलग ही प्रत्यय है। यह परत्वापरत्वयौगपद्य का बोध कालविशिष्ट है, न कि द्रव्य या क्रिया विशिष्ट। यहाँ तत्तत्कार्य या तत्तत्कर्तृविशिष्ट होने का तात्पर्य उदाहरण से समझना आवश्यक है। एक ही वृक्ष के दो पत्ते यदि साथ-साथ हिलते है, तो पूर्ववक्षी इस यौगपद्य को पत्रस्वरूप या कम्पनस्वरूप मानता है, इसी प्रकार यदि दो कारें साथ-साथ चलती है, तो पूर्वपक्षी के अनुसार उनका यौगपद्य कारस्वरूप या गमनक्रियास्वरूप ही है, अतः काल की इन यौगपद्यों की सिद्धि में कोई आवश्यकता नहीं है। इस

पर उत्तरपक्षी ने यौगपद्य की तत्तत्क्रिया या तत्तत्कर्तृस्वरूपता का कथन किया है।

सिद्धान्ती एक सम्भावना देते हुये कहता है- यदि यौगपद्य का बोध कर्त्रालम्बक या क्रियालम्बक मान भी लिया जाये तो यह प्रश्न होगा कि यह ज्ञान यौगपद्य विशिष्ट कर्त्रालम्बक/क्रियालम्बक है अथवा क्रमविशिष्ट कर्त्रालम्बक है/ क्रियालम्बक है। यहाँ एक ही कर्ता, यौगपद्य और क्रम जो कि परस्पर विरोधी हैं, तदुभयस्वरूप नहीं हो सकता, अतः काल को निरस्त करके, केवल कर्ता/कर्तृस्वरूपता/कार्य/कार्यस्वरूपता के आधार पर यौगपद्य व क्रम की व्याख्या नहीं की जा सकती। अतः काल को इन स्थलों पर स्वीकार करना आवश्यक है।

चिर तथा क्षिप्र प्रत्ययों की विलक्षणता का प्रतिपादन-

व्योमशिवाचार्य ने क्रमशः पर, अपर, व्यतिकर, यौगपद्य आदि प्रत्ययों की विलक्षणता/विशिष्टकारणता पूर्व में ही स्पष्ट की है। अब शेष दो प्रत्ययों चिर तथा क्षिप्र प्रत्ययों की विलक्षणता का प्रतिपादन करते हैं। इस सन्दर्भ में व्योमशिवाचार्य कहते हैं, कि कोई कर्ता किसी कार्य को शीघ्र करता है तथा अन्य कोई कर्ता उस कार्य में रुचि अथवा लगन के अभाव में देरी से या धीरे-धीरे करता है।[15] इस प्रकार 'चिर' तथा 'क्षिप्र' प्रत्यय अलग-अलग होने से इनके कारण भी भिन्न-भिन्न होंगे।[16] अतः 'कार्य' / 'क्रिया' इन प्रत्ययों में कारण नहीं हो सकती, क्योंकि 'कार्य' को कारण मानने पर 'चिर' तथा 'क्षिप्र' प्रत्ययों का कारण समान हो जायेगा।

कालसिद्धि में इतरेतराश्रय दोष तथा व्योमशिव द्वारा उसका खण्डन-

नैयायिक स्वयं मानते हैं कि काल एक है तथा भूतभविष्यादि सभी भेद औपाधिक है। अतः पूर्वपक्षी आक्षेप करता है कि काल के एकरूप होने के कारण इनकी परस्पर विलक्षणता कोई प्रसङ्ग नहीं। इसका पूर्वपक्षी

की ओर से एक समाधान दिया गया है कि क्रिया की विलक्षणता के आधार पर- काल की विलक्षणता का प्रतिपादन हो सकता है, और 'कालों' की विलक्षणता से प्रत्ययों की विलक्षणता की सिद्धि हो सकती है। सिद्धान्ती इसका 'इतरेतराश्रय' दोष दिखाकर खण्डन कर देता है। इतरेतराश्रय से तात्पर्य है कि 'क्रिया की विलक्षणता' से काल की 'विलक्षणता' की सिद्धि जबकि 'काल की विलक्षणता' से क्रिया की 'विलक्षणता' की सिद्धि। इसके अतिरिक्त पूर्वपक्षी क्रियाभेद के आधार पर कालभेद की अवधारणा का खण्डन करता है। उसका तर्क है कि सभी क्रियाओं में क्रियारूपता होने के कारण उसमें भेद नहीं किया जा सकता अतः क्रिया भेद के आधार पर काल-भेद का कोई औचित्य नहीं है।

इसके उत्तर में क्रियाभेद को पहले सिद्ध किया गया है। तदनुसार उड़ते हुये पक्षी के दोनों पंखों में होने वाली क्रियायें परस्पर भिन्न है, एक एतत्पक्षविशिष्ट और दूसरी तत्पक्षविशिष्ट इस प्रकार आश्रयभेद से क्रियाभेद की सिद्धि हो सकती है। पुनः दो पंखों की दो भिन्न क्रियायें युगपत होती है। अतः वे काल की विशेषण बन सकती है। इस प्रकार क्रियाभेद के आधार पर कालभेद की स्थापना की जा सकती है। पंखों की ऊर्ध्वाधो गति के आधार पर काल भेद की स्थापना की जा सकती है।

उपर्युक्त समाधान पर पुनः पूर्वपक्षी द्वारा यह आक्षेप किया गया है, कि इससे भी अन्योन्याश्रयता का दोष होता है कि- युगपत क्रिया विशिष्ट हो गया युगपत काल और युगपत काल विशिष्ट होगी युगपत क्रिया।

इसके समाधान में नयैयिक ने यह कहने का प्रयास किया है कि क्रियाभेद कालभेद विशिष्ट हो सकता है लेकिन काल क्रियाभेद विशिष्ट नहीं होता, काल क्रिया सामान्य विशिष्ट ही होता है। क्योंकि काल का बोध निर्विकल्पक ज्ञान की प्रक्रिया में ही हो जाता है, जबकि उस प्रक्रिया में क्रिया के भेद स्थापित नहीं हो पाते, उस समय केवल क्रिया सामान्य का ही बोध होता है।

दूसरे तर्क (अन्यतर्क) में कहा गया है कि हम यह मान सकते हैं कि क्रिया स्वरूपेण ही विशिष्ट होती है। कालतः नहीं अर्थात् गमन्, आगमन, स्थान, उत्थान ये सब परस्पर विलक्षण क्रियायें है। इनमें से प्रत्येक का स्वरूप स्वतः सिद्ध है। नैयायिक बाह्यार्थवादी है, अतः वह यह मानता है कि घट-पटादि द्रव्यों रूप रसादि गुणों के समान गमनागमन क्रियायें परस्पर भिन्न व पृथक् है। अतः प्रत्येकक्रिया स्वरूपेण विशिष्ट है।

काल, क्रिया का सहकारी है। अर्थात् काल नित्य होता है अतः प्रत्येक कार्य के साथ वह रहता ही है। अतः प्रत्येक क्रिया के साथ भी काल की स्थिति को नैयायिक मानता है और इस प्रकार काल, तत्तद्विलक्षण क्रिया का सहकारी होने के कारण भूत, भवदादि प्रत्ययों का सम्पादक बन जाता है। इस प्रकार काल की सिद्धि में (युगपदादि) पूर्वपक्षी द्वारा उठायी गयी शङ्का का व्योमशिवाचार्य खण्डन करते है।

काल के गुण-

काल की सिद्धि तथा उसका पृथिवी आदि कालेतर 8 द्रव्यों से भेद स्पष्ट करने के पश्चात् पूर्वपक्षी के सभी शङ्काओं का समाधान करके व्योमवतीकार ने काल के पाँच गुणों क्रमशः संख्या, परिमाण, पृथक्त्व, संयोग तथा विभाग का कथन किया है।[17] इन गुणों का विवेचन क्रमशः अग्रलिखित है।

(1) संख्या- 'द्रव्यत्व' हेतु के द्वारा काल में सामान्य संख्यादि सिद्ध हो जाने पर भी उसमें विशेष संख्या कौन-सी है? इस प्रश्न का उत्तर वैशेषिक दर्शन में यह दिया गया कि 'काल प्रतीति के ज्ञापक हेतु चूँकि सभी स्थलों में समान रूप से हैं, अतः काल एक ही है।'[18]

यहाँ पूर्वपक्षी शङ्का करते हुये कहता है कि यदि काल एक ही है तो लव, निमेष, काष्ठा आदि कालभेदों का क्या प्रयोजन है? इस शङ्का का समाधान व्योमवतीकार ने इस प्रकार किया गया है कि काल के एक होने

पर भी सहकारियों के भेद से उन विभिन्न प्रतीतियों की सिद्धि हो जायेगी[19] अर्थात् एक ही काल को किसी एक धर्म से विशिष्ट होने पर दिन, किसी अन्य धर्म से अवच्छिन्न होने पर क्षण आदि कह दिया जाता है, वस्तुतः काल एक ही है– क्षण, दिन, मास आदि उसकी उपाधियाँ है। इस प्रकार व्योमवतीकार ने काल का एकत्व प्रतिपादित किया है।

(2) परिमाण– 'काल' सभी जन्य वस्तुओं का आश्रय है, निमित्तकारण है, अतः उसके स्वरूप से स्पष्ट है कि उसका परिमाण विभु या परममहत् होना चाहिये।[20] चूंकि केवल विभु या सर्वव्यापक द्रव्य ही परत्व–अपरत्व आदि प्रतीतियों का सार्वदेशिक हेतु हो सकता है। अन्य शब्दों में काल को प्रत्येक कार्य का निमित्तकारण माना गया है, अतः उसका परिमाण परममहत् ही होना चाहिए।

(3) पृथक्त्व– काल की 'एक' संख्या से ही सिद्ध हो जाता है कि उसमें पृथक्त्व है।[21] चूंकि यह वैशेषिक अनुविधान है कि जो एक होता है, वह अन्यों से पृथक् भी अवश्य होता है। अतः काल 'एक है और उसमें 'पृथक्त्व' है।

(4) संयोग– काल परत्वादि का कारण है और परत्वादि प्रतीतियाँ उसकी उत्पादक हैं, अतः उसमें संयोग गुण भी होना चाहिये।[22] तात्पर्य है कि काल परत्व–अपरत्व आदि प्रतीतियों का कारण है और परत्वादि उसके जनक हैं तथा उनका काल से संयोग है, अतः काल में संयोग गुण भी है।

(5) विभाग– पूर्वोक्त संयोग (काल एवं परत्वापरत्व का) जन्य है, अतः उसका विनाश भी अवश्यंभावी है।[23] इस प्रकार काल में विभाग नामक गुण भी सिद्ध होता है।

काल भेद औपाधिक है–

पूर्वपक्षी शङ्का करता है कि यदि काल एक ही है, तो भूत, भविष्य

तथा वर्तमान की संगति कैसे होगी?[24] इस पर व्योमवतीकार ने काल एक ही मानते हुये व्यवहार में तीनों कालों की संगति स्थापित करने के लिये काल के त्रिविध भेद को उपाधि जन्य माना है, वास्तविक नहीं। अर्थात् वस्तुतः काल एक ही है किन्तु अन्य उपाधियों के साथ संयुक्त होकर वह इन तीन रूपों में प्रकट होता है।

इस प्रकार वैशेषिक दर्शन के अनुसार, यद्यपि तत्वतः काल जागतिक घटनाओं से स्वतन्त्र है, किन्तु इन्हीं घटनाओं के संसर्गवश उसे वर्तमान, अतीत या भविष्य के रूप में माना जाता है।

2. दिक्

सामान्य परिचय-तर्कसंग्रह में 'प्राच्यादिव्यवहारहेतुर्दिक' अर्थात् 'यह पूर्व है' इत्यादि शब्द प्रयोगों का असाधारण निमित्त कारण दिक् है। 'प्राच्यादि' में आदि शब्द से प्रतीची, उदीची तथा अवाची का ग्रहण होता है। सूर्य का उदय जिस ओर होता है वह दिशा प्राची है। सूर्य जिस ओर अस्त होता है वह दिशा प्रतीची (पश्चिम) है। मेरुपर्वत से सामीप्य वाली दिशा उदीची है और मेरुपर्वत से दूरस्थ दिशा अवाची (दक्षिण) है। दिक् के एक, सर्वव्यापक तथा नित्य होने में वही उपपत्तियाँ हैं जो काल के विषय में दी जाती हैं। अन्य शब्दों में, जगत् की विभिन्न मूर्त वस्तुओं की परस्पर सम्बद्ध स्थिति से ही दिशा की सिद्धि होती है।

सामान्यतः दिशा को देशिक आधार या स्थानीय अधिकरण समझा जाता है जिसमें जगत की सभी भौतिक वस्तुएँ अधिष्ठित हैं तथा अपने-अपने विशेष स्थान को ग्रहण किये हुये हैं। किन्तु वैशेषिक दर्शन के अनुसार दिक् या दिशा एक सत् द्रव्य है, अतः उसका उक्त स्वरूप अपूर्ण एवं भ्रामक है। दिक् यदि केवल स्थानीय अधिकरण मात्र होती और इसका कार्य केवल वस्तुओं को आधार प्रदान करना होता, तो दिशा को पृथक् द्रव्य स्वीकार करने की आवश्यकता ही न रहती, क्योंकि यह कार्य

तो वैशेषिक दर्शन में 'आकाश' नामक द्रव्य का माना गया है। तदनुसार आकाश शब्दगुण का समवायिकारण होने के साथ-साथ सभी सीमित वस्तुओं का आधार भी है।[25]

अतः वैशेषिक दर्शन में दिशा को सृष्टि प्रक्रिया की व्याख्या में एक पृथक्, स्वतन्त्र स्थान प्रदान किया गया है एवं सर्वथा सत्, बाह्य द्रव्य के रूप में उसकी सिद्धि की गयी है। सूत्रकार कणाद के अनुसार दो समकालीन वस्तुओं में आगे-पीछे या दूर-निकट होने का ज्ञान हमें दिशा से ही होता है।[26] अथवा दिशा ही दो सहवर्ती तत्वों में दैशिक सम्बन्ध स्थापित करती है, अतः वैशेषिक दर्शन में दिशा एक संयोजक तत्व है।[27]

दिग्वैधर्म्य-

प्रशस्तपादाचार्य कहते हैं "दिक् पूर्वापरपरादिप्रत्ययलिङ्गा" अर्थात् पूर्व, अपर आदि प्रत्यय जिसके लिङ्ग होते हैं, वह दिक् है। प्रशस्तपादभाष्य में ही दिक् के विषय में कहा गया है कि किसी एक मूर्त द्रव्य की स्थिति अन्य मूर्त द्रव्य के सापेक्ष जिन दस प्रत्ययों (क्रमशः - पूर्व, दक्षिण, पश्चिम, उत्तर, पूर्व दक्षिण, दक्षिण पश्चिम, अधः उपरि आदि प्रत्ययों) के द्वारा बतायी जाती है। वे दस प्रत्यय जिस द्रव्य के होते हैं वही दिक् है।[28] व्यामशिवाचार्य, व्योमवती टीका में अन्वय तथा व्यतिरेक व्याप्ति प्रक्रिया द्वारा स्पष्ट करते हुये कहते हैं -

दिगितरेभ्योभिद्यते, पूर्वापरादि प्रत्ययलिङ्गत्वात्।

यस्तु न भिद्यते न चासावेवम यथा क्षित्यादिरिति॥

उपरोक्त प्रक्रिया द्वारा व्योमवतीकार यह बताना चाहते हैं कि पूर्वापरादि प्रत्यय व्यवहार ही 'दिक्' को दिगेतर द्रव्यों से भिन्न सिद्ध करता है। इस प्रकार 'दिक्' पृथिवी, जल, तेज, वायु, आकाश, काल, आत्मा तथा मनस् द्रव्यों से नितान्त भिन्न है।

दिक् सिद्धि-

वैशेषिक दर्शन के अनुसार दिशा एक अतीन्द्रिय द्रव्य है अर्थात् उसका प्रत्यक्ष सम्भव नहीं, अतः अनुमान द्वारा उसकी सत्ता सिद्ध की गयी है। पूर्व, अपर आदि प्रतीतियाँ ही दिक् के साधक हेतु है, अर्थात् जिस द्रव्य के कारण 'यह पूर्व है', 'यह पश्चिम है' आदि प्रतीतियाँ होती हैं - वही दिक् है।[29]

पूर्वापरादि प्रत्ययों का विषय मूर्तद्रव्य को मानने की अवधारणा का खण्डन -

दिक् की सिद्धि में सिद्धान्त पक्षी द्वारा पूर्वापरादि प्रत्ययों का विषय दिक् को मानकर दिक् की सत्ता सिद्ध की है। पूर्वपक्षी का लक्ष्य है कि यदि पूर्वापरादि प्रत्ययों का विषय दिक् के अतिरिक्त किसी अन्य को सिद्ध कर दिया जाये तो दिक् की सिद्धि, असिद्ध हो जायेगी। इसी क्रम में पूर्वपक्षी कहता है कि पूर्वापरादि प्रत्ययों का विषय घटपटादि मूर्त द्रव्य है, अतः दिक् के लक्षण में दोष है।[30] इस पर उत्तरपक्षी कहता है कि परस्परापेक्षित होने के कारण पूर्व तथा अपर दोनों प्रत्ययों का अभाव होगा।[31] क्योंकि पूर्व प्रत्यय की सिद्धि हेतु अपर प्रत्यय की, जबकि अपर प्रत्यय की सिद्धि हेतु पूर्व प्रत्यय की अपेक्षा है। अतः पूर्वापरादि प्रत्ययों का विषय घटपटादि मूर्तद्रव्य नहीं हो सकते। ये प्रत्यय निर्निमित्त भी नहीं हो सकते। इसके अतिरिक्त मूर्त द्रव्यों के होने पर पूर्वापरादि प्रत्ययों का बोध होता है। मूर्तद्रव्यों की अनुपस्थिति में इनका बोध नहीं होता।[32] अंगुली से सङ्केत करने के कारण तत्तद्द्रव्य पूर्वपरादि प्रत्ययों का आलम्बन तो हो सकता है, परन्तु कारण नहीं हो सकता। एक मूर्त द्रव्य से अविशिष्ट दूसरा मूर्त द्रव्य परापरादि प्रत्ययों की उत्पत्ति में कोई भूमिका नहीं रखता। क्योंकि इस स्थिति में न तो मूर्तद्रव्य में अपर प्रत्यय होगा, न ही पूर्व प्रत्यय होगा। इसको एक लौकिक उदाहरण द्वारा समझा जा सकता है जैसे - एक कमरे में यदि एक ही कुर्सी हो तो उसके दूर और पास का प्रश्न ही नहीं उठता।

इस प्रकार पूर्वापरादि प्रत्ययों का विषय मूर्तद्रव्यों को न मानकर दिक् को ही मानना उचित है।

पूर्वापरादि प्रत्ययों का बोध किसी अवधिभूत मूर्तद्रव्य के आधार पर मानने की अवधारणा का खण्डन-

पूर्वपक्षी पुनः शङ्का करता है कि पूर्वापरादि प्रत्ययों का बोध किसी अवधिभूत मूर्तद्रव्य के आधार पर माना जाये तो दिक् की सत्ता सिद्धि का खण्डन हो जाता है। यहाँ अवधि से तात्पर्य Reference point से है। अर्थात् जिसकी अपेक्षा करके किसी अन्य की पूर्वता या अपरता का निर्धारण किया जाये वह अवधि है। यथा -

A B C
अवधि

A को अवधि (reference point) मानने पर हम कह सकते हैं कि B, C की अपेक्षा, अवधिभूत (A) से पूर्व है। इस प्रकार अवधिभूत को एक स्थिर सन्दर्भ बिन्दु माना जा सकता है।

पूर्वपक्षी की इस शङ्का का समाधान करते हुये आचार्य व्योमशिव कहते हैं कि यदि पूर्वपरादि प्रत्ययों का बोध किसी अवधिभूत मूर्तद्रव्य के आधार पर मानेंगे, तो अलग-अलग मूर्तद्रव्यों को अवधि बनाकर होने वाले अलग-अलग पर प्रत्ययों के और इसी तरह अलग-अलग मूर्तद्रव्यों को अवधि बनाकर होने वाले अपर प्रत्ययों के कारण भी अलग-अलग होते चले जायेंगे।[33]

पूर्व, अपर आदि प्रत्यय निश्चित प्रत्यय है, ये प्रत्यय निश्चित अवधारणायें हैं, अतः इनके नियत कारण होने चाहिये, अतः भिन्न-भिन्न मूर्तद्रव्यों को इनका कारण नहीं माना जा सकता। इस प्रकार पूर्वापरादि प्रत्ययों का कोई निश्चित कारण मानना पड़ेगा, जो कि दिक् है। यदि

किसी एक मूर्तद्रव्य को पूर्व प्रत्यय/अपर प्रत्यय का कारण मानें तो सर्वत्र, जहाँ-जहाँ पूर्व प्रत्यय होता है, वहाँ-वहाँ वही मूर्तद्रव्य उसका कारण होना चाहिए। जो कि नहीं होता। यदि किसी मूर्तद्रव्य को अवधिभूत मानकर विविध मूर्तद्रव्यों के विषय में उत्तर, दक्षिण, पूर्व अपर आदि प्रत्ययों की उत्पत्ति मानी जायेगी तो वह कारणभूत मूर्तद्रव्य जहाँ उपस्थित होगा, वहाँ अपने पूर्वादि प्रत्ययों की अभिव्यक्ति के साथ-साथ परादि, दक्षिण आदि प्रत्ययों की भी उत्पत्ति युगपत ह़ो जायेगी।[34] अतः इस दोष की प्रसक्ति के कारण दिक् को ही कारण मानना उचित है।

पूर्वापरादि प्रत्ययों में सङ्केत की कारणता का खण्डन-

पूर्वपक्षी पूर्वापरादि प्रत्ययों का कारण दिक् को स्वीकार नहीं करना चाहता, अतः तृतीय विकल्प के रूप में सङ्केत (ईश्वरेच्छा) को निमित्त के रूप में प्रस्तुत करते हुये कहता है कि सङ्केत (ईश्वरेच्छा) से निर्धारित पूर्वापरादि प्रत्ययों के निश्चित अर्थ से ही पूर्वापरादि प्रत्यय हो जायेंगे। इसका खण्डन करते हुये उत्तरपक्षी कहता है कि पूर्व, पर, दक्षिणादि का संकेतग्रह भी बिना किसी निमित्त के नहीं होता।[35] अर्थात् घट, पट के उत्तर में है तथा घट, पट के दक्षिण में है, आदि स्थलों में दक्षिण और उत्तर आदि शब्दों का सङ्केतग्रह परस्परापेक्षया ही हो सकता है।

पुनश्च पूर्वापरादि शब्दों में संकेतग्रह केवल किसी एक वस्तु विशेष की अवस्थिति के बोध से नहीं हो सकता, क्योंकि पुस्तक के दक्षिण में टेलीफोन है, यहाँ दक्षिण का अर्थ हुआ, जिस अवस्थिति में टेलीफोन है उसे दक्षिण कहते हैं, अतः जब अन्य द्रव्य के विषय में दक्षिण शब्द का प्रयोग किया जाये तो उससे टेलीफोन के स्थान पर न होने के कारण कोई अर्थबोध न होगा, अतः सिद्धान्ती की मान्यता है कि पूर्व, अपर, उत्तर, दक्षिण आदि प्रत्ययों में संकेतग्रह भी दिक् नामक द्रव्य के माध्यम से होती है।

बौद्ध पूर्वपक्षी पूर्वापरादि प्रत्ययों के निर्विषयक होन के मत का खण्डन–

बौद्ध पूर्वपक्षी कहता है कि पूर्वोत्तरादि प्रत्यय विकल्पमात्र है उनका वाच्य कोई पदार्थ नहीं हो सकता। फिर भी पूर्वापरादि प्रत्यय पूर्व वासनाओं के कारण होते हैं।[36] नैयायिक इसका खण्डन करते हुये कहता है कि ये अबाधित होने के कारण निर्विषयक नहीं हो सकते।[37] जब हम अंगुलिनिर्देश के द्वारा यह कहते हैं कि यह सफेद है – तो यहाँ दो प्रक्रियाएँ होती हैं– (1) वस्तुविशेष की ओर अंगुलिनिर्देश (2) श्वेतादिशब्द व्यापार।

यदि 'अयं श्वेत:' यह प्रत्यय निर्विषय हो तो न ही अंगुलिनिर्देश होगा और न ही शब्दव्यापार होगा। इसी दृष्टान्त द्वारा व्योमवतीकार यह दिखा रहे हैं कि जब हम अंगुलिनिर्देशपूर्वक यह कहते हैं कि यह पूर्व है या यह उत्तर है तो यह प्रत्यय भी निर्विषय नहीं है, जिसकी ओर हम अंगुलि निर्देश कर रहे हैं और जिसको हम शब्द से कह रहे हैं। वह दिक् नामक द्रव्य है और पूर्वादि प्रत्ययों का निमित्त वासना मात्र नहीं हो सकता, क्योंकि बिना बोध (अनुभव) के वासना (संस्कार) नहीं हो सकता है और यहाँ यह जोड़ा जा सकता है कि बिना विषय के बोध नहीं हो सकता। तथा ये प्रत्यय विशिष्ट प्रत्यय हैं, अत: बिना विशिष्ट निमित्त के नहीं हो सकते हैं। वह विशिष्ट निमित्त दिक् ही है।

दिक् के गुण–

दिक् के लक्षण तथा दिक् का पृथिवी आदि आठ द्रव्यों से भेद करने के पश्चात् दिक् सम्बन्धी पूर्वपक्ष की शङ्काओं का समाधान करके व्योमवतीकार ने दिक् के गुणों का कथन किया है। दिक् में संख्या, परिमाणे, पृथक्त्व, संयोग तथा विभाग ये पाँच गुण पाये जाते हैं।[38]

काल के समान ही इनकी सिद्धि का कथन स्वयं आचार्य प्रशस्तपाद ने भाष्य में किया है।[39] दिक् संख्या की दृष्टि से एक है। पूर्वापरादि प्रत्ययों

को काल के समान ही दिक् का औपाधिक भेद कहा गया है। दिक् का परिमाण 'परममहत्' है। दिक् के एकत्व के कारण इसका पृथक्त्व भी सिद्ध है। पुनः काल की ही भाँति दिक् का भी अपने पूर्वापरादि प्रत्ययों से संयोग तथा विभाग होता है। इस प्रकार दिक् के गुण, काल के गुणों से समान होने के कारण ही भाष्यकार ने – 'कालवदेते सिद्धाः' कहा है।

दिक् भेद–

प्रशस्तपादभाष्य में सूर्य संयोग के आधार पर दस भेद माने गये हैं। यद्यपि प्रशस्तपादाचार्य ने 'प्राच्यादि' कहकर प्राची आदि का उल्लेख किया है। तथापि व्योमवतीकार ने प्राची, प्रतीची, अवाची एवं उदीची इन चार नामों का तथा इनकी स्थिति विशेष का सूर्य संयोग के आधार पर स्पष्ट विवेचन किया है। व्योमवतीकार कहते हैं कि सूर्य के उदित होने पर जिस प्रदेश का सूर्य से सम्बन्ध होता है वह प्राची है।[40] इस प्राची दिशा में सूर्य सर्वप्रथम आता है। मध्याह्न के समय जिस प्रदेश का सूर्य से संयोग होता है दक्षिण है।[41] अपराह्न समय में सूर्य संयोग जिस प्रदेश से होता है वह प्रतीची दिक् है इस प्रकार अग्रिम काल में सूर्यसंयोग से युक्त प्रदेश उदीची दिशा का वाच्य होता है।

निष्कर्षतः दिक् एक परममहत् परिमाण से युक्त नित्य द्रव्य है। इससे पूर्व काल की सिद्धि में भी दिक् के समान पाँच गुणों का प्रतिपादन भाष्यकार ने किया है। किन्तु काल तथा दिक् में स्पष्ट अन्तर है। जहाँ काल कालिक परत्वापरत्व का हेतु है, दिक् दैशिक परत्वापरत्व का हेतु है। काल क्रियोपाधि से या जन्य कार्यों की उपाधि से संयुक्त होता है, जबकि दिक् या दिशा मूर्त कार्यों से। इस प्रकार दिक् न्याय-वैशेषिक दर्शन का एक आधारभूत द्रव्य है।

सन्दर्भ

1. सर्वाधार: काल: सर्वकार्यनिमित्तकारणं च। तर्कदीपिका, पृष्ठ 57।
2. काल: परापरव्यतिकरयौगपद्यायौगपद्यचिरक्षिप्रप्रत्ययलिङ्ग। प्र.पाद.भा., पृष्ठ 119।
3. विशिष्टं कार्यं विशिष्टात् कारणादुत्पद्यमानं दृष्टम्। व्योम., पृष्ठ 120।
4. यत्र हि दिग्विवक्षयोत्पन्नं परत्वं तत्रैवापरत्वम् यत्रैवापरत्व तत्रैव परत्वमुत्पद्यमानं। व्योम., पृष्ठ 120।
5. न च क्षित्यादेरन्यतमं निमित्तं सामर्थ्यानवधारणात्। व्योम., पृष्ठ 121।
6. यस्तु शिष्यते स काल इति। व्योम, पृष्ठ 121।
7. नन्वेकस्मिन्नेव दिने पाकजोत्पत्तिन्यायेन पिण्डयो: समुत्पादात् कथं परत्वापरत्वम्? व्योम., पृष्ठ 121।
8. तथाहि जन्मन: पृभृत्येकस्यादित्यपरिवर्तनानि भूयांसीति परत्वम्, अन्यस्य च अल्पीयांसीत्यपरत्वम्। व्योम., पृष्ठ 121।
9. न च क्रियैव काल इति वाच्यम्। व्योम., पृष्ठ 121।
10. अव्यतिरेके तु विशिष्ट प्रत्ययाभाव एव। व्योम., पृष्ठ 121।
11. यदि च कर्तृकर्मव्यतिरिक्ता विशिष्ट प्रत्यय सम्पादिका क्रियास्यात् संज्ञाभेद मात्रम्। व्योम., पृष्ठ 121।
12. बहूनां कतृणां कार्यकरणे बदूनां कार्याणां आत्मलाभ इति। व्योम., पृष्ठ 121।
13. युगपदेते कुर्वन्तीति कर्त्रालम्बनं ज्ञानम्, युगपदेतानि कृतानीति कार्यालम्बनम्। व्योम., पृष्ठ 121।
14. तथाहि यत्र क्रमेण कार्यं तत्रापि कर्तृकर्मणो: सद्भावात्। व्योम., पृष्ठ 121।
15. तथैक एव कर्ताकिञ्चित कार्यं चिरेण करोति व्यासङ्गाद् अनर्थित्वाद् वा किञ्चित् क्षिप्रं तदर्थितया। व्योम., पृष्ठ 122।
16. प्रत्ययोविलक्षणाद् विलक्षणं कारणमाक्षिपतीति। व्योम., पृष्ठ 122।
17. तस्य गुणा: संख्यापरिमाणपृथक्त्वसंयोगविभागा:। प्र.पा. भाष्य पृष्ठ 120।
18. काललिङ्गाविशेषादेकत्वं सिद्धम्। प्र.पाद.भा., पृष्ठ 120।

19. तच्च सहकार्यन्तरानुप्रवेशेनापि घटत इति कथं कालस्य नानात्वम्। व्योम. पृष्ठ 128।
20. वैशेषिक सूत्र 7.1.25।
21. यत्र ध्येकत्वं तत्रावश्यमेवपृथक्त्वं भविष्यतीति। व्योम. पृष्ठ 129।
22. कारणपरत्वादिवचनात् संयोगः। प्र.पाद.भा., पृष्ठ 120।
23. तद्विनाशकत्वाद् विभागः। प्र.पाद.भा., पृष्ठ 120।
24. ननु चात्रं कालस्यैकतायां वर्तमानदिव्यवहारः कथं स्यात्? व्योम., पृष्ठ 130।
25. सर्वसंयोगिसमानदेशत्वं सर्वेषां संयोगिनां मूर्तद्रव्यमाकाशम्। तर्कभाषा, पृष्ठ 48।

    समानोदेश एक आधार इत्यर्थः। न्याय कन्दली, पृष्ठ 59।
26. त इदमिति यतस्तद्दिश्यं लिङ्गम्। वै. सूत्र 2.2.10।
27. वैशेषिक दर्शन में पदार्थ निरूपण–डॉ. शशि प्रभा कुमार, पृष्ठ 165।
28. मूर्तद्रव्यमवधिं कृत्वा मूर्तेष्वेव द्रव्येष्वेतस्मादिदं पूर्वेण दक्षिणेन पश्चिमेनोत्तरेण। पूर्वदक्षिणेन दक्षिणापरेण चाधस्तादुपरिष्टाच्चेति दश प्रत्यय। यतो भवन्ति सा दिगिति। व्योम., पृष्ठ 130।
29. दिक् पूर्वापरादिप्रत्ययलिङ्गा। प्र.पाद.भा., पृष्ठ 130।
30. ननु च पूर्वापरादिप्रत्ययाः परस्परापेक्षितया मूर्तेष्वेव भवन्तीत्यसिद्धं लक्षणाभिधानम्। व्योम., पृष्ठ 131।
31. परस्परापेक्षितायामुभयाभाव प्रसङ्गात्। व्योम., पृष्ठ 131।
32. कदाचिदुत्पन्नत्वात् अन्वयव्यतिरेकाभ्यां मूर्तद्रव्यस्य व्यापारोपलब्धेः। व्योम. , पृष्ठ 131।
33. अथ मूर्तद्रव्यमेवावधिभूतं निमित्तमिति चेत् न। तस्य सर्वप्रत्ययेष्वविशेषात्। व्योम., पृष्ठ 131।
34. तथाहि तस्य निमित्ततायां यत्रैव पूर्वप्रत्ययस्तत्रैव दक्षिणादिप्रत्ययाः प्रसज्येरन्। व्योम., पृष्ठ 131।
35. नापि सङ्केत एव निमित्तम्। तस्य हि निमित्तं विना सर्वत्राप्रवृत्तेः। व्योम., पृष्ठ 131।

36. अथ विकल्पज्ञानत्वान्निर्विषयाः पूर्वादिप्रत्ययाः वासनावशाद् भवन्तीति। व्योम. , पृष्ठ 131।
37. अबाध्यमानं ज्ञानं निर्विषयं न भवत्येव। व्योम., पृष्ठ 131।
38. तस्यास्तु गुणाः संख्यापरिभाष्यपृथक्त्व संयोगविभागाः। प्र.पाद.भा., पृष्ठ 130।
39. कालवेदते सिद्धाः। प्र.पाद.भा., पृष्ठ 130।
40. उदयसमये सवितुर्दिक्प्रदेशेन योगात् प्राचीति व्यवहारः। व्योम., पृष्ठ 133।
41. एवं मध्याह्नसमये दिक्प्रदेशेन संयोगाद दक्षिणेति व्यवहारः। व्योम., पृष्ठ 133।

षष्ठ अध्याय

आत्मा

सामान्य परिचय- उद्देशक्रमानुसार वैशेषिक दर्शन का अष्टम द्रव्य है 'आत्मा' जो 'अहंप्रत्यय' का विषय होने से अन्य सभी द्रव्यों से पृथक् एवं महत्त्वपूर्ण है। यह द्रव्य 'चैतन्य', 'चेतना' या 'चितिशक्ति' का द्योतक है, तथा श्रुतियों में इसी तत्त्व को जानने का उद्घोष किया गया है।[1] दर्शनशास्त्र के लिए जितना जड़ जगत् की व्याख्या करना अनिवार्य है, उतना ही इस 'चेतन' तत्त्व की भी। यह तो प्रत्यक्ष अनुभवसिद्ध तथ्य है कि इस दृश्य जगत् में अचेतन भूत या जड़ तत्त्व के अतिरिक्त एक चेतन ज्ञाता, भोक्ता व कर्त्ता भी अवश्य ही है। वस्तुतः उसी चेतन तत्त्व के उपभोग के लिए तो यह सारा भौतिक जगत् है, जिसका वास्तविक ज्ञान निःश्रेयस का कारण है तथा जिसका ज्ञान संसार का हेतु है।[2]

इस आत्म-तत्त्व का स्वरूप पृथक्-पृथक् दर्शन सम्प्रदायों ने भिन्न-भिन्न प्रकार का माना एवं बताया है, किन्तु उसके स्वतन्त्र, निरपेक्ष एवं नित्य अस्तित्व के बारे में सभी आस्तिक भारतीय दर्शन एकमत है। इसीलिए, उद्योतकराचार्य का कथन है कि आत्मा के सद्भाव के विषय में तो किसी वादी की विप्रतिपत्ति नहीं है, किन्तु उसके विशेष स्वरूप के विषय में ही मतभेद है।[3]

आत्मा की सिद्धि-

यद्यपि हमारे प्रत्येक अनुभव की पृष्ठभूमि में ज्ञाता एवं भोक्ता के रूप में आत्मा की सत्ता स्वतःसिद्ध है, तथापि न्याय-वैशेषिक दर्शन की पद्धति से यह सर्वथा उपयुक्त ही है कि आत्मा के स्वरूप-निरूपण से पूर्व उसके अस्तित्व की सिद्धि पर विचार कर लिया जाये। तदनुसार, आत्मा की सिद्ध-हेतु प्रत्यक्ष, अनुमान एवं शब्द- ये तीनों प्रमाण दिये जा सकते हैं।

(क) प्रत्यक्ष-आत्मा के प्रत्यक्षत्व के विषय में न्याय-वैशेषिक विद्वानों में पर्याप्त मतभेद है। व्योमशिवाचार्य के अनन्तर तो यह सिद्धान्त सर्वथा मान्य हो गया कि आत्मा का मानस-प्रत्यक्ष होता है, किन्तु इस विषय में वैशेषिक दर्शन के सूत्रकार व भाष्यकार की सम्मति क्या थी, यह अद्यावधि विवादग्रस्त है।

(ख) अनुमान- आत्मा का शरीर, इन्द्रियों एवं मन आदि से पृथक्, निश्चित अस्तित्व सिद्ध करने के लिए अनुमान का आश्रय भी लेना पड़ता है। यहां पूर्वपक्षी शंका कर सकता है कि जब प्रत्यक्ष से आत्मा का अस्तित्व सिद्ध है, तब फिर अनुमान की क्या आवश्यकता है, चूंकि गज को प्रत्यक्ष देख लेने पर फिर विद्वान् लोग 'चीत्कार' रूप शब्द से उसका अनुमान नहीं किया करते। व्योमशिवाचार्य ने इस शंका का समाधान सिद्धान्तमतानुसार दो प्रकार से किया है-

(अ) प्रथमतः 'आत्मा का प्रत्यक्ष होता है' यह सिद्धान्त सभी को मान्य नहीं है, इसलिए;

(आ) द्वितीय, ऐसा देखा जाता है कि तर्कप्रिय विद्वान् प्रत्यक्षसिद्ध वस्तु को भी अनुमान से सिद्ध करने में प्रसन्न होते हैं।

अतः यद्यपि आत्मा प्रत्यक्षसिद्ध है, तथापि जैसे विद्युत्-सम्पात के प्रकाश में पदार्थ का निश्चित ज्ञान नहीं हो पाता, उसी प्रकार 'मैं श्वेतवर्ण हूं' 'मैं दुर्बल हूं' इत्यादि वाक्यों में शरीर के लिए ही 'मैं' का प्रयोग होने

से शरीरभिन्न आत्मा का दृढ़ ज्ञान नहीं हो पाता, इसलिए अनुमान आत्मा की दृढ़ स्थापना करने में सहायक होता है। इसके अतिरिक्त, अनेक श्रुति-प्रमाण होने पर भी श्रुति का आदेश है कि आत्मा के विषय में श्रवण, मनन एवं निदिध्यासन का अभ्यास करना चाहिए। यदि आत्मा के विषय में मनन (तर्क, चिन्तन, अनुमान) नहीं होगा तो निदिध्यासन संभव न होगा और अपवर्ग भी न हो सकेगा, अतः आत्मा की सिद्धि के लिए अनुमान भी अनिवार्य है।

आत्मास्तित्वसाधक अनुमान- सूत्रकार कणाद ने आत्मा की अनुमिति के लिए ये साधक लिंग दिए हैं- प्राण-अपान, निमेष-उन्मेष, जीवन, मनोगति, इन्द्रियान्तरविकार, सुख-दुःख, इच्छा-द्वेष और प्रयत्न।[4] इन लिंगों के द्वारा 'आत्मा' की सिद्धि इस प्रकार की जा सकती है-

(1) प्राण-अपान- शरीर के मध्य में संचार करने वाले प्राण तथा अपान रूप वायु की ऊर्ध्वप्रदेश तथा अधोदेश में श्वास-प्रश्वासरूप गति (जो वायु की स्वाभाविक कुटिल गति से विपरीत है) के द्वारा, भस्त्र को चलाने वाले की भांति, शरीर सम्बन्धी प्राण-अपान रूप वायु के भी चलाने वाले चेतन कर्त्ता का अनुमान होता है वही आत्मा है, यह सिद्ध होता है।[5] (अर्थात् शरीर में कोई तत्त्व ऐसा अवश्य है जो अपने प्रयत्न से प्राणवायु की ऊर्ध्व तथा अपानवायु की अधोदेश में गति कराता है, इसी को जीवनयोनि प्रयत्न कहा जाता है तथा इसी से आत्मा की सिद्धि भी हो जाती है)।

तात्पर्य यह है कि वायु तिर्यग्गमनस्वभाव है किन्तु शरीरान्तरवाणी प्राण और अपान नामक वायुओं में विकृत अर्थात् उस स्वभाव से विपरीत ऊर्ध्व तथा अधोगति देखी जाती है, अतः इसी से इस शरीररूप मूर्ति के प्रयत्नशील अधिष्ठाता का अनुमान होता है जो उन दोनों वायुओं को विपरीत गति से चलने के लिए प्रेरित करता है। अन्यथा वायु में तो उक्त विपरीत गति की संभावना ही नहीं है। अतः जैसे भस्त्र की वायु से किसी

चेतन संचालक का अनुमान होता है, उसी प्रकार शरीर का भी कोई प्रयत्नवान् अधिष्ठाता अवश्य है, यह प्राण-अपान रूप हेतु से सिद्ध होता है।[6]

(2) निमेष-उन्मेष- प्रशस्तपाद का कथन है कि जैसे कठपुतली को देखकर उसे नचाने वाले का अनुमान होता है, उसी प्रकार निमेष और उन्मेष की क्रिया से आत्मा का अनुमान होता है। इस अनुमान को व्योमवतीकार ने भी प्रयुक्त किया है।

व्योमवतीकार ने इस हेतु को स्पष्ट करते हुए कहा है कि यहां शंका हो सकती है कि कठपुतली के गति वायु-प्रेरित भी तो हो सकती है, अतः उसी संभावित शंका के वारण के लिए प्रशस्तपाद ने 'नियतेन' यह पद दिया है जिसका प्रयोजन यही स्पष्ट करना है कि निमेषोन्मेष एवं कठपुतली की गति इच्छा एवं प्रयत्न से जन्य होते हैं।[7] व्योमवतीकार ने इस युक्ति का स्पष्टीकरण इस प्रकार दिया है कि नेत्र के दोनों पलकों के परस्पर संयोग से उत्पन्न करने वाली क्रिया को निमेष कहते हैं और उन दोनों की परस्पर विभागजनक क्रिया को उन्मेष कहते हैं। जिस प्रकार कठपुतली का नाचना रूप क्रिया किसी चलाने वाले के प्रयत्न के बिना नहीं होती, उसी प्रकार निमेष-उन्मेष भी बिना किसी चेतन कर्त्ता के प्रयत्न के नहीं हो सकते। अतः वह अनुमान होता है कि आंख की पलकों को चलाने वाला ही आत्मा है।

(3) जीवन- इसी प्रकार, जीवन भी आत्मा का साधक है, अर्थात् देह की वृद्धि, घाव एवं टूटे हुए अंगों का संघटन आदि क्रियाओं से भी घर के मालिक की तरह प्रयत्नविशिष्ट आत्मा का अनुमान होता है।[8] अभिप्राय यह है कि जैसे घर का स्वामी अपने घर के टूट जाने पर उसकी मरम्मत आदि कराता है, उसी प्रकार शरीर का स्वामी या अधिष्ठाता आत्मा उसे भोजनादि से संवर्धित करता है या क्षतादि एवं भग्न हस्तपादादि को पुनः ठीक कर देता है, अतः गृहस्वामी के समान शरीर का भी कोई चेतन

अधिष्ठाता अवश्य है, यह सिद्ध होता है।[9] व्योमवतीकार का मत है कि यहां 'जीवन' शब्द से लक्षणा वृत्ति से जीवन का कार्य वृद्धि, क्षत तथा भग्नसंरोहणादि सूचित होता है, उससे यह अनुमान होता है कि जैसे घर का मालिक होता है, उसी प्रकार शरीर का भी एक चेतन अधिष्ठाता है, जो इसकी वृद्धि, क्षत, भग्न-संरोहणादि का कर्त्ता है, वही आत्मा है।

(4) मनोगति- प्रशस्तपाद के अनुसार मन की क्रिया अथवा गति भी आत्मा की साधक है। अभीष्ट विषयों को ग्रहण करने वाली चक्षुरादि इन्द्रियों का विषयों के साथ संयोग कराने वाले मन की गति से भी अनुमान होता है कि उस मन का संचालक कोई चेतन आत्मा है; जैसे कि घर के कोने में बैठा होने से न दिखाई देने पर भी, लाख की गोली अथवा गेंद को घर के भीतर ही इधर-उधर चलाने वाला कोई बालक है, ऐसा अनुमान होता है।[10]

व्योमवतीकार ने इस युक्ति को स्पष्ट करते हुए कहा है कि अभिमत वस्तु के साथ चक्षुरादि का संयोग मन के सहित ही होता है, मन की क्रिया भी किसी चेतन तत्त्व की इच्छा एवं प्रयत्न से ही प्रेरित होती है- वही चेतन तत्त्व आत्मा है। जैसे घर के कोने में पड़ी हुई एक लाख की गोली पर कोई बालक अपने दूसरे हाथ की गोली चलाता है, तब उस दूसरी गोली की क्रिया से गोली चलाने वाले बालक का अनुमान होता है, उसी प्रकार मन भी प्रयत्न से युक्त किसी व्यक्ति के द्वारा प्रेरित होता है क्योंकि वह इच्छित विषय से सम्बन्ध की हेतु क्रिया का आश्रय है। यहां यह नहीं कहा जा सकता कि लाख की गोली वायुप्रेरित भी तो हो सकती है क्योंकि वायुप्रेरित वस्तुओं का सम्बन्ध अनभीष्ट वस्तुओं के साथ भी होता है।[11] व्योमवतीकार के अनुसार मन मूर्त्त तथा अणुपरिमाण द्रव्य है। उसका प्रियविषय को ग्रहण करने वाली बाह्येन्द्रियों में प्रवेश होना इच्छा तथा प्रणिधान के आधीन है। जिसकी इच्छा और प्रणिधान मन को

अभिमत विषय का ग्रहण कराने वाले चक्षुरादि बाह्येन्द्रियों में प्रविष्ट होने की प्रेरणा करती है, वही आत्मा है, ऐसा अनुमान होता है।

(5) इन्द्रियान्तरविकार- इन्द्रियान्तर के विकार से भी आत्मा की सिद्धि होती है।[12] तात्पर्य यह है कि चाक्षुष ज्ञान के बाद रस की स्मृति के क्रम से रसनेन्द्रिय में विकार देखा जाता है (अर्थात् मुंह में पानी भर आता है), इससे भी अनेक गवाक्षों से एक देखने वाले की तरह रूप और रस दोनों के एक ज्ञातारूप आत्मा का अनुमान होता है।[13] व्योमवतीकार ने इस युक्ति की व्याख्या इस प्रकार की है कि- किसी अभीष्ट फल के रूप को देखकर उस रूप के साथ रहने वाले पूर्वानुभूत रस की स्मृति से उस रस के आस्वादन की इच्छा होती है, उस इच्छा से प्रयत्न की उत्पत्ति होती है। इस प्रयत्न (आत्ममनःसंयोग) से रसनेन्द्रिय में विकृति हो जाती है (अर्थात् मुंह में रस आ जाता है)। यदि इन्द्रिय को ही चेतन माना जाये तो मुंह के पानी से अनुमित रसनेन्द्रिय की विकृति उपपन्न नहीं होगी, चूंकि इन्द्रियों के विषय तो नियत है, यथा- चक्षु से रूप का ही ज्ञान होता है रसादि का नहीं एवं रसना से रस का ही ज्ञान हो सकता है, रूप का नहीं। अतः रूप और रस के सामानाधिकरण्य की प्रतीति के बाद जो रूप को देखने से रस की स्मृति होती है, वह नहीं हो सकेगी और वह विकार अव्याख्यात ही रह जायेगा। अतः इन्द्रियादि से भिन्न कोई दोनों का अभिज्ञ एक व्यक्ति अवश्य है जो रूप को देखकर रस का स्मरण करता है, वही आत्मा है।[14]

यही अनुमान इस प्रकार दिया जा सकता है कि एक बार नारंगी या करंज फल के रूप-विशेष के साथ वर्तमान मधुरादि विशेष रस का स्वाद लेने के पश्चात् कालान्तर में वैसे ही फल को देखने से उस फल के मधुरादि रस को अनुभव करने की तृष्णा से मुख में रस आने लगता है। ऐसा बिना उक्त फलों के अम्ल, मधुरादि रसों के अनुमान के नहीं हो सकता और वह अनुमान व्याप्तिस्मरण के बिना नहीं होता तथा व्याप्ति का स्मरण संस्कार के बिना नहीं होता और वह संस्कार या भावना व्याप्ति के

अनुभव के बिना नहीं होती, व्याप्ति का अनुभव अनेक बार उक्त फलों के वैसे रस के अनुभव के बिना नहीं हो सकता– इस प्रकार ज्ञान–सातत्य की यह कार्य–कारण–धारा बिना एक नित्य कर्ता के माने नहीं हो सकती, वही नित्य कर्ता आत्मा है।

(6,7,8) सुख-दुःख, इच्छा-द्वेष और प्रयत्न- उपर्युक्त हेतुओं में कार्य से कारण का अनुमान किया गया था किन्तु अब गुणों से गुणी का अनुमान किया जा रहा है अर्थात् व्योमशिवाचार्य ने न केवल पूर्वोक्त हेतुओं से, अपितु सुख–दुःखादि गुणों से भी उनके आश्रय द्रव्य गुणी आत्मा का अनुमान प्रस्तुत किया है। न्यायसूत्रकार ने तो आत्मा की सिद्धि के लिए केवल इन्हीं गुणों को हेतुरूप में प्रयुक्त किया है। प्रशस्तपाद ने इस अनुमान का प्रयोग करते हुए कहा है कि सुख, दुःख, इच्छा, द्वेष और प्रयत्न गुण हैं, अतः उनका आश्रय कोई न कोई द्रव्य होना ही चाहिए। 'वे सुखादि शरीर और इन्द्रिय के गुण भी तो हो सकते हैं'– इस शंका का उत्तर भाष्यकार ने इस प्रकार दिया है कि 'सुख–दुःखादि शरीर और इन्द्रिय के गुण नहीं हो सकते', क्योंकि–

(क) उनकी प्रतीति 'अहंकार' के साथ नहीं होती है।

(ख) वे अपने आश्रय के किसी प्रदेश में ही रहते हैं।

(ग) जब तक उनके आश्रय विद्यमान रहें, तब तक विद्यमान नहीं रहते (अर्थात् अयावद्द्रव्यभावी हैं)।

(घ) बाह्येन्द्रियों से उनका प्रत्यक्ष नहीं होता है।

(ङ) 'अहम्' शब्द से भी वे वाच्य नहीं होते, अर्थात् पृथिव्यादि अन्य द्रव्यों के लिए कभी 'अहम्' शब्द का मुख्य प्रयोग नहीं देखा जाता।[15]

यह तो सामान्य अनुभव का विषय है कि व्यक्ति को पूर्वानुभूत सुखद, किन्तु अप्राप्त वस्तु के पुनः प्राप्त करने की अभिलाषा होती है। इसी से

स्पष्ट होता है कि इच्छा का अधिकरण चैतन्ययुक्त होना चाहिए तथा पूर्वकाल के भोक्ता से अभिन्न होना चाहिए। शरीर एवं इन्द्रियां न तो चेतन हैं और न ही अपरिवर्तनशील, अतः वे इच्छादि का आश्रय नहीं हो सकते। शरीर प्रत्यभिज्ञा में समर्थ नहीं है और एक ही इन्द्रिय इच्छा करने वाली तथा पूर्वकाल में भोग करने वाली नहीं हो सकती। मन भी इच्छा का आश्रय नहीं हो सकता, अतः उक्त आधार पर हम कह सकते है कि जो द्रव्य इच्छा का आश्रय है, वही आत्मा है। इसी प्रकार सुख-दुःख, द्वेष-प्रयत्न आदि भी एक पृथक् चेतन आश्रय की सिद्धि करते हैं, वही आत्मा है।

पूर्वपक्षी द्वारा आत्मा की सत्ता का निराकरण-

यहाँ पूर्वपक्षी यह स्थापना करता है कि आत्मा की सत्ता प्रत्यक्ष, अनुमानादि प्रमाणों से स्थापित नहीं की जा सकती। प्रथमतः प्रत्यक्ष से आत्मा की सत्ता सिद्ध नहीं की जा सकती क्योंकि आत्मा सूक्ष्म है।[16] व्योमवतीकार ने सौक्ष्म्य का अर्थ स्पष्ट किया है। उनके अनुसार सूक्ष्म का अर्थ अणुपरिमाण नहीं है। सूक्ष्म का अर्थ है- रूपविशेषेणसहएकस्मिन्नर्थे समवेतं यन्महत्वादि तद्भावः। अर्थात् रूप विशेष के साथ एक अर्थ में समवेत महत् परिमाण आदि का अभाव सूक्ष्मता है। चूँकि वैशेषिक दर्शन में प्रत्यक्ष हेतु दो धर्मों की अनिवार्यता मानी गयी है। उद्भूत रूप तथा महत् परिमाण। आत्मा में विभु परिमाण है तथा आत्मा में रूप होता ही नहीं अतः इसका प्रत्यक्ष नहीं हो सकता।

इसका उत्तर देते हुये व्योमवतीकार ने कहा है कि 'अहं सुखी- 'अहं दुखी' इत्यादि अनुभवों में आत्मा का प्रत्यक्ष होता ही है। यहाँ ध्यातव्य है कि पूर्वपक्षी का यह मन्तव्य कि आत्मा का प्रत्यक्ष नहीं होता के पीछे यह कारण है कि पूर्वपक्षी केवल बाह्य प्रत्यक्ष को ही प्रत्यक्ष मान रहा है। जबकि न्याय में बाह्य के साथ-साथ आभ्यन्तर प्रत्यक्ष भी स्वीकृत है।

पुनः पूर्वपक्षी कहता है कि 'अहं सुखी' आदि प्रत्ययों में आत्मा का प्रत्यक्ष नहीं अपितु अनुमान होता है। क्योंकि 'अहं सुखी' के माध्यम से सुख का प्रत्यक्ष हो रहा है और क्योंकि सुख एक गुण है, जो आत्मा से इतर द्रव्यों में नहीं रह सकता। अतः सुख के आश्रय के रूप में यहाँ आत्मा का अनुमान किया गया है।

इसका खण्डन करते हुये व्योमवतीकार कहते हैं कि 'अहं सुखी' से होने वाला आत्मा का प्रत्यय, अनुमान नहीं हो सकता, क्योंकि यहाँ लिङ्ग लिङ्गि सम्बन्ध का स्मरण नहीं हो रहा है, जबकि अनुमान हेतु यह आवश्यक है।[17]

कोई अन्य पूर्वपक्षी शङ्का करता है कि 'अहं सुखी' प्रत्यय से होने वाला आत्मा का ज्ञान शब्द जन्य है। इसका खण्डन करते हुये व्योमवतीकार कहते हैं कि यह ज्ञान शब्द जन्य नहीं क्योंकि बिना शब्द के भी 'अहं सुखी' यह अनुभव हो सकता है।[18] क्योंकि वेदान्तादि ग्रन्थों को जाने बिना भी (शब्द प्रमाण के बिना भी) व्यक्ति को 'अहं सुखी' यह अनुभव हो सकता है।

पुनः पूर्वपक्षी शङ्का करता है कि 'अहं सुखी' यह यथार्थ नहीं विपर्यय ज्ञान है। सम्भवतः यह सांख्यवादी है जिसके अनुसार पुरुष सुख या दुःख का अधिकरण नहीं होता।

इसका खण्डन करते हुये व्योमवतीकार कहता है कि 'अहं सुखी' आदि की अनुभूति का ज्ञान बाधित नहीं होता। रज्जु में सर्प की प्रतीति कालान्तर में रज्जुज्ञान से बाधित हो जाती है किन्तु सुख की प्रतीति कालान्तर में बाधित नहीं होती।[19]

अन्य पूर्वपक्षी शङ्का करता है कि 'अहं सुखी' यह प्रत्यय संशयात्मक है। इसका प्रतीकार करते हुये उत्तरपक्षी कहता है कि यह निश्चयात्मक ज्ञान है कोटिद्वयावगाहि ज्ञान नहीं है।[20]

इस प्रकार व्योमवतीकार ने यह सिद्ध किया है कि 'अहं सुखी' का ज्ञान यथार्थ है। तथा यथार्थ अनुभव में भी अनुमान शाब्द न होकर प्रत्यक्ष ही है।

'अहम्' का वाच्यार्थ आत्मा-

कोई पूर्वपक्षी शङ्का करता है कि 'अहं सुखी' इस प्रत्यय में सुख का अधिकरण शरीर है। अतः उसके लिये किसी पृथक् आत्मा को मानने की आवश्यकता नहीं है। इसके प्रतीकारार्थ व्योमवतीकार कहते हैं कि सुख का ज्ञान अन्तः करण के व्यापार से होता है। शरीर के धर्मों का बोध तो बाह्येन्द्रियों से होता है, लेकिन सुख का बोध अन्तः करण से होता है, अतः सुख, शरीर का धर्म नहीं हो सकता।

अब पूर्वपक्षी कृशोऽहम 'स्थूलोऽहम्' जैसे प्रत्ययों के माध्यम से यह सिद्ध करता है कि शरीर के धर्म (कृशता, स्थूलता) का भी ज्ञान अन्तः करण से होता है।[21] क्योंकि कोई स्वयं अपने शरीर को बाह्येन्द्रियों से देख नहीं सकता तो 'कृशोऽहम्, स्थूलोहम्' का प्रत्यय कैसे हो रहा है? इसका समाधान करते हुये व्योमवतीकार कहते हैं कि 'कृशोऽहम्' आदि प्रत्ययों में 'अहम्' का अभिधार्थ ग्रहण 'आत्मा' न होकर लक्षणार्थ 'शरीर' का ग्रहण किया जा रहा है, अतः 'अहं' शब्द का वाच्यार्थ तो आत्मा है किन्तु इस प्रसङ्ग में उसका बाध होकर लक्ष्यार्थ (शरीर) का ग्रहण ही अभीष्ट है।[22]

पूर्वपक्षी पुनः कहता है कि यदि अहं शब्द से मुझे अन्य की आत्मा का ज्ञान नहीं होगा, तो स्वयं की आत्मा का ज्ञान भी अहं से नहीं हो सकता। इसका खण्डन करते हुये नैय्यायिक ने यथार्थवादी व्यवहारिक दृष्टि से यह कहा कि अहं से त्वं का बोध नहीं हो सकता।[23]

आत्मा का आत्मा द्वारा प्रत्यक्ष-

पूर्वपक्षी नवीन शङ्का को उद्घाटित करते हुये कहता है कि आत्मा को स्वयं अपना प्रत्यक्ष नहीं हो सकता, क्योंकि यदि आत्मा प्रत्यक्ष क्रिया का

कर्ता है, तो वह प्रत्यक्ष क्रिया का कर्म नहीं हो सकता, क्योंकि एक पदार्थ में कर्तृत्व व कर्मत्व दोनों नहीं हो सकते।[24]

उत्तरपक्षी समाधान करता है कि कर्तृत्व तथा कर्मत्व बिल्कुल भिन्न-भिन्न होते हैं, ज्ञान की इच्छा का आधार कर्ता होता है और कर्म वह है जो क्रिया से व्याप्त हो[25] तो एक ही पदार्थ कभी कर्ता हो सकता है, कभी कर्म हो सकता है। अतः यह कहना कि एक ही पदार्थ कर्ता और कर्म दोनों नहीं हो सकता उचित नहीं है।

पुनः पूर्वपक्षी यह शङ्का करता है कि एक ही पदार्थ में कर्तृत्व व कर्मत्व की प्रतीति मिथ्या है किन्तु सिद्धान्ती कहता है कि ये प्रतीतियाँ मिथ्या नहीं हो सकती क्योंकि दिये गये लक्षण यदि सही है, तो एक ही पदार्थ में कर्तृत्व व कर्मत्व की प्रतीति युक्तियुक्त होगी।[26]

पूर्वपक्षी शङ्का करता है कि यदि 'अहम्' शब्द से होने वाला आत्मा का ज्ञान प्रत्यक्ष से सिद्ध हो जाता है तो सौक्ष्म्यादप्रत्यक्षत्वे सतिख्रख्र[27] यह कथन मिथ्या सिद्ध हो जायेगा।

इसका समाधान करते हुये व्योमवतीकार कहते हैं कि आत्मा के अप्रत्यक्षत्व की बात बाह्येन्द्रियों से अग्रहण के सन्दर्भ में की गयी थी न कि आत्मा के। आत्मा के सौक्ष्म्यादप्रत्यक्षत्व का और विस्तार से स्पष्टीकरण करते हुये कहता है कि पृथ्वी आदि के समान आत्मा का प्रत्यक्ष बाह्येन्द्रियों से नहीं हो सकता, क्योंकि पृथिवी (घट, पटादि) का प्रत्यक्ष बाह्येन्द्रियों से होता है क्योंकि उसमें उद्भूत रूप तथा महत् परिमाण दोनों समवेत होते हैं जबकि आत्मा में महतपरिमाण और उद्भूत रूप एक साथ समवेत नहीं होते। अन्ततः व्योमवतीकार कहते हैं कि यद्यपि आत्मा का आत्मा से प्रत्यक्ष होता है फिर भी यह कहा जाता है कि बाह्येन्द्रियों से उसका प्रत्यक्ष नहीं होता, अतएव प्रमाणान्तरों से इसकी सिद्धि की जाती है।

शरीर के सुखित्व का खण्डन-

'अहं सुखी' यह ज्ञान तथा सुख एक ही अधिकरण आत्मा में रहते हैं इसलिये आत्मा मुख्यार्थ है। 'अहं सुखी' इस ज्ञान में वस्तुतः दो विषयों का ज्ञान हो रहा है एक अहं का दूसरा सुखसमवेतत्व का ज्ञान। ये दोनों ही ज्ञान एक ही अधिकरण अर्थात् आत्मा में रहते हैं इसलिए अहं तत्त्व का मुख्यार्थ आत्मा ग्रहण किया है।

आत्मा के बाह्येन्द्रियग्राह्यत्व न होने पर भी प्रत्यक्षग्राह्यता की स्थापना-

पूर्वपक्षी शङ्का करता है कि जैसे रूपादि का ग्रहण चक्षुरान्द्रियों से होता है। उस प्रकार आत्मा का ग्रहण चक्षुरादिन्द्रियों से नहीं हो सकता अतः आत्मा का ज्ञान प्रत्यक्ष से नहीं हो सकता। समाधान करते हुये व्योमवतीकार कहते हैं कि 'अहम्' शब्द से अपने ही अस्तित्व का ज्ञान होता है।

पूर्वपक्षी कहता है कि यदि 'अहं सुखी अस्मि' इस ज्ञान में अहं का विषय यदि आत्मा को मानेंगे तो गमन, भोजन आदि क्रियाओं का अधिकरणभूत शरीर अहं प्रत्यय का वाच्य नहीं बन पायेगा।

इस शङ्का का समाधान करते हुये व्योमवतीकार कहते हैं कि यदि अहं प्रत्यय का वाच्य शरीर नहीं बन पायेगा तो यह अनुकूल है। क्योंकि प्रत्येक पदार्थ का अपने ही रूप में ग्रहण यथार्थ होता है, अतः अहं शब्द के द्वारा आत्मा का आत्मरूपेण ज्ञान होना उचित है, तथा अहं शब्द से शरीर का प्रत्यक्ष न होना ही अभीष्ट है। अतः इसमें कोई दोष नहीं है।[28]

यदि कोई कहे कि अहं शब्द से आत्मा का ग्रहण क्यों होता है, शरीर का ग्रहण क्यों नहीं होता अर्थात् एक पदार्थ के वाचक पद से अन्य पदार्थ का भी बोध होना चाहिये तो किसी पदार्थ के वाचक पद से अन्य सब पदार्थों का बोध हो जायेगा केवल उस पदार्थ विशेष का बोध नहीं होगा। अर्थात् घट से घटेतर सभी पदार्थों का ग्रहण होगा किन्तु घट का नहीं होगा

तथा पट पद से पटेतर सभी पदार्थों का बोध होगा, पट का नहीं। अर्थात् किसी भी पदार्थ का ग्रहण नहीं हो पायेगा, क्योंकि प्रत्येक पद स्ववाच्येतर का ग्राहक होगा।[29]

पूर्वपक्षी शङ्का करता है कि यदि अहम् शब्द आत्मा का वाचक है तो देवदत्त द्वारा प्रयुक्त अहम् शब्द से सोमदत्त तथा यज्ञदत्त नामक शरीरों में स्थित आत्मा का भी ग्रहण हो जायेगा। इसका निराकरण करते हुये व्योमवतीकार कहता है कि यह बिल्कुल अनर्गल तर्क है क्योंकि किसी को भी 'अहं' शब्द से आत्मान्तर का प्रत्यक्ष नहीं होता।[30] अहं शब्द से मुझे मेरी आत्मा का ज्ञान होता है यह तथ्य प्रत्यक्षसिद्ध है इसमें प्रमाणान्तर की आवश्यकता नहीं है।[31]

ज्ञान के प्रति आत्मा की समवायिकारणता की सिद्धि में अनुमान प्रक्रिया-

पूर्वप्रकरण में आत्मा की सत्ता की सिद्धि तथा उसका शरीर एवं इन्द्रियों से भेद करने के पश्चात् अनुमान प्रक्रिया द्वारा उसकी समवायिकारणता का प्रतिपादन किया जा रहा है। व्योमशिवाचार्य कहते हैं-

प्रतिज्ञा-शब्दादि का ज्ञान कहीं आश्रित होता है। (शब्दादिज्ञानं क्वचिदाश्रितम्)

हेतु-गुण होने के कारण (गुणत्वात)

उदाहरण-जो गुण है, वह आश्रित है, जैसे रूपादि (यो यो गुणः स स आश्रितः यथा रूपादिः)

उपनय-उसी प्रकार ज्ञान (तथा च गुणो ज्ञानम्)

निगमन-अतः शब्दादि का ज्ञान आश्रित है। (तस्मादाश्रितम्)

इस प्रक्रिया द्वारा ज्ञान का आश्रितत्त्व सिद्ध करके व्योमशिवाचार्य कहते हैं कि जिस प्रकार रूपादि गुण अपने आश्रय में समवाय संबंध में

रहता है, उसी प्रकार शब्दादि का ज्ञान, आत्मा में समवाय संबंध से रहता है।[32]

आत्मा का प्रसाधकत्वेन (ज्ञानवत्वेन) अनुमान-

यहाँ प्रसिद्धि का अर्थ है ज्ञान, अतः प्रसाधक का अर्थ हुआ ज्ञानवान अर्थात् ज्ञान का समवायिकारण। व्योमवतीकार कहते हैं कि शब्दादिज्ञान गुण है और गुण की उत्पत्ति सदैव अपने समवायिकारण में समवेत होकर होती है। चूँकि ज्ञान एक गुण है, अतः उसका कोई न कोई आश्रय अवश्य होना चाहिये।

पुनः ज्ञान एक जन्यगुण है, अतः उसका आश्रय उसका समवायिकारण भी होता है। इस प्रकार ज्ञान के प्रसाधक के रूप में दो प्रकार से आत्मा का अनुमान होता है। प्रथम ज्ञानाश्रयत्वेन तथा द्वितीय ज्ञानसमवायिकारणत्वेन।[33]

शरीरेन्द्रियमन की ज्ञानाधिकरणता का खण्डन-

पूर्वपक्षी कहता है कि प्राणवान शरीर ही चैतन्य का आश्रय है क्योंकि प्राणवान शरीर के होने पर ही चैतन्य होता है, जबकि उसके अभाव में चैतन्य का अभाव होता है। व्योमवतीकार ने कहा है कि इस तर्क का इन्द्रियादि पर भी विस्तार किया जा सकता है।

व्योमवतीकार खण्डन करते हुये कहते हैं कि अनुमान के लिये साध्य तथा हेतु का निरूपाधिक सम्बन्ध होना चाहिये। न तो हेतु में और न ही साध्य में कोई उपाधि होनी चाहिये। किन्तु उक्त अनुमान में प्राणवत्व, शरीर की उपाधि है। अतः शरीर और ज्ञान में सोपाधिक सम्बन्ध है निरूपाधिक नहीं अतः यह अनुमान दूषित है। इन्द्रियों की ज्ञानाधिकरणता का खण्डन भी उक्त तर्क से ही कर दिया है।

इसके अतिरिक्त व्योमवतीकार किसी अन्यवादी का पक्ष रखते हुये कहते हैं कि शरीर व इन्द्रिय ज्ञान का अधिकरण नहीं हो सकते क्योंकि इनकी उत्पत्ति अचेतन द्रव्यों से हुयी है।

प्राणवान शरीर के होने पर चैतन्य होता है, जबकि प्राणवान शरीर के अभाव में चैतन्य का अभाव होता है। इससे सिद्ध होता है कि चैतन्य प्राणवान शरीर का धर्म है।[34] यहाँ पूर्वपक्ष का पुनर्निमाण का यह प्रयास आधा अधूरा रह गया है क्योंकि टीकाकार ने इन्द्रिय और मन को चैतन्य का आधार बताने के पक्ष में कोई तर्क नहीं दिया।[35] पूर्वपक्षी की इस शङ्का का समाधान करते हुये भाष्यकार कहते हैं कि शरीर, इन्द्रिय तथा मन में चैतन्य नहीं हो सकता क्योंकि वे अज्ञ है।[36] भाष्यकार के इस तर्क में अन्योन्याश्रय दोष परिलक्षित होता है, क्योंकि जिसमें चैतन्य नहीं होता, वही अज्ञ होता है। और जो अज्ञ होता है, उसमें चैतन्य नहीं होता।

इन्द्रियों एवं शरीर की अज्ञता-

इन्द्रियों की अज्ञता की स्थापना करने हेतु व्योमवतीकार निम्नलिखित तर्क देता है इन्द्रिय अज्ञ है क्यांकि इन्द्रियों को कार्य (= जन्य ज्ञान) का ज्ञान नहीं होता।[37] यद्यपि व्योमवतीकार ने इस तर्क का विस्तार नहीं किया है किन्तु न्याय की शैली में इस तर्क का विस्तार निम्न रूप में किया जा सकता है- प्रत्यक्षादि ज्ञानों में 'ज्ञानवानहम्' यह जन्य ज्ञान का बोध आत्मा का होता है, न कि इन्द्रिय को। अतः इन्द्रिय अज्ञ है।

पूर्वपक्षी पुनः दोष दिखाते हुये कहता है कि यहाँ इतरेतराश्रय दोष है क्योंकि इन्द्रिय की अज्ञता, कार्य अज्ञान से तथा कार्य अज्ञानता, इन्द्रिय की अज्ञता से सिद्ध की जा रही है, अतः हेतु एवं साध्य में इतरेतराश्रयता है।[38]

इसका खण्डन करते हुये व्योमवतीकार कहते हैं कि घटादिकार्य अचेतन हैं, अतः इनके करण भी अचेतन (अज्ञ) होंगे। क्योंकि कार्य के

अचेतन होने पर कारण के भी अचेतन होने का अनुमान किया जा सकता है। अतः इन्द्रियों की अज्ञता सिद्ध है। पुनश्च इन्द्रियों के कारण परमाणुओं को चेतन नहीं माना जा सकता, क्योंकि यदि शरीर व इन्द्रियों का घटक प्रत्येक परमाणु चेतन हो तो इन्द्रियों के विषय विशेष से प्रतिसन्धान आदि व्यवहार सिद्ध नहीं हो पायेगा।[39] इसी प्रकार शरीर की अज्ञता की सिद्धि भी व्योमवतीकार अनुमान द्वारा करते हैं। इस अनुमान में हेतु के रूप में भूतत्व तथा कार्यत्व को लिया गया है।

करणों से आत्मानुमान-

आत्मा का अनुमान करणों से करते है और करण का अनुमान शब्दादि की उपलब्धि से करते हैं क्योंकि शब्दाद्युपलब्धि कार्य है, अतःकरण की अपेक्षा है।

ज्ञान के कर्ता के रूप में आत्मा की सिद्धि

प्रतिज्ञा-चक्षुरादीनिकर्तृप्रयोज्यानि

हेतु-करणत्वात्

उदाहरण-वास्यादिवत्

व्याप्ति-यत्र[2] करणत्वम् तत्र[2] कर्तृप्रयोज्यत्वम्। यथा- वास्यादिषु।

इस अनुमान से चक्षुरादिकरणों के प्रयोजक के रूप में आत्मा की सिद्धि होती है।

इन्द्रिय के कर्तृत्व का निरास-

इन्द्रियाँ करण है अतः कर्ता नहीं हो सकती जिस प्रकार वसूला स्वयं द्विदिक्रिया का कर्ता नहीं होता, क्योंकि वह द्विदिक्रिया का करण है और करण, कभी कर्ता नहीं हो सकता।

इन्द्रियों में चैतन्य नहीं होता अर्थात् इन्द्रियाँ ज्ञान का अधिकरण नहीं है। क्योंकि इन्द्रियों का उपघात होने पर भी पूर्व अनुभूत विषयों का

अनुस्मरण होता है। पुनश्च अनुभवकर्ता ही अनुस्मर्ता हो सकता है। अतः यदि इन्द्रियाँ ही ज्ञान का कर्ता होती हो उनके उपघात के बाद पूर्वानुभूत विषयों का अनुस्मरण न होता। अतः इससे सिद्ध हुआ कि इन्द्रियाँ ज्ञान का कर्ता नहीं है।

मन के कर्तृत्व का निरास-

मन में चैतन्य नहीं होता। अर्थात् मन ज्ञान का कर्ता नहीं है। यदि मन ही ज्ञान का कर्ता होगा तो उसे प्रत्यक्ष तथा स्मृति दोनों प्रकार के ज्ञान युगपत् हो जायेंगे। अर्थात् जिस पक्ष में मन ही ज्ञान का कर्ता तथा अधिष्ठान है उस पक्ष में मन में पूर्वानुभूत विषयों का संस्कार भी रहेगा। मन के अतिरिक्त हम कोई अन्य करण मान नहीं रहे। अतः मन में रहने वाले संस्कार से प्रत्येक समय अनुस्मृति बनी रहेगी और युगपद ही घटादि विषयों का प्रत्यक्ष भी मन को होगा। इस प्रकार आत्मा को न मानकर मन को ही ज्ञान का कर्ता मानने पर अनुभव तथा स्मृति युगपत् होंगे, जो कि असम्भव है। अतः मन ज्ञान का कर्ता नहीं हो सकता।

अतः शरीरेन्द्रियमन से पृथक् कोई ज्ञान का कर्ता होना चाहिये वही आत्मा है।

पुनः मन के कर्तृत्व के निरासार्थ यह कह दिया गया है कि मन स्वयं करण है, अतः वह कर्ता नहीं हो सकता। पारिशेष्यात् आत्मा नामक पृथक् द्रव्य को ही ज्ञान का कर्ता स्वीकार किया गया।

शरीर के अधिष्ठाता के रूप में आत्मा की सिद्धि-

शरीर में प्रवृत्ति, निवृत्ति दोनों क्रियायें समवाय संबंध से रहती है, अब इन क्रियाओं का कोई न कोई संकल्पवान प्रयोजक होना आवश्यक है, जैसे संकल्पवान सारथि के बिना रथ में प्रवृत्ति उत्पन्न नहीं होती, उसी प्रकार किसी संकल्पवान प्रयोजक के बिना शरीर में प्रवृत्ति, निवृत्ति उत्पन्न

नहीं हो सकती अतः इस प्रकार प्रयोजक के रूप में आत्मा, शरीर का अधिष्ठाता है।

प्राणादिवायु से भी आत्मा की शरीर के अधिष्ठाता के रूप में सिद्धि होती है। जड़ शरीर श्वास–प्रश्वासक्रिया का संचालक नहीं हो सकता, इस क्रिया हेतु किसी संकल्पवान अधिष्ठाता की आवश्यकता है वही आत्मा है।

आत्मा के गुण–

वैशेषिक दर्शन के अनुसार आत्मा में ये चतुर्दश गुण माने गये हैं– बुद्धि, सुख, दुःख, इच्छा, द्वेष, प्रयत्न, धर्म, अधर्म, संस्कार, संख्या, परिमाण, पृथक्त्व, संयोग और विभाग।[40] इनमें से प्रथम नौ तो आत्मा के विशेष या वैशेषिक गुण हैं जबकि अन्तिम पाँच आत्मा के अतिरिक्त अन्य द्रव्यों में भी पाये जाते हैं, अतः सामान्य गुण हैं। आत्मा के इन गुणों पर सिद्धान्तमतानुसार कुछ विस्तृत विचार करना समीचीन रहेगा–

(1) बुद्धि या ज्ञान– वैशेषिक दर्शन में ज्ञान, उपलब्धि, बुद्धि तथा प्रत्यय– ये सभी पद पर्याय माने गये हैं। इसके विपरीत, सांख्य–दर्शन में बुद्धि या महत् तो प्रकृति का प्रथम विकार कहा गया है, ज्ञान को उस बुद्धि का कार्य माना गया है तथा उपलब्धि निष्क्रिय पुरुष से सम्बद्ध रखी गई है।[41] यद्यपि आत्मा में ज्ञान गुण का अस्तित्व प्रत्यक्षसिद्ध है, तथापि माहात्म्य अथवा आदरवश प्रशस्तपाद ने इसमें सूत्रकार की सम्मति भी सूचित की है– 'आत्मा के लिंग–बोधक सूत्र से ही आत्मा में ज्ञान से प्रयत्नपर्यन्त नौ गुणों की सिद्धि हो जाती है।'[42] व्योमवतीकार ने कहा है कि 'यद्यपि इस सूत्र में शब्दतः ज्ञान या बुद्धि का निर्देश नहीं किया गया, तथापि सुखादि ही अपनी कारणरूप होने से उसका आक्षेप या अन्तर्भाव कर लेते हैं, चूँकि यह तो स्पष्ट ही है कि अन्य की आत्मा में समवेत इष्टादिबुद्धि से अन्य को सुखानुभूति होनी चाहिए थी। **'इन्द्रियान्तरविकार'**

से आत्मा का उभयदर्शित्व प्रतिपादित करके भी सूत्रकार ने बुद्धि को आत्मा का गुण सिद्ध कर दिया है।'[43]

ज्ञान आत्मा का गुण है, स्वरूप नहीं- इस प्रकार, स्पष्ट हो जाता है कि वैशेषिक दर्शन में ज्ञान को आत्मा का गुण या धर्म माना गया है, उसका स्वरूप नहीं। इसलिए व्योमवतीकार की उक्ति समीचीन ही है कि- 'स्वरूपतः आत्मा जड़ या अचेतन है, किन्तु इन्द्रिय एवं विषय का मन के साथ संयोग होने पर आत्मा में चैतन्य की उद्भूति हो जाती है। यदि आत्मा चैतन्यस्वरूप या ज्ञानस्वरूप होती, तो सभी जीव सर्वज्ञ हो जाते, जो कि सर्वथा असंभव है। अतः यही सिद्धान्तमत उपयुक्त है कि यद्यपि ज्ञान आत्मा में समवेत होकर रहता है, तथापि वह उसका सार्वकालिक नहीं, आगन्तुक धर्म है।'

यह ज्ञान अनित्य या जन्य है- आत्मा में समवेत रहने वाले 'ज्ञान' से वैशेषिकों का अभिप्राय मन, इन्द्रिय तथा विषय के संयोग से उत्पन्न ज्ञान से है, यह तो स्पष्ट है, किन्तु यहां यह शंका उत्पन्न होती है कि आत्मा का धर्म यह ज्ञान स्वयं नित्य माना जाये या अनित्य? चूँकि उसका आश्रय द्रव्य आत्मा तो नित्य ही है। उदाहरण के लिए 'स्पर्शरहितत्व' आकाश जैसे नित्य द्रव्य का गुण होने के साथ-साथ कर्म जैसे अनित्य पदार्थ का भी धर्म है, अतः यह प्रश्न उठना सर्वथा स्वाभाविक है कि जो गुण नित्य और अनित्य दोनों प्रकार के द्रव्यों से सम्बद्ध होते हैं, उन्हें नित्य माना जायेगा या अनित्य?

इस प्रश्न का उत्तर न्याय-वैशेषिक दर्शन के अनुसार यह दिया गया है कि सुख-दुःखादि की भाँति ही आत्मा में रहने वाला ज्ञान गुण भी अनित्य ही है, क्योंकि वह मन का इन्द्रिय एवं विषय के साथ संयोग होने पर आत्मा में 'जन्य' है तथा 'मैं जानता हूँ' 'मैंने जाना' और 'मैं जानूंगा', आदि वाक्यों से भी ज्ञान की त्रिकालिकता का बोध होता है, जो कि ज्ञान के नित्य होने पर संभव नहीं है।[44] अतः यह तो सिद्ध है कि ज्ञान या बुद्धि

अनित्य अर्थात् जन्य गुण है किन्तु ज्ञान की अनित्यता का तात्पर्य ज्ञान का क्षणिकत्व कदापि नहीं है, जैसा कि बौद्ध विज्ञानवादी मानते हैं। साथ ही, यह भी उल्लेखनीय है कि परमात्मा का ज्ञान तो न्याय-वैशेषिक में भी नित्य ही माना गया है।

(2-3) सुख-दु:ख- इन्द्रिय तथा अर्थ के सन्निकर्ष से, जीव के धर्म से सहचरित इष्ट उपलब्धि जब आत्मा एवं मन के संयोग से उत्पन्न होती है, उस प्रतीति को सुख कहते हैं। स्नेह, अनुग्रह आदि इसके कार्य है। अतीत विषयों के सन्दर्भ में यह स्मृतिजन्य होता है, अनागत विषयों के सन्दर्भ में संकल्पजन्य तथा अतीत एवं अनागत विषयों के स्मरण तथा संकल्प के न रहने पर भी जो ज्ञानी पुरुषों को सुख का अनुभव होता है, वह उनके अपने आत्मतत्त्वज्ञान, शम, सन्तोष एवं धर्मविशेष से जन्य होता है।[45] व्योमवतीकार ने प्रशस्तपाद के इस सुख-लक्षण को विवृत करते हुए कहा है कि- यह नहीं कहना चाहिए कि विवेकी व्यक्ति के लिए सारे अनुभव दु:खस्वरूप ही होते हैं, चूँकि उसे भी अनुग्रहात्मक सुख की अनुभूति होती ही है। इसीलिए यह भी ध्यातव्य है कि केवल दु:ख का अभाव सुख नहीं है तथा केवल सुख का अभाव दु:ख भी नहीं है। अपितु वे दोनों भिन्न-भिन्न कारणों से जन्य होते हैं एवं उनकी तीव्र, तीव्रतर आदि रूप से प्रतीति होती है।[46]

इसी भाँति विषप्रभृति अनभिप्रेत विषयों के सामीप्य, उनके साथ इन्द्रियों का संयोग एवं जीव के अधर्म से सहकृत मन और आत्मा का संयोग होने पर दु:ख उत्पन्न होता है। वह भी अतीत विषयों में स्मृतिज तथा अनागत में संकल्पज होता है। तात्पर्य यह है कि दु:ख की उत्पत्ति ही अपने आश्रयीभूत आत्मा की इच्छा के प्रतिकूल होती है, अत: वह अपनी उत्पत्ति के द्वारा आत्मा का 'अपहनन' करती है, इसीलिए दु:ख के रहने पर आत्मा का दु:खानुभव रूप उपघात होता है।[47]

इस प्रकार, सुख-दुःख आत्मा के गुण है, यह सिद्ध हो जाता है अर्थात् आत्मा इन ज्ञान, सुख, दुःखादि गुणों का कर्त्ता तथा भोक्ता है। अन्य शब्दों में, आत्मा ज्ञानवान्, सुखवान् तथा दुःखवान् है।

अतः यह स्पष्ट है कि वैशेषिक दर्शन में आत्मा को ज्ञान का कर्त्ता तथा सुख-दुःख का भोक्ता माना गया है।

(4) इच्छा- इच्छा भी आत्मा में ही रहने वाला विशेष गुण है, 'अप्राप्त की कामना ही इच्छा है'- ऐसी प्रशस्तपाद की उक्ति है। यह आत्मा तथा मन के संयोग से सुख अथवा स्मृति से सहकृत होने पर जन्म लेती है।[48] यह इच्छा अपने लिए भी हो सकती है और दूसरे के लिए भी।

(5) द्वेष- द्वेष भी आत्मा का विशेष गुण अथवा लिंग है, यह वह भावना है जिससे व्यक्ति स्वयं को जलता हुआ सा अनुभव करता है। दुःख या उसकी स्मृति से सहचरित होने पर यह आत्मा व मन के संयोग से जन्म लेता है।[49]

(6) प्रयत्न- प्रयत्न भी आत्मा में आश्रित होकर रहने वाला गुण है। यह दो प्रकार का होता है- जीवनपूर्वक तथा इच्छाद्वेषपूर्वक। सोते हुए पुरुष की प्राणापानादि क्रियायें जीवनपूर्वक प्रयत्न का उदाहरण है तथा इच्छा और द्वेष से जनित, आत्मा एवं मन के संयोग से उत्पन्न हिताहितप्राप्ति प्रयत्न दूसरे प्रकार के प्रयत्न है।[50]

(7-8) धर्म-अधर्म- धर्म भी आत्मा का गुण है और अधर्म भी, ऐसी प्रशस्तपाद की स्पष्ट उक्ति है।[51] विहित आचरण से धर्म तथा निषिद्ध आचरण से अधर्म उत्पन्न होता है, किन्तु चिरध्वस्त कर्म का फल चिरकाल के अनन्तर प्राप्त होता है, अतः व्यापार-रूप में धर्म-अधर्म की सिद्ध हो जाने पर भी आत्मा में उनकी सत्ता का कोई प्रमाण न होने से धर्म-अधर्म आत्मा के गुण नहीं माने जा सकते; पूर्वपक्ष की इस शंका का समाधान सूत्रकार कणाद के इस सूत्र से ही हो जाना चाहिए कि[52]- 'एक

आत्मा के गुण दूसरी आत्मा के गुणों में अकारण होते हैं।'[53] अर्थात् जैसे एक आत्मा का धर्मरूप गुण दूसरी आत्मा में सुख का उत्पादन नहीं कर सकता, वैसे ही एक आत्मा का धर्म या अधर्म दूसरी आत्मा में धर्म या अधर्म को भी उत्पन्न नहीं कर सकता। इसी से यह सिद्ध हो जाता है कि 'धर्म और अधर्म आत्मा के गुण है।' आशय यह है कि अन्य में समवेत धर्माधर्म से अन्य को सुख-दुःख की अनुभूति नहीं हो सकती, अन्यथा कृतहान तथा अकृताभ्यागम दोष होगा, अतः यही मानना उचित है कि धर्म व अधर्म भी आत्मा में समवेत रहने वाले विशेष गुण हैं जिनसे सुख-दुःख की नियत उत्पत्ति होती है।[54]

व्योमशिवाचार्य ने इस स्थल पर किन्हीं पूर्वपक्षियों का यह मत भी तिरस्कृत किया है कि 'किसी दाता के दान का धर्म प्रतिमाह का धर्म हो जाता है अथवा पुत्री का सुख जामाता की सुखानुभूति का हेतु होता है, अतः एक के धर्म से दूसरे में धर्म या सुख की उत्पत्ति देखी जाती है।' सिद्धान्ती के अनुसार यह मत सर्वथा अयुक्त ही है, चूँकि एक के धर्म से दूसरे में सुखानुभूति उत्पन्न हो, यह अनुभव-विरुद्ध है। हाँ, पुत्री के मुख-प्रसादादि लक्षणों से अनुमित सुख के द्वारा जामाता को भी मानस सुख का अनुभव अपने धर्म के द्वारा ही होता है।[55] अतः यही सिद्धान्तमत समीचीन है कि- एक आत्मा के धर्म-अधर्म से दूसरे को सुख-दुःख का अनुभव नहीं हो सकता, इसलिए यही सिद्ध होता है कि धर्म-अधर्म भी आत्मा के विशेषगुण है। श्रुति भी इसमें प्रमाण है कि- **'यावदात्मनि धर्माधर्मौ तावदायुः शरीरमिन्द्रियाणि विषयाश्चेति। तथा क्षीयन्ते चास्य कर्माणीति।'**[56] इसलिए धर्म-अधर्म आत्मा के ही गुण है।

(9) संस्कार- प्रशस्तपाद का वचन है कि 'महर्षि कणाद ने संस्कार को स्मृति का कारण कहा है, अतः आत्मा में संस्कार ('भावना' नामक) गुण भी है।'[57] तात्पर्य यह है कि स्मृति भी एक कार्य है, अतः उसका कोई-न-कोई कारण तो होना ही चाहिए। अनुभव वह कारण नहीं हो

सकता, चूँकि अनुभव का नाश होने पर भी स्मृति तो उत्पन्न होती है- अतः स्मृति का कोई अन्य ही असाधारण कारण होना चाहिए।[58] इस प्रकार, यह स्पष्ट है कि अनुभव के द्वारा आत्मा में संस्कार का आधान होने पर भी स्मृति की उत्पत्ति होती है, अतः संस्कार भी आत्मा का गुण सिद्ध होता है। इस विषय में उदयनाचार्य का विचार है कि चूँकि अन्य के संस्कार से अन्यत्र स्मृति उत्पन्न नहीं हो सकती, अन्यथा देवदत्त के द्वारा अनुभूति विषय यज्ञदत्त को स्मरण रहे, यह प्रसंग उपस्थित हो जायेगा, अतः संस्कार भी अनुभव (ज्ञान) का समानाश्रय है, अर्थात् आत्मा का गुण है, यही सिद्ध हो जाता है।[59]

(10) संख्या- वैशेषिक दर्शन के अनुसार आत्मा एक द्रव्य है, अतः 'द्रव्यत्व' हेतु से ही उसमें 'संख्या' सामान्य-गुण सिद्ध होने पर भी यह प्रश्न उठता है कि क्या यह संख्या पृथिव्यादि की भाँति बहुत्व है या आकाश की भाँति एकत्व?[60]

आत्म-नानात्व-सिद्धि-

इस प्रश्न का उत्तर सूत्रकार कणाद की **'व्यवस्थातो नाना'** इस उक्ति में ही मिल जाता है,[61] अर्थात् इस सूत्र-वचन से ही आत्म-नानात्व की सिद्धि होती है, ऐसा प्रशस्तपाद का विचार है।[62] अन्य शब्दों में, इस सूत्र में आत्मा की नानात्व-सिद्धि की गई है, अतः आत्मा में बहुत्व संख्या होती है, यह सिद्ध है।[63]

'व्यवस्था'- आत्म-द्रव्य की इस बहुत्व या नानात्व-सिद्धि का आधार वैशेषिक दर्शन में व्यवस्था को बनाया गया है, अतः यह जिज्ञासा होनी सर्वथा स्वाभाविक है कि इस 'व्यवस्था' का अभिप्राय क्या है? व्योमवतीकार के अनुसार व्यवस्था का तात्पर्य है- जगत् में दृश्यमान जीवों का परस्पर भेद अथवा 'सुख-दुःखादि-नियम'[64] अर्थात् संसार में यह व्यवस्था दिखाई देती है कि एक सुखी है, दूसरा दुःखी तथा तीसरा इच्छावान्। अब यदि

सब मनुष्यों में एक ही आत्मा मानी जाये, तो एक के सुखी होने पर सबको सुखी होना चाहिए तथा एक के दु:खी होने पर सबको दु:खी होना चाहिए, जो कि अव्यवस्था होगी। यदि कहा जाये कि शरीर-भेद से ही व्यवस्था मान लेनी चाहिए, अनेक आत्मायें मानना उचित नहीं, तो सिद्धान्ती के अनुसार यह संभव नहीं होगा। चूँकि बाल्य, कौमार्य एवं यौवन-अवस्थाओं में शरीर का भेद होने पर भी एक ही आत्मा के रहने से 'मैंने बाल-दश में सुख पाया' इत्यादि प्रतीतियाँ होती है; वैसी प्रतीतियाँ सभी व्यक्तियों को (एक आत्मा होने से) होनी चाहिए, जो कि नहीं होती। अत: आत्मा अनेक है- यही सिद्ध होता है। व्योमवतीकार ने इस 'व्यवस्था' की व्याख्या निम्न रीति से की है-

(अ) प्रथमत:, हम देखते हैं कि जगत् में कुछ जीव तो बद्ध हैं और उन्हें, जन्मजन्मान्तर-श्रृंखला से गुजरना पड़ता है जबकि कुछ जीव मुक्त हो चुके हैं। यदि संसार के सभी जीवों में एक ही आत्मा होती, तो एक की मुक्ति होते ही सभी को मुक्त हो जाना चाहिए था और संसार को भी विरत हो जाना चाहिए था। अत: एक आत्मा नहीं मानी जा सकती, जगत् में अनेक आत्मायें हैं, यही नियम बन्ध-मोक्ष की व्यवस्था से स्थिर होता है।[65]

(आ) दूसरी व्यवस्था यह है कि जगत् में एक आत्मा तो ईश्वर या परमात्मा है जबकि अन्य सभी आत्मायें अनीश्वर है। यह नहीं कहा जा सकता कि जगत् में ईश्वर है ही नहीं, चूँकि हम लोगों को अपनी आत्मा में सर्वज्ञता या सर्वकर्तृत्व की अनुभूति नहीं होती, अपितु उपदेश की अपेक्षा एवं इच्छा का विघात ही प्रतीत होता है, तथा हम यत्न भी करते है। अत: आत्मायें अनेक होती है, यही सिद्धान्त समीचीन है।[66]

(इ) अन्तिम व्यवस्था यह है कि संसार में कोई सुखी है और कोई दु:खी, अत: सबमें एक आत्मा कैसे मानी जा सकती है। यदि

पूर्वपक्षी की शंका हो कि जैसे- 'मेरे एक पैर में सुख है और दूसरे में दुःख तथा शिर में पीड़ा है, आदि एक ही व्यक्ति की अनुभूतियों की भाँति यह माना जा सकता है कि शरीर-भेद होने पर भी सबमें एक ही आत्मा है, जिसे सुख-दुःख का अनुभव होता है, तो सिद्धान्ती का मत है कि वैसा संभव नहीं है। अपितु 'जो मैं देवदत्त हूँ, वही मैं यज्ञदत्त दुःखी हूँ' आदि प्रतिसन्धान का प्रसंग होने से।'[67] अतः प्रति-शरीर में भिन्न-भिन्न आत्मा है, यही सिद्धान्त संगत है।

व्योमवतीकार ने आत्मा के अनेकत्व की सिद्धि-हेतु 'व्यवस्था' की व्याख्या इस रीति से की है- 'एक व्यक्ति के ज्ञानसुखादि का दूसरे को स्मरण नहीं होता, अतः ज्ञान-सुखादि का यह अप्रतिसन्धान ही व्यवस्था है अर्थात् यदि आत्मा एक ही मानी जाये, तो फिर जैसे बाल्यावस्था में अनुभूत विषय का वृद्धावस्था में स्मरण होता है, वैसे ही अन्य देहों के द्वारा अनुभूत विषयों का स्मरण भी दूसरों को हो जाना चाहिए क्योंकि अनुभविता आत्मा तो सभी देहों में एक ही है, किन्तु ऐसा नहीं होता, अतः प्रत्येक शरीर में रहने वाली आत्मा भिन्न-भिन्न है, यही सिद्ध होता है।'[68]

यदि पूर्वपक्षी कहे कि जैसे आकाश के एक होने पर भी कर्णशष्कुली रूप उपाधि के भेद से आकाश से ही शब्द सुने जाते हैं, उसी प्रकार आत्मा के एक होने पर भी देहरूप उपाधि के भेद से ही आत्मा भिन्न-भिन्न सुखादि का स्मरण करेगा, अन्यों का नहीं यह 'व्यवस्था' भी तो की जा सकती है; इसके लिए अनेक आत्मायें मानने की क्या आवश्यकता है? तो सिद्धान्ती का उत्तर है कि आत्मा के साथ आकाश का जो साम्य पूर्वपक्षी ने प्रस्तुत किया है, वही भ्रामक है। शब्दोपलब्धिजन्य भिन्नता तो शब्द-ग्राहक इन्द्रियों तथा धर्माधर्मसहकृत अन्य उपाधियों के भेद से व्याख्यात की जा सकती है, किन्तु आत्मा को एक मान लेने से तो धर्माधर्मजन्य व्यवस्था ही न रहेगी, फिर सुख-दुःखादि का भी कोई

आधार न रहेगा, चूँकि मन का सम्बन्ध तो सभी आत्माओं व देहों के साथ समान ही है, अतः उक्त आक्षेप असंगत एवं सिद्धान्तमत ही संगत है; यह सिद्ध हो जाता है। श्रीधराचार्य ने यह स्पष्ट कर दिया है कि यद्यपि अनेकात्मवादी के मत में भी आत्मा सभी मूर्त्त द्रव्यों के साथ सम्बद्ध है, फिर भी उस स्थिति में भोग के सर्वसाधारणत्व की आपत्ति नहीं होती है, क्योंकि जिस आत्मा के कर्म (अदृष्ट) से जो शरीर उत्पन्न होगा, वह उसी आत्मा के भोग का आयतन होगा, अन्य आत्माओं के भोग का नहीं और जिस आत्मा के कर्म (अदृष्ट) से जो शरीर उत्पन्न होगा, वह उसी आत्मा के भोग का आयतन होगा, अन्य आत्माओं के भोग का नहीं और जिस आत्मा के शरीर से जो कर्म (अदृष्ट) उत्पन्न होगा, वह भी उसी आत्मा का होगा, अन्य आत्माओं का नहीं। अतः प्रतिशरीर में भिन्न-भिन्न आत्मायें हैं, यह मत सर्वथा उपयुक्त सिद्ध होता है।[69]

यदि पुनरपि पूर्वपक्ष की ओर से कहा जाये कि शरीर-भेद से अनन्त जीव मानने की अपेक्षा जीवात्मा और परमात्मा- ये दो ही मान लेने से सब व्यवस्थायें ठीक हो जाती हैं, तो सिद्धान्तपक्ष का समाधान यह होगा कि ऐसा मानने से भी अद्वैत सिद्धान्त भी खण्डित हो ही जायेगा; साथ ही, **'अनेन जीवेनात्मनानुप्रविश्य नामरूपे व्याकरवाणि'** आदि श्रुतियाँ भी बाधित होंगी तथा व्यवस्था की उक्त अनुपपत्ति भी रहेगी, अतः **'नानात्मानो व्यवस्थातः'** सूत्रकार की यह उक्ति तथा उसके आधार पर वैशेषिक दर्शन का अनेकात्मवाद सिद्धान्त ही उचित है।[70] इस प्रकार, कन्दलीकार ने सूत्रकार द्वारा प्रवर्तित आत्म-नानात्व के सिद्धान्त के विरुद्ध संभावित सभी आक्षेपों का युक्तिपूर्वक निराकरण कर, उसे संगत सिद्ध किया है।

वादिवागीश्वर का मत- 'मानमनोहरकार' की भी यही मान्यता है कि आत्मा को एक न मानकर शरीर के भेद से नाना मानना होगा, अन्यथा उच्चावचभाव की स्थापना न हो सकेगी। उन्होंने अपनी इस मान्यता के

समर्थन में श्रुति-प्रमाण भी प्रस्तुत किया है[71] जिसका संकेत स्वयं सूत्रकार ने भी दिया था।[72] उन्होंने अद्वैत-वेदान्ती के द्वारा लगाये गये इस आक्षेप का कि- 'यदि वस्तुतः आत्मायें अनेक हैं, तो **'नेह नानास्ति किञ्चन'** तथा **'मृत्योः स मृत्युमाप्नोति य इह नानेव पश्यति'** आदि श्रुतिवाक्यों में आत्मनानात्व की निन्दा क्यों की गई है?'- समाधान इस प्रकार किया है कि ज्ञानाधारत्वादि रूप से आत्मा में एकता स्थापित करने के लिए नानात्व-दर्शन के अभाव में यहाँ श्रुति का प्रयोग गौण या औपचारिक समझना चाहिए।[73]

अभेद-प्रतिपादक श्रौतवाक्य औपचारिक है- व्योमशिवाचार्य का विचार है कि एकत्व-प्रतिपादक श्रुतिवाक्यों की व्याख्या परमात्मा के सन्दर्भ में कर लेनी चाहिए,[74] अतः उससे आत्मा के अनेकत्व-सिद्धान्त का बाध नहीं होगा। कन्दलीकार का भी यही अभिमत है कि जीव और ब्रह्म में अभेद प्रतिपादन करने वाली सभी श्रुतियाँ गौण या औपचारिक है।[75] शंकरमिश्र ने भी यही प्रतिपादित किया है कि **'द्वे ब्रह्मणी वेदितव्ये'** तथा **'द्वा सुपर्णा सयुजा'** आदि श्रौतवाक्यों से आत्मा अनेक है, यही सिद्ध होता है।[76]

नानात्व-व्यवस्था जीवात्माओं की है, परमात्मा की नहीं- व्योमवतीकार ने आत्माओं का बहुत्वा सिद्ध करते समय यह भी स्पष्ट कर दिया है कि यह बहुत्व- व्यवस्था जीवात्माओं की ही है, ईश्वर या परमात्मा की नहीं अर्थात् परमात्मा तो एक ही है। चूँकि व्यवस्था है, अतः जीवात्मा तो परस्पर तत्त्वतः भिन्न-भिन्न हैं, किन्तु परमात्मा से भिन्न किसी अन्य परमात्मा की स्थिति का पोषक कोई प्रमाण नहीं- अतः ईश्वर एक ही है। अनेक जीवात्माओं की सत्ता में ऐकात्म्यश्रुतिविरोध भी नहीं, चूँकि **'मुमुक्षुणा सर्वं विहाय स्वात्मप्रतिष्ठेन भवितव्यम्'** आदि श्रौतवाक्य जीव को एक या अभिन्न मानकर नहीं कहे गये हैं।[77] अतः जीवात्मा अनेक हैं, यही मत उपयुक्त है।

इस प्रकार, वैशेषिक दर्शन के विभिन्न विद्वानों ने यही मत प्रतिपादित किया है कि प्रतिशरीर में आत्मायें भिन्न-भिन्न, अतः अनेक है। इसी प्रसंग में अद्वैतवादी, एकात्मवादी वेदान्त दर्शन की ओर से उठाये गये प्रायः सभी आक्षेपों का समाधान भी अनेकशः कर दिया गया है।

इस प्रकार, वैशेषिक मत से यह सिद्ध हो जाने पर कि व्यवस्थावश, प्रत्येक शरीर में भिन्न-भिन्न होने से, आत्मायें अनेक हैं- कुछ अन्य जिज्ञासायें उद्भूत होनी स्वाभाविक हैं, यथा-

(अ) यह 'व्यवस्था' किस कारण से है?

(आ) इस 'व्यवस्था' का कारण इसी लोक में सक्रिय रहता है अथवा इस जन्म के अनन्तर भी?

(इ) क्या 'मोक्ष' दशा में भी आत्मा इस व्यवस्था से प्रभावित होती है?

विश्लेषण के अनन्तर यह तो सर्वथा स्पष्ट हो जाता है कि सिद्धान्तमतानुसार यह व्यवस्था जीवों के पूर्व कर्मों अथवा 'अदृष्ट' से संचालित होती है। अतः जब तक अदृष्ट सक्रिय रहेगा, तब तक यह व्यवस्था भी जारी रहेगी, यह निश्चित है। यह भी स्पष्ट ही है कि यह व्यवस्था जीव की मृत्यु या परलोक-गमन के अनन्तर भी सक्रिय रहती है, तभी तो कुछ आत्मायें स्वर्ग जाती हैं, कुछ नरक तथा इसी के कारण पुनर्जन्म में योनि आदि का निर्धारण होता है।

किन्तु, केवल अन्तिम प्रश्न अनुत्तरित रह जाता है कि मोक्ष के अनन्तर आत्माओं की क्या संख्या रहती है- एक या अनेक? चूँकि आत्मा की मुक्ति का तात्पर्य है- अदृष्टजन्य फलभोग की निवृत्ति तथा व्यवस्था का विराम। अतः जब किसी प्रकार की व्यवस्था नहीं रहती, तब आत्माओं को अनेक मानने का कोई हेतु भी नहीं रह जाता। संभवतः इसी दृष्टि से वैशेषिक दर्शन के अर्वाचीन भाष्यकार चन्द्रकान्त तर्कालंकार ने यह मत

प्रतिपादित किया है कि मुक्ति दशा में केवल एक, अभिन्न, आत्मा ही स्वरूपतः विद्यमान रहती है, अर्थात् इस व्यवहारभूमि पर तो आत्मायें व्यवस्थावश नाना ही हैं, किन्तु इस व्यवहारभूमि से परे आत्माओं का भेद या नानात्व नहीं रहता, यह शास्त्र-सामर्थ्य से सिद्ध है।[78] जैसा कि स्पष्ट ही है, यदि चन्द्रकान्त के इस मत का सूक्ष्म अन्वेषण किया जाये तो यह अद्वैत-वेदान्त की ही मान्यता प्रतीत होगी, चूँकि वहाँ भी व्यावहारिक दृष्टि से तो शरीर-भेद के आधार पर अनेक जीवों की सत्ता मानी ही गई है, यद्यपि तत्त्वतः एक ही ब्रह्म परमार्थ सत् माना गया है। अतः इस दृष्टि से तो अद्वैत वेदान्त एवं वैशेषिक दर्शन की मान्यता में कोई अन्तर न रह जायेगा। इसीलिए चूँकि चन्द्रकान्त का मत वैशेषिक दर्शन की मूल मान्यता पर ही कुठाराघात करता है, मान्य प्रतीत नहीं होता।

सिद्धान्तमतानुसार, आत्मा की भाँति मन भी अनन्त व नित्य है तथा आत्मा व मन का संयोग भी नित्य माना गया है। इसीलिए, जीवात्मा के मुक्त हो जाने पर भी 'मनस्' उसके साथ संयुक्त ही रहता है और उसी कारण जीवात्मा मुक्त-दशा में भी अपना 'वैशिष्ट्य' बनाये रखती है; यद्यपि वह अदृष्ट तथा पूर्व कृत्यों के भोग से सर्वथा असंपृक्त हो चुकी है। इस प्रकार, बद्धावस्था में भी एवं मुक्तावस्था में भी, आत्मायें अनेक हैं- वही वैशेषिक मत सिद्ध होता है।[79]

(11) परिमाण- सूत्रकार के अनुसार आत्मा सर्वव्यापक है, अतः उसका परिमाण 'विभु' अथवा 'परममहत्' है। इस सूत्र का तात्पर्य स्पष्ट करते हुए व्योमवतीकार ने कहा है कि जिस प्रकार आकाश द्रव्य मूर्त्तद्रव्यों की संयोगितारूप विभव (व्यापकता) से परममहत्परिमाण वाला है, उसी प्रकार उक्त हेतु से ही आत्मा द्रव्य भी परममहत्परिमाण का आश्रय है। यदि आत्मा का आकाश के समान संपूर्ण मूर्त्तद्रव्यों में संयुक्त न हो तो उन-उन मूर्त्त द्रव्यों में अदृष्टवान् आत्मा के संयोग से भोगयोग्य क्रिया उत्पन्न न होगी, अतः आत्मा 'विभु' ही है।[80]

प्रशस्तपाद ने भी सूत्रकार के उक्त वचन से ही आत्मा का 'परममहत्' परिमाण स्वीकार किया है।[81] इसका तात्पर्य यह है कि धर्म-अधर्म आत्मा के गुण हैं, अतः यदि उनका आश्रय द्रव्य आत्मा विभु न माना जाये तो न तो अग्नि का ऊर्ध्व-ज्वलन संभव हो सकेगा, न ही वायु का तिर्यग्गमन और न ही परमाणु तथा मनस् की प्रथम गति संभव होगी, चूँकि धर्म-अधर्म अपने आश्रय के साथ संयोग पर ही आधृत होते हैं। आत्मा के गुण होने से, वे आत्म-संयोग के बिना कोई क्रिया उत्पन्न नहीं कर सकते, जैसे कि हाथ में क्रियोत्पत्ति के लिए भी प्रयत्न को आत्म-संयोग की अपेक्षा रहती है। अन्य किसी कारण के अभाव में, अदृष्ट को ही इनका कारण मान लिया गया है। अतः व्यापक होने से आत्मा में परममहत् परिमाण सिद्ध है।[82] किरणावलीकार के अनुसार आत्मा में विभु-परिमाण इससे भी सिद्ध है कि आत्मा के कार्य ज्ञान, सुख आदि सर्वत्र उपलब्ध होते हैं। शरीर की गति से वह संभव नहीं, चूँकि वह अमूर्त्त है।[83] अतः आत्मा का विभु परिमाण सिद्ध ही है। श्रीधराचार्य का मत है कि आत्मा का 'विभुत्व' **'तथा चात्मा'** इस सूत्र से आकाश की भाँति ही सिद्ध है। आत्मा में 'विभु' परिमाण आग की ऊर्ध्वगति और वायु की कुटिल गति से ही समझा जा सकता है, चूँकि वे दोनों अदृष्टकृत है। उन गतियों के आश्रयों में असम्बद्ध अदृष्ट उनके कारण नहीं हो सकते, क्योंकि ऐसा मानने से अतिप्रसंग होगा एवं आत्मा में समवाय-सम्बन्ध से रहने के कारण अदृष्ट का बाह्य वस्तुओं के साथ कोई साक्षात् सम्बन्ध हो ही नहीं सकता, अतः यही मानना पड़ेगा कि अदृष्ट के आश्रय आत्मा के साथ वह्निप्रभृति मूर्त्त द्रव्यों का सम्बन्ध है, और समस्त मूर्त्तद्रव्यों के साथ सम्बन्ध ही विभुत्व है।[84]

आत्मा 'विभु' है-

व्योमवतीकार के अनुसार आत्मा का परममहत् या विभु परिमाण इसलिए भी सिद्ध है कि यदि आत्मा को अणु-परिमाण माना जाये तो

सुख–दु:ख, इच्छा आदि आत्मा के गुण अतीन्द्रिय हो जायेंगे और यदि आत्मा को मध्य परिमाण माना जाये तो आत्मा को अनित्य या जन्य मानना पड़ेगा, जो कि असंभव है। अत: प्रसक्तप्रतिषेधरूप परिशेषानुमान से आत्मा में विभुत्व की सिद्धि हो जाती है।[85] अन्नमभट्ट ने भी इसी युक्ति से आत्मा में परममहत् परिमाण की सिद्धि की है कि– यदि आत्मा को अणुपरिमाण माना जाये तो शरीर के भिन्न–भिन्न भागों में होने वाले सुख–दु:खादि का भोग आत्मा एक साथ कैसे कर सकेगा और यदि उसे मध्यमपरिमाण माना जाये, तो अनित्य भी मानना होगा और फिर **'कृतनाश'** एवं **'अकृताभ्यागम'** दोष होंगे, अत: यही सिद्ध होता है कि आत्मा नित्य एवं विभु है।[86] इस स्थल पर, अथल्ये–बोडास ने एक अत्यन्त प्रासंगिक एवं रोचक प्रश्न उठाया है कि यदि आत्मा को मध्यम–परिमाण मान भी लिया जाये, तो यह परिमाण क्या होगा? या तो जैनों की भाँति उसे शरीरतुल्य परिमाण वाला माना जाये और या शरीर से छोटा अथवा बड़ा? यदि जैनों का मत ही माना जाये तो प्रश्न होगा कि शरीर की वृद्धि एवं ह्रास के साथ–साथ क्या आत्मा का परिमाण भी घटता–बढ़ता रहता है? तथा एक ही आत्मा एक जन्म में हाथी के शरीर में समाने वाली अगले जन्म में चींटी के शरीर में समाने वाली कैसे मानी जायेगी? आदि–आदि।[87]

मीमांसक मत– उल्लेखनीय है कि इस सम्बन्ध में भाट्ट मीमांसकों का मत भी सिद्धान्तमत के सदृश ही है; वे भी आत्मा को प्रतिशरीर भिन्न तथा विभुपरिमाण ही मानते हैं, एवं इस मत की पुष्टि में श्रुति प्रमाण भी उद्धृत करते हैं।[88]

(12) पृथक्त्व– प्रशस्तपाद का वचन है कि, चूँकि आत्मा में संख्या गुण है, इसीलिए उसमें पृथक्त्व भी है। व्योमवतीकार का भी यही मत है कि संख्या की सिद्धि से ही आत्मा में पृथक्त्व गुण की भी सिद्धि समझनी चाहिए, क्योंकि जहाँ संख्या रहती है वहाँ पृथक्त्व भी अवश्य रहता है।

श्रीधराचार्य ने भी यही भाव व्यक्त किया है कि संख्या की सिद्धि से ही संख्यानुरूप पृथक्त्व गुण भी आत्मा में सिद्ध हो जाता है।[89]

(13) संयोग-सुख-दुःख संयोग से उत्पन्न होते है, अतः आत्मा में संयोग गुण भी सिद्ध ही है। अन्य शब्दों में, 'व्यधिकरण' अर्थात् विभिन्न अधिकरणों में रहने वाले कारणों से उस अधिकरण में कार्य की उत्पत्ति नहीं होती, अतः सुखादि का कारण होने से ही संयोग भी आत्मा का गुण सिद्ध होता है। तात्पर्य यह है कि अन्य किसी सहकारी कारण के बिना ही यदि आत्मा सुखादि का कारण मानी जाये, तो सततोत्पत्ति प्रसंग होगा और यदि आत्मा को केवल निमित्तकारण की अपेक्षा मानी जाये, तो भी सुख-दुःखादि की सर्वत्र उत्पत्ति का प्रसंग होगा, अतः मन के साथ आत्मा के संयोग को सुख-दुःखादि की उत्पत्ति में असमवायिकारण समझना चाहिए अथवा अदृष्ट की भाँति आत्म-संयोग ज्वलन, पतन आदि क्रियाओं के करण-रूप में समझना चाहिए। अन्य शब्दों में, कहा जा सकता है कि शरीर व आत्मा का संयोग सुख-दुःखादि की उत्पत्ति में निमित्तकारण है, तथा आत्मा व मन का संयोग समवायिकारण, अतः संयोग भी आत्मा में आश्रित गुण है।"[90]

(14) विभाग- संयोग गुण का नाशक विभाग है, अतः संयोग के सिद्ध हो जाने से ही आत्मा में विभाग की भी सिद्धि हो जाती है। भाव यह है कि यदि आत्मा में विभाग नहीं माना जायेगा, तो उत्पन्न हो जाने पर आत्मा और मन का संयोग नष्ट ही न होगा- आश्रय के नाश का अभाव होने से अर्थात् आत्मा और मन दोनों ही नित्य हैं, इसीलिए सुखादि के कारणीभूत संयोग का नाश आश्रय के नाश से तो हो नहीं सकता, अतः उक्त संयोग का नाश विभाग से ही मानना पड़ेगा।[91] इस प्रकार, आत्मा में विभाग गुण भी सिद्ध हो जाता है।

निष्कर्ष

अतः उक्त विवरण के आधार पर 'आत्मा' के सम्बन्ध में न्याय-वैशेषिक

का मन्तव्य स्पष्ट हो जाता है। यद्यपि 'आत्मा' का यह सिद्धान्तसम्मत स्वरूप सर्वथा निर्दोष नहीं है, तथा औपनिषदिक अध्यात्म-तत्त्व की तुलना में यह अत्यन्त स्थूल व भौतिक भी प्रतीत होता है जैसा कि कुछ विद्वानों ने कहा भी है कि यहाँ 'आत्मा' को पृथिवी, जल, आदि भौतिक तत्त्वों के समकक्ष ही रख कर विचार किया गया है, अतः आत्मा एवं अन्य जड़ द्रव्यों के मध्य कोई विशेष अन्तर ही नहीं प्रतीत होता। किन्तु, यदि सूक्ष्म अन्वीक्षण किया जाये तो प्रतीत होगा कि उनका यह आक्षेप भी पूर्णतः सत्य एवं समीचीन नहीं है। यदि भारतीय दर्शन-परम्परा के ऐतिहासिक परिप्रेक्ष्य में विचार किया जाये तो स्पष्ट हो जाता है कि वैशेषिक दर्शन से पूर्व किसी भी दर्शन-सम्प्रदाय ने आत्मा को चेतन व पृथक् द्रव्य ही नहीं माना था, अतः यद्यपि सिद्धान्ती ने आत्मा को पृथिवी, जल आदि भूत-तत्त्वों के साथ 'द्रव्य' पदार्थ के अन्तर्गत रखा है किन्तु इसका यह अभिप्राय कदापि नहीं कि वे आत्मा को जड़ तत्त्व मानते हैं क्योंकि सब जड़ तत्त्वों का प्रतिषेध करके चैतन्य या ज्ञान गुण के आश्रयरूप में ही तो उन्होंने 'आत्मा' की सिद्धि की है। आत्मा को 'द्रव्य' पदार्थ के अन्तर्गत रखने का उनका प्रयोजन तो **'गुणाश्रयो द्रव्यम्'** इस लक्षण से ही स्पष्ट है। संभवतः वैशेषिक की आत्मा-सम्बन्धी मान्यताओं के आलोचक 'द्रव्य' की उनकी इस विशिष्ट परिभाषा को ध्यान में न रखकर उसे केवल 'भूतद्रव्य' मान बैठते हैं, इसीलिए उन्हें यह भ्रान्ति होती है।

इस दृष्टि से उमेश मिश्र का यह कथन बड़ा ही महत्त्वपूर्ण है कि 'व्यवहारिक' दृष्टि से उस परम तत्त्व के तीन रूप हैं- सत्, चित् व आनन्द। उनमें से भी अन्तिम दोनों तो प्रथम पर ही आश्रित है, क्योंकि जो वस्तु सत् ही नहीं, उसके विषय में अन्य कुछ भी कहना संभव न होगा। अतः सर्वप्रथम शरीर, इन्द्रियों, मन एवं प्राणादि से पृथक् एक परम की 'सत्ता' सिद्ध होनी चाहिए, यही कार्य भारतीय दर्शन-परम्परा में न्याय-वैशेषिक सम्प्रदाय ने किया है। 'आत्मा सत्' है केवल वही न्याय-वैशेषिक की

आत्मा के सम्बन्ध में महत्त्वपूर्ण स्थापना है। उसके चित् रूप को सांख्य दर्शन में सिद्ध किया गया है जबकि वेदान्त दर्शन में इसके आनन्द रूप को स्पष्ट किया गया है।[92]

सन्दर्भ

1. आत्मा वाऽरे श्रोतव्यो मन्तव्यो निदिध्यासितव्यः। बृहदा.उप. 2.4.5।
2. यस्य तत्त्वज्ञानं निःश्रेयसाय घटते, विपर्ययज्ञानं संसारहेतुः यदर्थानि च भूतानि। व्योम., पृष्ठ 132।
3. न कश्चिद्वाद्यात्मसद्भावे प्रतिपद्यते, किन्तु विशेषे प्रतिपद्यते। न्या.वा., पृ. 336।
4. प्राणापाननिमेषोन्मेषजीवनमनोगतीन्द्रियान्तरविकाराः सुखदुःखेच्छाद्वेष-प्रयत्नाश्चात्मनो लिङ्गानि। वै.सू. 3.2.4।
5. शरीरपरिगृहीते वायौ विकृतकर्मदर्शनाद् भस्त्राध्मापयितेव। प्र.पा.भा., पृष्ठ 134।
6. यथा हि प्रयत्नवताधिष्ठितस्य दारुयन्त्रस्य निमेषोन्मेष कर्म तथा जीवच्छशरीरस्यापीति। व्योम., पृष्ठ 135।
7. निमेषोन्मेषकर्मणा नियतेन दारुयन्त्रप्रयोक्तेव। प्र.पा.भा., पृष्ठ 134।
8. देहस्य वृद्धिक्षतभग्नसंरोहणादिनिमित्तत्वात् गृहपतिरिव। प्र.पा.भा., पृष्ठ 52।
9. तथा जीवच्छरीरं प्रयत्नवदधिष्ठितम्, वृद्धिनिमित्तत्वात् भग्नसंरोहणा-दिनिमित्तत्वाच्च, गृहवत्। व्योम., पृष्ठ 148।
10. अभिमतविषयग्राहककरणसम्बन्धनिमित्तेन मनकर्मणाः, गृहकोणेषु पेलकप्रेरक इव दारकः। प्र.पा.भा., पृष्ठ 134।
11. न्या.क., पृष्ठ 203।
12. इन्द्रियान्तरविकारात्। न्या.सू. 3.1.12।
13. नयनविषयालोचनान्तरं रसानुस्मृतिक्रमेण रसनविक्रिया दर्शनाद् अनेकगवाक्षान्तर्गतप्रेक्षकवद् उभयदर्शी कश्चिदेको विज्ञायते। प्र.पा.भा., पृष्ठ 134।

14. उभयदर्शी कश्चिदेको विज्ञायते। प्र.पा.भा., पृष्ठ 134।
15. ते न शरीरेन्द्रियगुणाः। कस्मात? अहङ्कारेणैकवाक्यत्वाभावात्, प्रदेशवृत्तित्वादयावद्द्रव्यभावित्वाद्। प्र.पा.भा., पृष्ठ 134।
16. तस्य सौक्ष्म्यादप्रत्यक्षत्वे। प्र.पा.भा., पृष्ठ 130।
17. न चायंमनुमानपूर्वकः लिङ्गलिङ्गिसम्बन्धानुस्मरणव्यापारस्यासंवेदनात। व्योम. , पृष्ठ 135।
18. नापिशब्दः, तेन विनाप्युत्पद्यमानत्वात्। व्योम., पृष्ठ 135।
19. नापि विपर्यय ज्ञानमेतद् अबाध्यमानत्वात्। व्योम., पृष्ठ 135।
20. नापि संशयज्ञानान् तद्रूपस्यासंवेदनात्। व्योम., पृष्ठ 135।
21. नन्वेवं कृशोऽहं स्थूलोऽहम् इति प्रत्ययस्तर्हि कथम्? व्योम., पृष्ठ 135।
22. मुख्ये बाधकोपपत्तेरूपचारेण। व्योम., पृष्ठ 135।
23. न चात्मान्तरेणात्मान्तरस्याप्रत्यक्षतायां स्वात्मनोऽपि तथाभावप्रसङ्गः, स्वसंविदा बाध्यमानत्वात्। व्योम., पृष्ठ 136।
24. अथात्मनः कर्तृत्वादेकस्मिन् काले कर्मत्वासम्भवेनाप्रत्यक्षत्वम्। व्योम., पृष्ठ 136।
25. ज्ञानचिकीर्षाधारत्वस्य कर्तृलक्षणस्योपपत्तेः कर्तृत्वम्। व्योम., पृष्ठ 136।
26. लक्षभभेदस्य वास्तवत्वात्। व्योम., पृष्ठ 136।
27. व्योम., पृष्ठ 135।
28. न चार्थान्तरस्यार्थान्तरस्वभावेनाप्रत्यक्षत्वं दोषः। व्योम., पृष्ठ 135।
29. सर्वपदार्थानामप्रत्यक्षताप्रसङ्गात्। व्योम., पृष्ठ 135।
30. तस्यात्मान्तराप्रत्यक्षत्वात्। व्योम., पृष्ठ 136।
31. प्रत्यक्षजञ्चेदं विज्ञानं न प्रमाणान्तरप्रभवमित्युवतन। व्योम., पृष्ठ 136।
32. समवायिकारणपूर्वकत्वं कार्यत्वाद् रूपादिवदेव। व्योम., पृष्ठ 137।
33. शब्दादिषु विषयेषु प्रसिद्धर्विज्ञानं तयां प्रसाधक। व्योम. पृष्ठ 137।
34. तेषां न चैतन्यं तत्करणानामज्ञत्वात् अचेतनकारणारब्धत्वादित्यर्थः। (कारणगुणाः कार्यगुणानारभते) दित्यर्थ। व्योम., पृष्ठ 138।
35. एवमिन्द्रियादिष्वत्यूह्यम्। व्योम., पृष्ठ 137।

36. न शरीरेन्द्रियमनसां चैतन्यम् अज्ञत्वात्। व्योम., पृष्ठ 137।
37. कार्याज्ञानात्। व्योम., पृष्ठ 138।
38. नन्वेवमितरेतराश्रयत्वम्। व्योम., पृष्ठ 138।
39. यदि च परमाणुषु चैतन्यं स्यादेकस्मिन्नेव शरीरे पुरुषानन्त्यात् प्रतिसन्धानादि व्यवहारोच्छेदप्रसङ्गात्। व्योम., पृष्ठ 138।
40. प्र.पा.भा., पृष्ठ 134।
41. सां.का. 22–23, पृष्ठ 224 एवं 226।
42. वै.सू. 2.2–4 एवं प्र.पा.भा., पृष्ठ 134।
43. उभयदर्शीकश्चिदेको विज्ञायते। प्र.पा.भा., पृष्ठ 134।
44. न्या.सू. 1.1.4 तथा न्या.क., पृष्ठ 234।
45. प्र.पा.भा., पृष्ठ 211–213।
46. व्योम., पृष्ठ 212।
47. प्र.पा.भा., पृ. 213; न्या.क., पृष्ठ 634।
48. प्र.पा.भा., पृष्ठ 134।
49. वहीं, पृष्ठ 134।
50. वहीं, पृष्ठ 134।
51. 'धर्मः पुरुषगुणः अधर्मोऽप्यालगुण:'। प्र.पा.भा., पृष्ठ 135।
52. सेतु., पृष्ठ 389।
53. 'आत्मान्तरगुणानामात्मान्तरेऽकारणत्वात्।' सू. 6.1.5।
54. व्योम., पृष्ठ 140।
55. व्योम., पृष्ठ 140।
56. व्योम., पृष्ठ 140।
57. प्र.पा.भा., पृष्ठ 54।
58. व्योम., पृष्ठ 408।
59. व्योम., पृष्ठ 149।
60. व्योम., पृष्ठ 149–150।
61. वै.सू. 3.2.20।

62. व्यवस्थावचनात् संख्या। प्र.पा.भा., पृष्ठ 135।
63. 'नानात्मानो व्यवस्थात्' इति सूत्रात् पृथिव्यादिसाम्यमित्यर्थः। सेतु., पृष्ठ 389।
64. का पुनरियं व्यवस्था? सुखदुःखादीनां नियमः। व्योम., पृष्ठ 140।
65. व्योम., पृष्ठ 139।
66. व्योम., पृष्ठ 139।
67. 'कश्चिद्रङ्कः कश्चिदाढ्यः कश्चिदन्यविधः पुनः।' व्योम., पृष्ठ 139।
68. व्योम., पृष्ठ 140।
69. न्या.क., पृष्ठ 210–211।
70. न्या.क., पृष्ठ 211।
71. मुण्ड. 3.1.1; श्वेता. 4.5, मा.मनो., पृष्ठ 41–42 पर उद्धृत।
72. शास्त्रसामर्थ्याच्च। वै.सू. 3.2.21।
73. मा.मनो., पृष्ठ 42–43।
74. यच्चैकत्वप्रतिपादक वाक्यं तत्परमात्मापेक्षया व्याख्येयम्। व्योम., पृष्ठ 140।
75. अभेदश्रुतयस्तु गौणार्था इति दिक्। न्या.क., पृष्ठ 213।
76. उप., वै.सू. 3.2.21, पृष्ठ 264।
77. किरणा., पृष्ठ 141।
78. व्यवहारभूमिकायां खलु व्यवस्थातो नाना। शास्त्रसामर्थ्याच्च प्रतिपद्यामहे एक एवात्मा व्यवहारभूमौ भिद्यते। वै.भा. 3.2.20–21।
79. व्योम., पृष्ठ 142।
80. 'विभवान्महानाकाशस्तथा चात्मा'। व्योम., पृष्ठ 142।
81. 'तथा चात्मेतिवचनात् परममहत्परिमाणम्।' प्र.पा.भा., पृष्ठ 134।
82. व्योम., पृष्ठ 141।
83. किरणा., पृष्ठ 151।
84. न्या.क., पृष्ठ 213–214।
85. 'अणुत्वे सुखादीनामतीन्द्रियत्वापत्तिः मध्यमपरिमाणत्वे च जन्यतया वीतरागजन्मापत्तिरिति।' व्योम., पृष्ठ 142।

86. स च न परमाणुः शरीरव्यापिसुखाद्यनुपलब्धिप्रसङ्गात्। न मध्यमपरिमाणः। तथा सत्यनित्यत्वप्रसङ्गे न कृतनाशाकृताभ्यागमप्रङ्गात्। तस्मान्नित्यो विभुर्जीवः। त.दी., पृष्ठ 13।
87. Athalye-Bodas, Notes on Tarka Sangraha, pp. 143-44.
88. शा.दी., पृष्ठ 259–262।
89. प्र.पा.भा., पृ. 135।
90. प्र.पा.भा., पृष्ठ 136।
91. प्र.पा.भा., पृष्ठ 136।
92. Misra, Conception of Matter According to Nyaya Vaisesika, p. 358.

सप्तम अध्याय

मनस्

सामान्य परिचय- वैशेषिक दर्शन के द्रव्य-सूची का अन्तिम द्रव्य मन है। मन की द्रव्य के रूप में स्वीकृति इस तथ्य का प्रमाण है कि वैशेषिक दर्शन न केवल बाह्य जगत् के पदार्थों को ही अपना लक्ष्य मानता है अपितु आन्तरिक एवं मानसिक प्रक्रियाओं का विश्लेषण करने का प्रयत्न भी करता है। इसी विश्लेषण क्रम के अन्तर्गत मन नामक द्रव्य की स्वीकृति हुयी है।

सामान्यतः व्युत्पत्ति की दृष्टि से मन का अर्थ केवल चिन्तन या मनन का साधन होता है।[1] किन्तु वैशेषिक दर्शन में मन का कार्यक्षेत्र अधिक व्यापक माना जाता है, चूँकि इस दर्शन के अनुसार मन केवल सुखदुःखादि आन्तरिक अनुभवों का करण नहीं, अपितु अन्य इन्द्रियों के बाह्य प्रत्यक्ष में भी सहायक स्वीकार किया गया है। यदि और भी सूक्ष्म विश्लेषण किया जाये तो स्पष्ट होगा कि वैशेषिक दर्शन में मन के इन्हीं दोनों कार्यों को प्रधानता दी गयी है- चिन्तन या मनन के साधन के रूप में मन के लक्षण को सर्वथा गौण स्थान दिया गया है।

मनस् सिद्धि-

सूत्रकार कणाद ने मन की सिद्धि में यह हेतु दिया है कि- आत्मा, इन्द्रिय तथा अर्थ का सन्निकर्ष होने पर भी कभी ज्ञान का होना और कभी

न होना, यही मन का साधक प्रमाण है। तात्पर्य यह है कि ज्ञान का अधिकरण आत्मा तो सर्वव्यापक होने से सदा ही सब विषयों के सम्पर्क में रहता है। किन्तु आत्मा के द्वारा उन बाह्य विषयों का प्रत्यक्ष सदा संभव नहीं होता, भले ही उस विषय की ग्राहक बाह्येन्द्रिय भी वहां संयुक्त हो। अतः यह सिद्ध होता है कि उन विषयों के ज्ञान के लिए इन्द्रिय अर्थ सन्निकर्ष के अतिरिक्त आत्मा को एक ऐसे अन्य माध्यम की आवश्यकता होती है जिसके न रहने से वह ज्ञान नहीं हो पाता। अन्यथा, यदि वह माध्यम अनिवार्य न होता, तो फिर क्या कारण है कि विषय एवं करण का संयोग होने पर भी आत्मा को उसका ग्रहण नहीं होता? वही माध्यम द्रव्य 'मन' है जिसका आत्मा के साथ संयोग प्रत्यक्ष-ज्ञान की अनिवार्य दशा है।

न्याय दर्शन के प्रवर्त्तक महर्षि गौतम ने मन की सिद्धि में 'युगपज्ज्ञानानुत्पत्ति' हेतु दिया है अर्थात् हमारे ज्ञान सदा क्रमिक ही होते है, युगपत् नहीं। अतः इसी से सिद्ध होता है कि जो ज्ञान हमारे दैनिक अनुभव के विषय है, उनकी क्रमिकता का हेतु एक ऐसा अणुपरिमाण माध्यम होना चाहिए जो इन्द्रियों के साथ एक समय में एक ही विषय को संयुक्त करे। तात्पर्य यह है कि आत्मा तो विभु द्रव्य है, अतः उसका सभी इन्द्रियों के साथ एक ही काल में सम्बन्ध रहता है, इन्द्रियाँ भी अपने-अपने समीपस्थ विषयों के साथ एक ही काल में संयुक्त रहती है। तथापि, जिस क्षण में एक ज्ञान की उत्पत्ति होती है, उसी क्षण में दूसरे ज्ञान या सुखादि रूप आत्मा के दूसरे विशेष गुणों की उत्पत्ति नहीं होती, अपितु उस ज्ञान का नाश हो जाने पर ही दूसरे ज्ञान या सुखादि की उत्पत्ति देखी जाती है। अतः इससे ज्ञान की उत्पत्ति में आत्मा व इन्द्रिय का सन्निकर्ष एवं विषय व इन्द्रिय का सन्निकर्ष- इन दोनों को छोड़कर एक तीसरे कारण का भी अनुमान होता है, जिसके सन्निहित रहने पर दूसरे ज्ञान की उत्पत्ति होती है एवं जिसके सन्निहित न रहने से नहीं होती, वही मन है।[2]

प्रशस्तपाद ने अपने भाष्य में मन की सिद्धि के लिए दो अन्य हेतु उपस्थापित किए है, जो इस प्रकार है–

(अ) स्मृति का हेतु ही मन है– स्मृति भी किसी इन्द्रिय से उत्पन्न होती है क्योंकि वह भी ज्ञान है जैसे कि गन्धादि का ज्ञान। श्रोत्रादि इन्द्रियाँ स्मृति की हेतु नहीं है, चूँकि श्रोत्रादि–व्यापार के न रहने पर भी बधिर व्यक्ति को भी स्मृति तो होती ही है। अतः स्मृति का हेतु जो इन्द्रिय है, वही मन हैं।[3]

(आ) सुखादि–साधक इन्द्रिय ही मन है बाह्य चक्षुरादि इन्द्रियों से जिन सुखादि विषयों का प्रत्यक्ष नहीं हो सकता, उन रूपादि से विलक्षण, किन्तु प्रत्यक्षयोग्य सुखादि से भी मन का अनुमान होता है। अतः सिद्ध होता है कि सुखादि का प्रत्यक्ष करानेवाली इन्द्रिय ही मन है, चूँकि सुखादि–प्रत्यक्ष में चक्षुरादि अन्य इन्द्रियों का व्यापार असंभव है।[4]

इस प्रकार, प्राचीन न्याय–वैशेषिक दर्शन में युगपज्ज्ञानानुत्पत्ति, स्मृति तथा सुख–दुःखादि मानस भावों का प्रत्यक्ष– इन तीन हेतुओं से होने की स्थिति की गई है।

प्रशस्तपादाचार्य की इन युक्तियों को और स्पष्ट करने हेतु आचार्य ने स्पष्ट किया है कि विषय दो प्रकार के होते हैं–

(1) बाह्येन्द्रिय द्वारा ग्राह्य घटपटादि

(2) बाह्येन्द्रिय द्वारा अग्राह्य सुखदुःखादि

चूँकि सुखदुखादि की अनुभूतियाँ नित्य नहीं है, ये उत्पन्न होती है, अतः उनका कोई न कोई करण अवश्य होगा। चूँकि बाह्येन्द्रियाँ सुखदुखादि की उत्पत्ति में करण नहीं हो सकती, अतः किसी करणान्तर का होना आवश्यक है।

व्योमवतीकार प्रशस्तपादभाष्य की पंक्तियों का ही पिष्टपेषण करते हुये अपनी अनुमान प्रक्रिया द्वारा मन की सिद्धि में प्रमाण देते हैं।

लक्षण–

प्रशस्तपाद के अनुसार 'मनस्त्व' जाति से युक्त मन नामक द्रव्य है।[5] अर्थात् मनस्त्व एक सामान्यविशेष है उससे सम्बद्ध होने के कारण ही, मन अन्य द्रव्यों से पृथक् है, अतः मनस्त्व, मन में समवाय संबंध से रहने वाला धर्म है, जो अन्य द्रव्यों से मन का वैधर्म्य प्रकट करता है।

मन के स्थान पर अदृष्ट की करणता का खण्डन–

व्योमवतीकार ने अपनी अनुमान प्रक्रिया द्वारा यह निष्कर्ष निकाला कि इन्द्रिय, आत्मा तथा विषय के होने पर भी किसी अन्य करण की आवश्यकता है और इस अन्य कारण को मन नामक द्रव्य स्वीकार किया।

इस प्रकरण में पूर्वपक्षी शङ्का करते हुये कहता है कि अदृष्ट को करण मानने पर भी यह ज्ञान प्रक्रिया पूर्ण हो जायेगी।[6] इसका समाधान करते हुये व्योमवतीकार कहते हैं कि यदि अदृष्ट को कारण माना जायेगा, तो किसी अन्य कारण की आवश्यकता नहीं होगी। अर्थात् अदृष्ट को कारण मानने पर न तो इन्द्रियों की कारणता होगी, न मन की और न ही विषय की और इस प्रकार श्रोत्रादि इन्द्रियों की कारणता के अभाव का प्रसङ्ग होगा। अतः 'मन' को ही करण मानना उचित है।[7]

मन की सापेक्ष कारणता का प्रतिपादन–

व्योमवतीकार ने मन की सापेक्ष कारणता का प्रतिपादन किया है। उनके अनुसार आत्मा, इन्द्रिय तथा विषय की उपस्थिति होने पर भी अनुत्पन्न ज्ञान को उत्पन्न होने के लिये मन की अपेक्षा है, अतः मन निरपेक्ष नहीं है, बल्कि सापेक्ष है।[8]

गुण–

प्रशस्तपादभाष्य में मन के 8 गुणों का सूत्ररूप में उल्लेख किया है। इन गुणों पर व्योमवतीकार ने पूर्वपक्षियों के विविध मतों को खण्डित कर सिद्धान्त पक्ष की स्थापना की है। आठ गुण क्रमशः– संख्या, परिमाण, पृथक्त्व, संयोग, विभाग, परत्व, अपरत्व तथा संस्कार है।[9]

(1) **संख्या**– मन की अनन्त संख्या का प्रतिपादन यद्यपि व्योमवतीकार ने नहीं किया है, किन्तु प्रतिशरीरमेकत्वं सिद्धम् कहकर प्रशस्तपादाचार्य ने अप्रत्यक्ष रूप से शरीरानन्त्य से मन की अनन्त संख्या का प्रतिपादन किया है। अतः मन में संख्या नामक गुण की पुष्टि होती है।

(2) **परिमाण**– मन को अणु परिमाण का माना गया है। परिमाण की सिद्धि के प्रकरण में व्योमवतीकार ने पूर्वपक्षी की शङ्का को उद्घाटित किया है। व्योमवतीकार मन के अणु परिमाण की सिद्धि में तर्क देते हुए कहते हैं कि चूँकि मन में विभु परिमाण का अभाव है। अतः मन अणु परिमाण का है।[10] इस तर्क पर शङ्का करते हुये पूर्वपक्षी कहता है कि घटपटादि में भी विभु परिमाण का अभाव है, अतः घटपटादि भी अणु परिमाण के होंगे।[11]

इस पूर्वपक्षी की शङ्का का समाधान करते हुये उत्तरपक्षी कहता है कि 'मन' नित्य द्रव्य है, जबकि घटादि अनित्य है। केवल नित्य द्रव्यों में विभुत्व का अभाव, अणुत्व का साधक है, न कि अनित्य द्रव्यों में। मन, नित्य परिमाण के अभाव के कारण अुण परिमाण का है।[12]

(3) **पृथक्त्व**– व्योमवतीकार ने मन में पृथक्त्व प्रदर्शन हेतु तर्क दिया कि सभी आत्माओं के प्रयत्न तथा ज्ञान में अयौगपद्य होने से यह

सिद्ध होता है कि प्रत्येक शरीर में पृथक्-पृथक् मन संयुक्त है। इससे मन के पृथक्त्व नामक गुण की सिद्धि होती है।[13]

(4), (5) संयोग तथा विभाग- अपसर्पण तथा उपसर्पण की क्रियाओं द्वारा मन में संयोग तथा विभाग नामक गुण की सिद्धि की गयी है। व्योमवतीकार अपसर्पण को परिभाषित करते हुये कहते है कि मृत शरीर से मन का वियोग अपसर्पण है, जबकि भावी शरीर से मन का संयोग उपसर्पण कहलाता है।[14] इसके अतिरिक्त 'अशितपीतम्' आदि शब्दों द्वारा मन के भोज्य तथा पेय की प्राप्ति हेतु एक नाडी से दूसरी नाडी में गमन की प्रक्रिया को भी तर्क रूप में प्रस्तुत किया है।[15] इस प्रकार मन में संयोग तथा विभाग नामक गुण की सिद्धि की गयी है।

(6), (7) परत्वापरत्व- व्योमवतीकार कहते हैं कि मूर्तिमान होने के कारण मन में परत्वापरत्व नामक गुण होता है।[16]

मन में केवल दिककृत परत्वापरत्व है, कालकृत नहीं है क्योंकि मन नित्य है, अतः इसकी उत्पत्ति न होने के कारण किसी अन्य की अपेक्षा इसमें कालिक परत्वापरत्व नहीं हो सकता।

पूर्वपक्षी शङ्का करते हुये कहता है कि कालिक दृष्टि से मन का परत्व सिद्ध किया जा सकता है। क्योंकि यद्यपि यह नित्य है, किन्तु कार्यपदार्थों की अपेक्षा पूर्ववर्ती होने के कारण इसमें कालिक परत्व है।

इसका खण्डन करते हुये उत्तरपक्षी कहता है कि परत्व व अपरत्व परस्पर सापेक्ष है। तथा एक ही पदार्थ में परत्व तथा अपरत्व दोनों रहते हैं। पदार्थ में किसी एक पदार्थ की अपेक्षा यदि परत्व होता है तो उसी पदार्थ में द्वितीय पदार्थ की अपेक्षा अपरत्व होता है। अतः परात्वापरत्व केवल अनित्य द्रव्यों में ही रह सकते हैं। अतः नित्य मन में, अनित्य घट-पटादि की तुलना में परत्व नामक गुण नहीं हो सकता। इस प्रकार व्योमशिवाचार्य मन में केवल दिक्कृत परत्वापरत्व स्वीकार करते हैं।

(8) संस्कार- मन में वेग नामक संस्कार होता है। यद्यपि व्योमवतीकार ने इसका स्पष्टीकरण नहीं किया है किन्तु इसे इस प्रकार स्पष्ट किया जा सकता है- अदृष्ट के अभिघात द्वारा मन में गति उत्पन्न होता है, यह अदृष्ट मन की प्रथम गति का कारण है। उसके पश्चात् मन में उत्पन्न गति के संस्कार से ही मन में अग्रिम गति का संचार होता है।[17]

इस प्रकार मन के आठ गुणों का उल्लेख प्रशस्तपादभाष्य में प्राप्त होता है तथा उन पर विविध टीका, टिप्पणी, तर्क, वितर्क, पूर्वपक्ष आदि व्योमवती टीका में प्राप्त होते हैं।

मन के अन्य धर्म- व्योमवतीकार तथा प्रशस्तपादाचार्य ने मन को अनारम्भक द्रव्य माना हैं यहाँ उल्लेखनीय है कि आरम्भक द्रव्य हैं- पृथ्वी, जल, तेज तथा वायु क्योंकि पृथ्वी का एक अणु अन्य अणु से मिलकर द्वयणुक दो द्वयणुक मिलकर एक त्र्यणुक पुनः चतुरणुक कपालिका कपाल तथा अन्ततः घट बनाते हैं।[18]

मन के अनारम्भकत्व पर शङ्का करता हुआ पूर्वपक्षी कहता है कि दो द्रव्यों में संयोग से कार्यद्रव्य की उत्पत्ति होती है, जैसे दो परमाणुओं से द्वयणुक इस प्रकार मन तथा आत्मा (दोनों द्रव्य) के संयोग से कौन सा कार्य उत्पन्न होता है? अर्थात् पूर्वपक्षी का आक्षेप है कि कोई न कोई कार्य तो अवश्य उत्पन्न होना चाहिये।[19]

इस पर व्योमवतीकार का तर्क है कि समान जाति के मूर्तद्रव्यों के संयोग से ही कार्यद्रव्य की उत्पत्ति होती है, जैसे पृथ्वी के दो परमाणुओं (समानजतीय) के संयोग से द्वयणुक बनता है। किन्तु मन तथा आत्मा सजातीय नहीं है अंतः मन में द्रव्यारम्भकत्व नहीं है।

मन मूर्त्त है- व्योमवतीकार कहते हैं मन की क्रियाशीलता पूर्वसिद्ध है। अतः क्रियावान होने के कारण मन मूर्त है।[20] यहाँ व्योमवतीकार ने यह

स्पष्ट किया है कि अणु परिमाण के सिद्ध होने पर ही मन का मूर्तत्वसिद्ध हो गया है। यहाँ क्रियावत्व के माध्यम से भी मन के मूर्तत्व का उल्लेख किया गया है।[21]

मन अचेतन है- व्योमवतीकार ने मन के अज्ञत्व अचेतनत्व का प्रतिपादन किया है। इसमें तर्क दिया गया है कि यदि मन चेतन होगा तो आत्मा तथा मन में परस्पर संघर्ष होगा। आत्मा तथा मन की कामना में विरोध होने पर कोई भोग नहीं होगा।[22] अतः मन से आत्मा की श्रेष्ठता भी प्रतिपादित हो जाती है।

सन्दर्भ

1. मन्यते बुध्यतेऽनेनेति। शब्दकल्पद्रुम, तृतीय भाग।
2. सत्यप्यात्मेन्द्रियार्थसान्निध्ये ज्ञानसुखदुःखनामभूत्वोत्पत्तिदर्शनात् करणान्तर-मनुमीयते। व्योम., पृष्ठ 1।
3. श्रोताद्यव्यापारेस्मृत्युत्पत्तिदर्शनात्। प्र.पा.भा., पृष्ठ 156।
4. बाह्येन्द्रियैरगृहीतसुखादिग्राह्यान्तरसद्भावाच्चान्तःकरणम्। प्र.पा.भा., पृष्ठ 156।
5. मनस्त्वयोगान्मनः। प्र.पा.भा., पृष्ठ 156।
6. अथादृष्टोऽस्यामेव कारणं भविष्यतीत। व्योम., पृष्ठ 157।
7. न। श्रोत्रादीनामप्यभावप्रसङ्गात। व्योम., पृष्ठ 157।
8. ये हि सदभावेऽपि कार्यमनुत्पाद्य पश्चादुत्पादयन्ति सापेक्षा। व्योम., पृष्ठ 157।
9. तस्य गुणाः संख्यापरिमाणपृथक्त्वसंयोगविभागपरत्वापरत्वसंस्काराः। व्योम. पृष्ठ 159।
10. तदभाववचनादणुपरिमाणम्। प्र.पा.भा., पृष्ठ 159।
11. नन्वेवं घटादावपि विभुत्वस्याभावादणुत्वं स्यात्। व्योम., पृष्ठ, 159।
12. नित्यद्रव्यत्वे सति विभुरहितत्वात्। व्योम., पृष्ठ 159।
13. प्रयत्नज्ञानायौगपद्यवचनात् प्रतिशरीरमेकत्वम्। व्योम., पृष्ठ 159।
14. अपसर्पणन्तु मृतशरीराद् विभागार्थ कर्म। व्योम., पृष्ठ 159।

15. अशितपीतम् भुक्तमुदकादि तयोर्नाऽयन्तरेण सञ्चरणम्। व्योम., पृष्ठ 159।
16. प्र.पा.भा., पृष्ठ 157।
17. संस्कारश्च मूर्तत्वादेव वेगारण्य। व्योम., पृष्ठ 159।
18. स्पर्शवतो हि द्रव्यस्य द्रव्यारम्भकत्व दर्शनात्। व्योम., पृष्ठ 159।
19. अथ मनः परस्परेण सम्बद्धं किमिति द्रव्यं नारभते? व्योम., पृष्ठ 159।
20. क्रियावत्त्वान्मूर्तत्वम्- व्योम., पृष्ठ 160।
21. अणुपरिमाणव्यवस्थापनात् सिद्धेऽवि मूर्तत्वे पुनः साधनमाह। व्योम., पृष्ठ 160।
22. साधारण विग्रहवत्वप्रसङ्गादाज्ञत्वम्। प्र.पा.भा., पृष्ठ 158।

अष्टम अध्याय

व्योमवती में निःश्रेयस विचार

समस्त दर्शनों का अन्तिम लक्ष्य निःश्रेयस/मोक्ष/निर्वाण है। यह चरम लक्ष्य प्रत्येक दर्शन में भिन्न स्वरूप का है। अतः व्योमवतीकार ने व्योमवती टीका में अन्य मतों के निःश्रेयस स्वरूप का खण्डन करके वैशेषिक सम्मत निःश्रेयस के स्वरूप की स्थापना की है।

1. निःश्रेयस सम्मत वेदान्त मत का खण्डन-

वैशेषिक दार्शनिक व्योमशिवाचार्य ने वेदान्ती पूर्वपक्षी के द्वारा किये गये प्रसङ्ग कि "संसारावस्था में अन्य विषयों के व्यासङ्ग के कारण दुःख के संवेदन नित्य होते हुए भी बाधित हो जाते है, जबकि मोक्ष की अवस्था में अन्य विषयों का अभाव होता है, अतः मोक्षावस्था में सुख का नित्य संवेदन होता है" का खण्डन करते हुए कहा है कि यह उचित नहीं है। इस प्रसङ्ग में व्यासङ्ग को दो प्रकार से परिभाषित करते हुए उनका विवेचन किया है। प्रथम परिभाषा के अनुसार आत्मा के रूपादिविषयक ज्ञान की उत्पत्ति होने पर अन्य विषय के ज्ञान का उत्पन्न न होना व्यासङ्ग है।[1] इसी प्रकार इन्द्रिय के ज्ञानोत्पत्ति में प्रवृत्त होने पर अन्य विषय के ज्ञान का अजनकत्व व्यासङ्ग है। इस प्रकार व्यासङ्ग को परिभाषित करते हुए वेदान्ती (पूर्वपक्षी) के इस मत का खण्डन किया है कि आत्मा के

रूपादिविषयक ज्ञान होने पर नित्यसुख स्वरूप आत्मा में संवेदनों की अनुत्पत्ति होगी, क्योंकि वेदान्त दर्शन में सुख को आत्मा का स्वरूप माना गया है, अतः सुख/ज्ञान के नित्य होने के कारण उसके संवेदनों का भी त्रैकालिक होना आवश्यक है।[2]

शरीरादि से प्रतिबद्ध होना आत्मा के नित्य सुख संवेदनों का बाधक नहीं हो सकता, क्योंकि प्रतिबन्धक कार्यव्याघातकृत (कार्य का व्याघातक) होता है जो कि कार्य (उत्पाद्य) द्रव्यों में बाधक होता है, परन्तु सुख संवेदनायें उत्पाद्य (कार्य) नहीं है अतः सुखसंवेदनों का बाधक होने का प्रश्न ही नहीं उठता। इसके अतिरिक्त शरीरादि (शरीर, आत्मा, मन) को उपभोग के साधक के रूप में स्वीकार किया गया है।[3] अतः शरीरादि सुख (भोग) के प्रतिबन्धक नहीं हो सकते। ऐसा कही प्राप्त नहीं होता कि जो जिस कार्य के लिए हो, वह उसका प्रतिबन्धक हो।[4] शरीरादि को भोग का प्रतिबन्धक मानने पर कृत हिंसा का भोग शरीर द्वारा ही बाधित हो जाएगा एवं कर्मफल सिद्धान्त आधारहीन हो जायेगा। इस प्रकार नित्य सुख मानने पर तथा सुख के संवेदनों को भी नित्य मानने पर समस्या होती है।

पुनः व्योमशिवाचार्य अन्य विकल्प के तौर पर सुख संवेदनों को अनित्य मानकर उसकी व्याख्या करते हैं। इस क्रम में व्योमशिवाचार्य कहते है कि यदि सुख संवेदनों को अनित्य माना जाएगा, तो यह उचित नहीं, क्योंकि इसमें उत्पत्ति के कारणों का अभाव है। इसका समाधान करते हुए पूर्वपक्षी यदि यह कहता है कि योगजधर्म सहकृत पुरुषान्तःकरण को असमवायि कारण माना जा सकता है तो व्योमशिव इसका खण्डन करते हुए कहते हैं कि चूँकि योगजधर्म अनित्य होता है, अतः योगज धर्म के टूट जाने पर पुनरुत्पत्ति के कारणों का नितान्त अभाव होता है[5] अतः योगजधर्म सहकृत पुरुषान्तःकरण संयोग को असमवायिकारण मानने में समस्या आती है। इस समस्या के समाधान हेतु पूर्वपक्षी योगजधर्म के विनाश होने पर विज्ञानसहकृत पुरुषान्तकरणसंयोग द्वितीयादिक्षणविशिष्ट

सुखसंवेदन को असमवायिकारण मान लेता है। व्योमशिव पुनः पूर्वपक्षी के इस मत में प्रमाणों का अभाव बताकर इसका खण्डन करते हैं। यहाँ यह उल्लेखनीय है कि व्योमशिवाचार्य ने वेदान्ती पूर्वपक्षी के मत का खण्डन करने के लिए शब्दावली तो वेदान्त की प्रयोग है, परन्तु सिद्धान्त वैशेषिक दर्शन से ही ग्रहण किये हैं। यथा-आत्ममनस् संयोग के स्थान पर पुरुषान्तःकरण संयोग शब्द का प्रयोग किया है जबकि वेदान्त दर्शन में 'कारणत्रिविधं' का सिद्धान्त (समवायि, असमवायि, निमित्त) कभी नहीं दिया, परन्तु पूर्वपक्षी के मत को उद्धृत करते समय असमवायिकारण का प्रयोग किया है, इसे वैशेषिक पूर्वाग्रह कहा जाए तो अतिशयोक्ति न होगी।

पूर्वपक्षी द्वारा विज्ञान के माध्यम से सुखसंवेदना की पुनरुत्पत्ति का कथन करने पर व्योमशिवाचार्य कहते है कि प्रत्यक्ष, अनुमान, उपमान तथा शब्द इन चारों प्रमाणों से विज्ञान द्वारा पुनरुत्पत्ति नहीं देखी जाती। प्रत्यक्ष के माध्यम से खण्डन करते हुए व्योमशिवाचार्य कहते हैं कि सम्बन्ध की अपेक्षा न करते हुए विज्ञान को ही आत्मान्तःकरण संयोग का अपेक्षाकारण मानना कहीं नहीं दिखता। इसे आकस्मिक मानना उचित नहीं है क्योंकि कार्य आकस्मिक नहीं होता।[6]

व्योमशिव कृत सुखेनाहमस्वाप्सम् की व्याख्या तथा पूर्वपक्षी से गतिरोध-

वेदान्ती पूर्वपक्षी के अनुसार सुषुप्तिकाल में सुख का अनुभव होता है एवं जागने पर उसका अनुस्मरण होता है। व्योमशिवाचार्य खण्डन करते हुए कहते हैं कि सुषुप्ति की अवस्था में होने वाले दुःख के संवेदनों के अभाव के कारण जागृति होने पर ही सुख का अनुभव होता है, अतः सुषुप्ति की अवस्था में सदैव सुख संवेदन मानना उचित नहीं है।

पुनः आक्षेप करते हुए व्योमवतीकार कहते हैं कि यदि सुख का अनुस्मरण करने वाले के आधार पर सुषुप्ति की अवस्था में अनुभूति को

मानेगा, उसी प्रकार जाग्रत अवस्था में उसे कष्ट का अनुस्मरण होगा तो यह कहना पड़ेगा की सुषुप्ति की अवस्था में नित्य दुःख का अनुभव होता है। इसका समाधान करते हुए व्योमवतीकार कहता है कि जागने पर 'दुःखेनाहमस्वाप्सम्' अनुभव करने वाला व्यक्ति सुषुप्ति की अवस्था में तो सुख का अनुभव करता है, दुःख का नहीं। जागरण पर होने वाला दुःख का संवेदन अनुभवात्मक होता है, स्मरणात्मक नहीं।

इस प्रकार अनुमान प्रमाण के माध्यम से भी सिद्धान्ती ने यह सिद्ध कर दिया कि विज्ञान द्वारा सुख संवेदनों की पुनरुत्पत्ति नहीं देखी जाती।

आगम प्रमाण का आश्रय लेकर पूर्वपक्षी कहता है- 'आनन्दं ब्रह्मणो रूपम्' इसमें ब्रह्म को आनन्द स्वरूप बताया गया है, अतः आत्मा सुखस्वरूप है। व्योमशिव ने इसका खण्डन करते हुए कहा है कि मुख्यार्थ का बाध होकर गौण अर्थ ग्रहण करना चाहिए। व्योमशिवाचार्य स्पष्ट करते हुए कहते हैं कि यह आनन्द शब्द दुःख के अभाव के अर्थ में प्रयुक्त हुआ है। यह देखा भी जाता है कि सुख शब्द का प्रयोग दुख के अभाव का भी बोधक है। जैसे किसी भारी सामान के वाहक के सिर से सामान हटा देने पर उसके दुख का अभाव हो जाता है एवं वह सुख का अनुभव करता है। इस प्रकार आगम प्रमाण भी विज्ञान द्वारा सुख संवेदनों की उत्पत्ति का निषेध करते हैं।

2. निःश्रेयस सम्मत अद्वैत मत का खण्डन-

अद्वैत वेदान्त दर्शन में आत्मा सुखस्वरूप है। व्यवहारिक, पारमार्थिक दोनों स्थितियों में आत्मा में सुख होता है। इसी सिद्धान्त को ध्यान में रखकर नैयायिक कहते हैं कि यदि मोक्ष की अवस्था में नित्य सुख होगा तो मुक्ति की अवस्था नहीं होगी क्योंकि मोक्ष के लिए प्रवृत्ति राग (सुख के राग) से उत्पन्न होगी। अतः राग का बन्धन होने के कारण मुक्त अवस्था नहीं कहलायेगी। इसके अतिरिक्त इस राग की समाप्ति के लिए

यदि बुद्धि आदि का उपच्छेद करने पर पुनः द्वेष से प्रवृत्ति होने के कारण पुनः दोष उत्पन्न होगा।

तदनन्तर यदि पूर्वपक्षी कहे कि मोक्षावस्था सभी दुखों का परिहार होता है और केवल सुख का अनुभव होता है, तो यह भी सम्भव नहीं है, क्योंकि प्रत्येक सुख, दुख से संपृक्त होता है तथा इस प्रकार सुख, दुःख रूप हो जाता है, अतः सुख भी हेय है। उदाहरणार्थ- व्यक्ति को सुख प्राप्त होने पर उसे उससे श्रेष्ठ सुख प्राप्ति की इच्छा प्राप्त सुख को दुःख में परिवर्तित कर देती है। अतः यह नहीं माना जा सकता है कि मोक्षावस्था में केवल सुखभोग होता है। व्योमवतीकार निःश्रेयस प्राप्ति के अधिकारी के विषय में कथन करते हुए कहते है कि जिन व्यक्तियों को सांसारिक सुखों की इच्छा है वे इस शास्त्र के अधिकारी नहीं बल्कि जो सांसारिक सुखों से द्वेष करते है केवल उन्हीं के लिए यह शास्त्र है। इस प्रकार से निःश्रेयस प्राप्ति के लिए अन्य उपायों का खण्डन करते हुए वैशेषिक सम्मत उपदेशों को आवश्यक बताते हैं।[7]

3. निःश्रेयस सम्मत सांख्य मत का खण्डन-

सांख्य दर्शन को पूर्वपक्ष के रूप में उद्धृत करके प्रधान के माध्यम से नैयायिकों ने इस प्रकार खण्डन किया है-

'गुणपुरुषान्तर विवेकदर्शनं निःश्रेयससाधनमिति' को उद्धत करके सांख्य के सिद्धान्त को बताया है कि पुरुषार्थ के लिए प्रधान प्रवृत्त होता है। पुरुषार्थ दो प्रकार का है- (1) शब्दाद्युपलब्धि और (2) गुणपुरुषान्तरविवेक दर्शन, प्रथम अवस्था आसक्ति की स्थिति को व्यक्त करती है जबकि द्वितीय अवस्था मुक्ति की अवस्था है। इसके सम्पन्न हो जाने पर प्रधान शरीरादि भाव में परिणत नहीं होता और इस प्रकार प्रकृति-पुरुष के विवेक का ज्ञान होने पर दृष्टा अपने स्वरूप में अवस्थित हो जाता है। दृष्टा के अपने स्वरूप में अवस्थित हो जाने पर

पुनः प्रधान मुक्त पुरुष के लिए प्रवृत्त नहीं होता। सांख्य के उपरोक्त सिद्धान्तों का खण्डन नैयायिक दो प्रकार से करते हैं।

(1) प्रधान नामक पदार्थ की सत्ता को अस्वीकार करके

(2) प्रधान की प्रवृत्ति के आधार पर

नैयायिक कहते हैं कि प्रधान की सत्ता नहीं है। इस प्रकार यदि प्रधान है ही नहीं तो पुरुष प्रधान एवं पुरुष में भेद कैसे करेगा अतः सांख्य का मोक्ष सिद्धान्त खण्डित हो जाता है। इसके अतिरिक्त यदि प्रधान की सत्ता को मान भी ले तो अग्रलिखित समस्याये उत्पन्न होगी (अ) यदि प्रधान की प्रवृत्ति पुरुष के प्रयोजन से अनपेक्ष मानी जाये तो प्रधान की प्रवृत्ति मुक्त पुरुषों में भी होगी और मुक्त पुरुष के भी शरीरादि उत्पन्न हो जायेंगे।[8]

(ब) यदि प्रधान की प्रवृत्ति अदर्शन की अपेक्षा करके होती है अर्थात् केवल उन पुरुषों के प्रति होती है, जिन्हें प्रकृति पुरुष विवेक का ज्ञान नहीं हुआ, अतः प्रकृति पुरुष विवेक दर्शन से सम्पन्न मुक्तात्माओं के प्रति प्रधान की प्रवृत्ति नहीं हो सकती।

इस मत का प्रतिवाद करते हुए व्योमवतीकार कहता है कि सांख्य मत में मुक्तात्मा में भी प्रकृति पुरुष विवेक दर्शन नहीं होता क्योंकि मुक्तावस्था में पुरुष में किसी विषय का ज्ञान नहीं होता। अतः सांख्य को यह मानना होगा कि मुक्तात्मा में विवेक दर्शन समाप्त हो जाता है। इस प्रकार पुरुष प्रकृति विवेक से रहित मुक्तात्मा में भी प्रधान की प्रवृत्ति हो जायेगी।[9]

(स) यदि अदृष्ट की अपेक्षा से प्रधान प्रवर्तित होगा, तो भी प्रधान के शक्तिरूप होने के कारण, मुक्त तथा बद्ध पुरुषों का कोई भेद स्पष्ट न होगा तथा प्रधान की प्रवृत्ति पुनः मुक्त पुरुष के प्रति भी होगी।

4. नि:श्रेयस सम्मत बौद्धमत का खण्डन-

बौद्धों के नि:श्रेयस सम्बन्धी मत को अपनी टीका में उद्धृत करते हुए व्योमशिवाचार्य कहते हैं कि अस्थिरादि (क्षणिकवादी) भावना से रागादि से वियुक्त ज्ञान की उत्पत्ति को ही नि:श्रेयस कहा जाता है।[10] 'सर्वं क्षणिकम्' इस सिद्धान्त को मानने वाले बौद्धों में मम्, इदम् आदि शब्दों के अर्थों में कोई सम्बन्ध नहीं बन पाता। अतः ममत्व सम्बन्ध के अभाव में विषयों की आसक्ति का व्यावर्तन हो जाता है। इसके अतिरिक्त 'सर्वं निरात्मकम्' (नैरात्म्यवादी) भावना के अन्तर्गत 'मम्/अहम्' आदि की सत्ता अस्थिर हो जाती है। इस प्रकार 'ममायमिति' में मम् की सत्ता के अस्थिर होने पर विशुद्धचित्त सन्तानोत्पत्ति होती है। इस प्रकार विषयों से आसक्ति का निरास हो जाता है। इसी प्रकार पट पदार्थ के प्रतिषेध से 'सर्वं शून्यम्' (शून्यवादी) को मानने वाले बौद्धों में भी विषयों में आसक्ति नहीं होती क्योंकि उनके अनुसार बाह्य जगत् के पदार्थों का कोई अस्तित्व ही नहीं होता। उपरोक्त विवेचन के माध्यम से क्षणिकवादी, नैरात्म्यवादी, शून्यवादी बौद्धों के नि:श्रेयस सम्बन्धी विचारों को स्पष्ट करते हुए व्योमशिवाचार्य ने नि:श्रेयस के दो मार्गों का उल्लेख किया है- (1) दु:ख एवं उसके कारणों का उच्छेद नि:श्रेयस है। (2) विशुद्ध चित्त सन्तान भी नि:श्रेयस अवस्था है।

बौद्ध मत के निराकरण में आचार्य व्योमशिव 'क्षणिकादिभावना' को मिथ्यारूप कहते हैं।[11] यहाँ यह उल्लेखनीय है कि न्याय-वैशेषिक दर्शन बहुत्ववादी वस्तुवादी दर्शन है, सभी पदार्थों की जागतिक सत्ता को स्वीकार करता है, अतः क्षणिकवादियों की इस संकल्पना पर सीधा प्रहार किया गया है। मिथ्याज्ञान को यदि नि:श्रेयस में कारण माना जायेगा तो अतिप्रसङ्ग होगा। अतिप्रसङ्ग से तात्पर्य है कि कोई भी मिथ्या ज्ञान नि:श्रेयस में कारण होगा। यथा रज्जु में सर्प का ज्ञान भी नि:श्रेयस की श्रेणी में आ जायेगा। तदनन्तर उत्तरपक्षी कहता है कि शून्यत्व, क्षणिकत्व

एवं नैरात्म्य का प्रसङ्ग यदि केवल आसक्ति के प्रतिषेध हेतु उपयोग किया गया है, तो यह उचित नहीं क्योंकि आसक्ति का प्रतिषेध अन्य प्रकार से भी किया जा सकता है। व्यङ्ग्यात्मक शैली में आसक्ति के प्रतिषेध हेतु उपाय का वर्णन करते हुए आचार्य व्योमशिव कहते हैं कि पुत्रादि में आत्मवैरुप्य (पितृसारुप्य का अभाव) स्पष्ट करने के लिए पुत्र तथा पिता के सारुप्य का अभाव स्पष्ट करना ही उचित मार्ग है, सम्बन्ध का अभाव अथवा पिता और पुत्र का सम्बन्ध विच्छेद आवश्यक नहीं है।[12] इस प्रकार आसक्ति के प्रतिषेध हेतु वस्तु की सत्ता को न मानना, अस्थिर मानना अथवा क्षणिक मानना उचित नहीं है, बल्कि उसके मिथ्या ज्ञान का निवारण करने पर भी आसक्ति का प्रतिषेध हो जाता है।

बौद्धों द्वारा बताए गये निःश्रेयस मार्ग/दुःखसमुदय निरोध मार्ग में भावना भी मिथ्या होगी, क्योंकि किसी भी पदार्थ की वास्तविक सत्ता को स्वीकार नहीं किया गया है। मिथ्या भावना, मिथ्या ज्ञान का निराकरण नहीं कर सकती, अतः मिथ्या ज्ञान के निवृत्ति के अभाव में निःश्रेयस की सिद्धि नहीं होगी। अन्त में उत्तरपक्षी (वैशे.), पूर्वपक्षी (बौद्ध) से प्रश्न करता है कि दुःख पञ्च स्कन्धात्मक है अथवा उससे भिन्न है? इन दोनों सम्भावनाओं का विश्लेषण करते हुए क्रमश (1) यदि दुख पञ्चस्कन्धात्मक है तो दुख = वेदना, संस्कार, रूप, संज्ञा तथा विज्ञान[13] अर्थात् दुःख = विज्ञान

आचार्य व्योमशिव कहते हैं कि जब विज्ञान ही दुःख रूप है तो विज्ञान दुःख का अन्त नहीं कर सकता तथा दुःख समुदय निरोध मार्ग या निःश्रेयस की प्राप्ति नहीं हो सकती।

(2) यदि दुख पञ्चस्कन्धात्मक नहीं है, अर्थात् सुख है तो ऐसी स्थिति में सुख के दुःखानुसङ्गी होने के कारण सब कुछ दुःखमय हो जायेगा, क्योंकि सुख और दुख का विच्छेद सम्भव नहीं होगा।[14] अन्ततः

निःश्रेयस की सिद्धि नहीं होगी। इस प्रकार निःश्रेयस सम्बन्धी बौद्ध मत भी निराकृत हो जाता है।

5. निःश्रेयस सम्मत जैनमत का खण्डन-

जैन मत में अनेकान्तभावना के द्वारा विशिष्ट प्रदेश (सिद्धशिला) में अक्षयशरीर लाभ को निःश्रेयस माना गया है।[15] सिद्धशिला को जैनमत में लोक से इतर एक ऐसा विशिष्ट स्थान माना गया है, जहाँ विदेहमुक्ति के बाद ज्ञानी व्यक्ति की आत्मा ज्ञान से ऊर्ध्व स्थान की ओर गमन करती है।[16] नित्य भावना के प्रति तथा अनित्यत्व के प्रति द्वेष होता है, इन दोनों का परिहार करने के लिए अनेकान्त की भावना की जाती है। तात्पर्य यह है कि इहलोक में सामान्य जीव अनन्तधर्मात्मक वस्तुओं को केवल नित्य और अनित्य की कसौटी पर रखता है, अथवा सत् और असत् की कोटि में रखता है। वस्तुओं की अनन्तधर्मता को स्पष्ट करते हुए आचार्य व्योमशिव ने अनेक उदाहरणों के माध्यम से जैनमत को स्पष्ट किया है। अपने ही देश, काल, कारण और आधार की दृष्टि से जो वस्तुयें सत् है, वहीं वस्तुयें अन्य देश, काल, कारण और आधार की दृष्टि से नितान्त असत् होती है। उदाहरणार्थ- घटसत्त्व देश में घट सत् है, जबकि घटासत्व देश में घट असत् है। इसी प्रकार घटसत्व काल में घट सत् है, जबकि घटासत्व काल में वही घट असत् है। इस प्रकार एक ही घट सत् तथा असत् उभय धर्मों से युक्त है सत् और असत् का यौगपद्य स्पष्ट करने के पश्चात् नित्य और अनित्य का यौगपद्य वस्तु में स्पष्ट करते हुए अन्य उदाहरण देते हुए व्योमशिवाचार्य कहते हैं- घट मृद्रूपतया नित्य हैं, जबकि घटरूपतया अनित्य है।[17] क्योंकि मृद की सत्ता घट के प्रागभाव से पूर्व भी थी घट के प्रध्वंस के बाद भी होगी तथा घट के स्थिति काल में भी है, जबकि घट की सत्ता केवल स्थिति काल में ही है। अतः एक ही वस्तु घट में नित्य तथा अनित्य दोनों धर्म विद्यमान है। न केवल जड़ (घट) वस्तु अनन्त धर्मात्मक है अपितु चेतन द्रव्य (आत्मा) भी

अनन्तधर्मात्मक है इस तथ्य की पुष्टि के लिए उदाहरण देते हुए कहते हैं कि आत्मा, आत्मरूपतया नित्य है, जबकि सुखदुखादि पर्यायरुपतया अनित्य है। चूँकि आत्मा की सत्ता त्रैकालिक है जबकि सुखदुखादि आत्मा के आगन्तुक धर्म है तथा ये विनष्ट हो जाते हैं। अनेकधर्मता को और अधिक स्पष्ट करते हुए आचार्य व्योमशिव कहते हैं कि एक ही कर्ता में अपने कार्यों के प्रति कर्तृत्व होता है, किन्तु अन्य कार्यों के प्रति अकर्तृत्व होता है[18] यथा– कुलाल में घट के प्रति कर्तृत्व है जबकि पट के प्रति अकर्तृत्व है। इसी प्रकार एक ही पदार्थ में अभिधेयत्व और अनभिधेयत्व दोनों हो सकते हैं[19] यथा– घट पदार्थ, घटपदेन अभिधेय है, जबकि पट पदेन अनभिधेय है।

व्योमशिवाचार्य ने जैनमत के अनेकान्तवाद सिद्धान्त को अनेक उदाहरणों से स्पष्ट करते हुए धर्मों की अनन्त सम्भावनाओं को स्पष्ट करने का प्रयास किया है।

जैनमत का खण्डन करते हुए नैयायिक कहता है कि उपरोक्त तथ्य उचित नहीं है, क्योंकि मिथ्याज्ञान कभी निःश्रेयस का कारण नहीं हो सकता है। अनेकान्तभावना होने पर एक ही धर्मी में परस्पर विरोधी धर्मों की पुष्टि होने से एक धर्म, दूसरे का बाधक होगा। बाधक की उपपत्ति होने से अनेकान्तवाद मिथ्या है।[20] यह कहते हुए किया है कि– "यच्चेदं घटादिर्मृदादिरूपतया नित्य इति, असदेतत्। मृद्रूपतायास्ततोऽर्थान्तरत्वात्।"

यहाँ नैयायिक ने वाक्छल किया है, जैन मत में मृदादिरूपतया घट को नित्य कहा था, किन्तु नैयायिक ने मृदादिरूपतया का अर्थ मृत्त्व सामान्य कर दिया और इस प्रकार मृत्व सामान्य तथा घट पदार्थ को नितान्त भिन्न बताकर घट के मृदादिरूपतया नित्यत्व का खण्डन किया है।

जैन द्वारा अनन्त धर्मात्मक वस्तु की सिद्धि में देश, काल, कारण तथा आधार की भिन्नता से एक ही वस्तु में सत् एवं असत् धर्मों के होने का खण्डन करते हुए नैयायिक कहता है कि स्व (अपने) देश में सत् जबकि

पर (अन्य) देश में असत् का जो कथन किया गया है वह उचित नहीं है। क्योंकि एक ही पदार्थ में सत्व तथा असत्व दोनों धर्म यदि दिखाते है तो एक ही देश काल में दिखाने चाहिए, जबकि जैन मतानुसार भिन्न-भिन्न देश, काल में एक ही पदार्थ में सत्व एवं असत्व धर्म दिखाये गये हैं।

जैन द्वारा बताये गये द्वैरुप्यता के आधार पर घट की मृदरुपतया नित्यता एवं घटरूपतया अनित्यता के कथन से द्वैरूप्य सिद्धान्त का खण्डन करते हुए नैयायिक कहते हैं कि यदि द्वैरूप्येण एकाधिकरण में एक ही पदार्थ में नित्यता एवं अनित्यता मानी जायेगी तो अद्भुत स्थिति होगी। इस स्थिति में प्रत्येक पदार्थ अपने ही अधिकरण में असत्व हो जायेगा।[21] नैयायिक द्वारा जैनमत के द्वैरूप्यता का खण्डन इस प्रकार समझा जा सकता है–

द्वैरूप्यता → घट = मृद् (घटादिमृदादिरूपतया नित्यः)

घट = घट (घटादिरूपतया चानित्यः)

"घट = मृद्" इस स्थिति में चूँकि घट ही मृद् है। अतः द्वैरूप्यता होने के कारण घट अपने ही अधिकरण मृद् (घट = मृद्) में असत्व हो जायेगा। यद्यपि नैयायिक यहाँ भी वाक्छल द्वारा जैन का खण्डन कर रहा है। घटादिमृदादिरूपतया नित्यः से जैन का तात्पर्य यह नहीं है कि घट = मद्, जबकि नैयायिक ने छल बस कुछ ऐसा अर्थ लेकर खण्डन किया है। नैयायिक द्वैरूप्यता का खण्डन करते हुए आगे कहता है कि यदि इस सिद्धान्त को माना जायेगा तो आत्मा में नित्यत्व का प्रसङ्ग अनुपलब्ध होगा तथा उसके अनित्यत्व की प्रसक्ति होगी।[22]

प्रक्रिया→

द्वैरूप्यता→आत्मा = आत्मा (आत्माप्यात्मरूपतया नित्यः सर्वदा सद्भावात्)

आत्मा = सुखदुख (सुखदुःखादिपर्य्यायरूपतया चानित्यस्तपदपायात्)

आत्मा = सुखदुखपर्याय मानने पर आत्मा में सुखदुख पर्यायों की अनित्यता का प्रसङ्ग आयेगा। अतः द्वैरूप्यता उचित नहीं है।

तदनन्तर जैन का यह है कि कर्ता का अपने कार्यों में कर्तृत्व जबकि इतर कार्यों में अकर्तृत्व होने से कर्ता में भी अनन्त धर्म होते है। इस कथन का खण्डन करते हुए नैयायिक कहता है कि यदि जैन मतालम्बियों को किसी पदार्थ में कर्तृत्व व अकर्तृत्व दोनों दिखाने है तो एक कार्यावच्छिन्नतया दिखाने चाहिए, भिन्न-भिन्न कार्यों के प्रति कर्तृत्व तथा अकर्तृत्व दिखाना उचित नहीं है। कर्ता, कारण है, वह किसी कार्य का कारण तभी बन सकता है जब उसमें उस कार्य के प्रति अन्वय व्यतिरेक के द्वारा व्याप्रतता हो। किसी कर्ता में कर्तृत्व केवल कार्य विशेष को लक्षित करके की उपपन्न होता है, अन्य कार्यों के प्रति उस व्यक्ति में कर्तृत्व अथवा अकर्तृत्व की चर्चा ही असंगत है।

6. निःश्रेयस सम्मत आत्मैकत्ववादियों का खण्डन-

आत्मैकत्ववादी आत्मैकत्व ज्ञान से परमात्मा में लय की बात कहते हैं।[23] आत्मैकत्ववादियों के अनुसार आत्मा तथा परमात्मा एक ही है। इसके अतिरिक्त आत्मैकत्ववादी परमात्मा तथा आत्मा के ऐक्य को स्पष्ट करते हुए कहते है कि चूँकि इनके भेद में कोई प्रमाण नहीं है अतः ये एक ही है।[24] आत्मा तथा परमात्मा के भेद को आत्मैकत्ववादी अज्ञान कहते हैं उनके अनुसार प्रत्यक्ष प्रमाण से पदार्थ के सद्भाव का ग्रहण मात्र होता है, भेद का ग्रहण प्रत्यक्ष से नहीं होता।[25] इस तथ्य को हम इस प्रकार समझ सकते है जैसे घट को प्रत्यक्षतः देखकर हमें घट के सद्भाव का ज्ञान तो होता है, परन्तु पट से उसके भेद का ज्ञान केवल घट के प्रत्यक्ष से नहीं होता। अतः आत्मैकत्ववादी प्रत्यक्ष से भेद के ग्रहण का न होने के कारण भेद को अविद्या रूप मानते हैं।

व्योमवतीकार आत्मैकत्ववाद के सिद्धान्त का खण्डन करते हुए कहता है कि आत्मैकत्व ज्ञान मिथ्या रूप होने के कारण निःश्रेयस का कारण

नहीं हो सकता। इसकी व्याख्या के सन्दर्भ में आचार्य व्योमशिव ने अपनी टीका में कहा है कि मिथ्यारूप की व्याख्या वैशेषिकसूत्र के सूत्र "व्यवस्थातो नानात्मानो" के प्रकरण में की जायेगी।

7. निःश्रेयस सम्मत शब्दाद्वैतवादियों के मत का खण्डन-

शब्दाद्वैतवादी शब्द तथा अर्थ का अद्वैत मानते हैं। इनके मत में सभी पदार्थ शब्दरूप होते हैं। व्योमवतीकार इस मत का खण्डन करते हुये कहता है कि शब्दाद्वैतविज्ञान मिथ्यारूप होने के कारण निःश्रेयस का कारण नहीं हो सकता।[26] क्योंकि सभी पदार्थों में शब्दरूपता होती है, इसमें प्रमाण उपलब्ध नहीं है। तदनन्तर शब्दाद्वैतवादी कहता है कि शब्द तथा अर्थ के भेद में भी कोई प्रमाण उपलब्ध नहीं है अतः उनमें अभेद होता है। नैयायिक प्रत्येक पदार्थ की शब्दरूपता का खण्डन प्रत्यक्ष प्रमाण से करता है। वह तर्क देते हुए कहता है कि चक्षुरादि इन्द्रियों से शब्दरूप से रहित पदार्थों का प्रतिभास (ज्ञान) होता है, अतः यह नहीं का जा सकता कि सभी पदार्थ शब्दरूपता से युक्त है। तदनन्तर शब्दाद्वैतवादी अपने पक्ष में तर्क देते हुए कहता है कि वस्तुतः शब्द ही नाना अर्थों के रूप में परिणत हो जाता है।[27] नैयायिक पुनः खण्डन करते हुए कहता है कि आपकी बात तभी सत्य होती है जब सभी पदार्थ शब्दरूप होते। पदार्थों के शब्दरूप होने में कोई प्रमाण नहीं है। इस पर शब्दाद्वैतवादी कहता है कि शब्दसम्पर्क के द्वारा होने वाला प्रतिभास ही सभी पदार्थों की शब्दरूपता में प्रमाण है।[28] इस पर नैयायिक कहता है कि यह उचित नहीं है क्योंकि आप सभी पदार्थों को शब्दरूप मानते हैं, जबकि इस परम्परा में वायु आदि अपवाद है। चूँकि वायु, शब्दरूप नहीं है, इसका आभास स्पार्शन प्रत्यक्ष द्वारा होता है। अतः सभी पदार्थों को शब्दरूप मानना उचित नहीं है। शब्दाद्वैतवादी द्वारा शब्दसम्पर्क के प्रतिभास को प्रमाण मानने की बात का खण्डन करते हुए नैयायिक कहता है कि पदार्थों की शब्दरूपता सिद्ध करने के लिए आप शब्द सम्पर्क के प्रतिभास को प्रमाण नहीं मान सकते,

क्योंकि शब्दरूपता एवं शब्दसंप्रक्ततावभासग्राह्यता एक ही है। जिस प्रकार यह घट है इस तथ्य में "यह घट है" प्रमाण नहीं हो सकता, उसी प्रकार यहाँ शब्द सम्पर्क प्रतिभास प्रमाण नहीं माना जा सकता। इस प्रकार निःश्रेयस सम्बन्धी शब्दाद्वैतवादियों का मत खण्डित हो जाता है।

इस प्रकार सभी पूर्वपक्षियों का खण्डन करके व्योमवतीकार पदार्थों के साधर्म्य व वैधर्म्य के उचित ज्ञान को ही निःश्रेयस की श्रेणी में रखते हैं।

सन्दर्भ

1. आत्मनो रूपादिविषयक ज्ञानोत्पत्तौ विषयान्तरे ज्ञानानुत्पत्तिर्व्यासङ्ग। व्योम., पृष्ठ 4।
2. एवमिन्द्रियस्याप्येकस्मिन विषये ज्ञानजनकत्वेन प्रवृत्तस्य विषयान्तरे ज्ञानाजनकत्वं व्यासङ्ग। व्योम., पृष्ठ 4।
3. नाभावो विद्यते सतः। भगवद्गीता।
4. यद् यदर्थं तत् तस्यैव प्रतिबन्धकमिति नोपलब्धम्। व्योम., पृष्ठ 5।
5. योगजधर्मस्याप्यनित्यतया विनाशेऽपेक्षाकारणाभावात्। व्योम., पृष्ठ 5।
6. आकस्मिकन्तु कार्यं न भवत्येव। व्योम., पृष्ठ 6।
7. ते च यद्युपदेशमपेक्षन्ते नोपायान्तरादेवार्थ प्रतिपद्यानुष्ठाने प्रवर्तन्त इति। व्योम., पृष्ठ 61।
8. यदि प्रधान पुरुषस्य निमित्तमनपेक्ष्य प्रवर्तते मुक्तात्मन्यपि शरीरसम्पादनाय प्रवर्तत। व्योम., पृष्ठ 5।
9. मुक्तात्मन्यपि विवेकदर्शनस्यविनाशेन प्रवृत्ति प्रसङ्गात्। व्योम., पृष्ठ 6।
10. अन्ये तु अस्थिरादिभावनावशाद रागादिवियुक्तज्ञानोत्पत्तिर्निःश्रेयसमिति मन्यन्ते। व्योम. पृष्ठ 6।
11. क्षणिकादिभावनाया मिथ्यारूपत्वात्। व्योम., पृष्ठ 7।
12. एवं पुत्रादावपि आत्मीयवैरुप्यदर्शनमेव निवृत्तिकारणमिति वाच्यम्। न सम्बन्धाभावः। व्योम., पृष्ठ 8।
13. तच्च रूप संज्ञा वेदना संस्कारो विज्ञानमिति रूपादिस्कन्धपञ्चकमन्यद् वा भवतु। व्योम., पृष्ठ 8।

14. सुखमपि दुःखं दुखानुसङ्गादिति सर्वं दुःखं तस्य विच्छेदोपायस्तत्त्वज्ञानमिष्यत एवा। व्योम., पृष्ठ 7।
15. अन्ये तु अनेकान्तभावनातो विशिष्ट प्रदेशेऽक्षयशरीरादिलाभो निःश्रेयसमिति मन्यन्ते। व्योम., पृष्ठ 10।
16. Siddhashila- wikipedia (Internet) ,वं चन्द्रधरधर्मा- भारतीय दर्शन।
17. घटादिमृदादिरूपतया नित्यः सर्वावस्थासूपलम्भात्। घटादिरूपतया चानित्यस्तदपायात्। व्योम., पृष्ठ 10।
18. एवं सर्वत्र स्वकार्येषु कर्तृत्वं कार्यान्तरेषु चाकर्तृत्वमित्यूह्यम्। व्योम., पृष्ठ 10।
19. अथ स्वशब्दाभिधेयत्व शब्दान्तरानभिधेयत्वञ्चेति। व्योम., पृष्ठ 10।
20. अनेकान्तज्ञानञ्च मिथ्येव, बाधकोपपत्तेः। व्योम., पृष्ठ 10।
21. द्वैरूप्ये तु स्वदेशादिष्वनुपलम्भप्रसङ्ग। व्योम, पृष्ठ 10।
22. एवमात्मनोऽपि नित्यत्वमेव। व्योम., पृष्ठ 10।
23. अन्ये तु आत्मैकत्वज्ञानात् परमात्मनि लयः सम्पद्यत इति ब्रुवते। व्योम., पृष्ठ 11।
24. ततोऽन्येषां भेदे प्रमाणाभावात्। व्योम., पृष्ठ 11।
25. प्रत्यक्षं हि पदार्थानाम् सद्भावग्राहकमेव न भेदस्य। व्योम., पृष्ठ 11।
26. एवं शब्दाद्वैतविज्ञानमपि मिथ्यारूपतया निःश्रेयससाधनम् न इति द्रष्टव्यम्। व्योम., पृष्ठ 12।
27. अथ शब्दस्यैवास्थाभेदाद् ग्रहणवैचित्र्यमिति। व्योम., पृष्ठ 12।
28. अथ शब्दसम्पर्केण प्रतिभास एव प्रमाणमिति। व्योम., पृष्ठ 12।

उपसंहार

संसार के समस्त तत्त्वों का वर्गीकरण करके उन्हें विशेष वर्गों में रखकर सामान्यीकरण की प्रक्रिया से दर्शन का प्रारम्भ होता है। विभिन्न दार्शनिक सम्प्रदायों में यह सामान्यीकरण की प्रक्रिया भिन्न-भिन्न है। तत्त्वों का वर्गीकरण दर्शन का आधार है, अर्थात् बड़े चिन्तन-मनन के बाद किस तत्त्व को किस वर्ग के अन्तर्गत रखना है यह निर्धारित किया जाता है। व्योमवती टीका के सम्पूर्ण विश्लेषण के दौरान कई ऐसे प्रकरण आये जहाँ पूर्वपक्षी तथा सिद्धान्ती के मध्य वर्गीकरण को लेकर एक लम्बा वाद-विवाद चला यथा- सुवर्ण, पार्थिव है या तैजस, तम को नवम् द्रव्य माना जाये अथवा नहीं। यह सामान्यीकरण की प्रक्रिया कदाचित् निष्कर्षों को लघुतर बनाने में सहायक है।

पुस्तक में निःश्रेयस को प्रयोजन बनाकर शास्त्रसम्मत पदार्थों के साधर्म्य एवं वैधर्म्य को निःश्रेयस का माध्यम बताया गया है। अतः क्रमशः द्रव्यविचार तथा तत्पश्चात् द्रव्यों का क्रमशः विवेचन, निःश्रेयस विचार, किया गया है। इस क्रम में मुख्य दर्शनाचार्यों के निःश्रेयस सम्बन्धी मत का खण्डन करना भी आवश्यक था, तथा वैशेषिक सम्मत निःश्रयेस मत की स्थापना की आवश्यकता भी थी। इसके अनन्तर द्रव्य की सत्ता सिद्धि भी एक लक्ष्य था। द्रव्य की सत्ता सिद्धि के लिये पूर्वपक्षी के उस मत को खण्डित करना आवश्यक था, जिसके माध्यम से द्रव्य की सत्ता का निषेध होता है। द्रव्यों में विविध दृष्टि से साधर्म्य दिखाकर, द्रव्यों के वैधर्म्य स्पष्टीकरण हेतु एक-एक अनुमान प्रक्रिया व्योमवतीकार ने उद्धृत की है।

द्रव्यों के विवेचन में क्रमशः पृथिवी, जल, तेज, वायु, आकाश, काल, दिक्, आत्मा एवम् मनस् के सन्दर्भ में क्रमशः लक्षण, वैधर्म्य, गुण तथा भेद का क्रम ग्रहण किया गया है। पृथिवी, जल, तेज, वायु को अनित्य द्रव्य माना गया है। जबकि आकाश, काल, दिक्, आत्मा तथा मन नित्य द्रव्य की कोटि में हैं। प्रत्येक द्रव्य के विषय में सूत्ररूप में भूमिका तथा विस्तृत विवेचनरूप में अध्याय के अन्तर्गत चर्चा कर दी गयी है। अतः इस स्थल पर पुनर्विवेचन पिष्टपेषण मात्र होगा।

प्रशस्तपादभाष्य पर व्योमवतीटीका निश्चित रूप से प्रशस्तपादभाष्य को स्पष्ट रूप से समझने में सहायक है। व्योमशिवाचार्य ने यत्र-तत्र अनुमान प्रक्रिया, लौकिक उदाहरण तथा अन्य दृष्टान्तों द्वारा विषय को अत्यन्त सरल बना दिया है। व्योमवती टीका में यद्यपि कई स्थानों पर पिष्टपेषण तथा अनर्थक लम्बे-लम्बे प्रसङ्ग भाष्य की अनवरतता को बाधित करते हैं, किन्तु कदाचित यह टीका की प्रकृति ही होती है। विषय की गुत्थी को सुलझाने के लिये प्रसङ्ग की अधिकता अविरत प्रवाह को बाधित करती है। कहीं-कहीं प्रशस्तपादभाष्य अत्यन्त सरल है जबकि उस पर टीका कठिन है। किन्तु फिर भी व्योमवती इतनी प्राचीन होते हुये भी ग्रन्थ को समझने में सहायक है।

इतनी प्राचीन टीका होने पर भी इस पर कोई कार्य न होने का कारण इसकी दीर्घकाल तक अनुपलब्धि रही है। यही कारण है कि किरणावली तथा न्यायकन्दली पर इतना अधिक कार्य प्राप्त होता है, जबकि व्योमवती पर स्वतन्त्र रूप से कोई कार्य प्राप्त नहीं होता। व्योमवती का क्रम पूर्णतः भाष्य का अनुगमन करता है। टीका की व्यवस्था भाष्य के अनुसार ही है।

विषय का स्पष्ट विवेचन करते हुये पदार्थों के साधर्म्य एवं वैधर्म्य के स्पष्ट ज्ञान के द्वारा निश्चितरूप से भलीभाँति इसे समझा जा सकता है। वैशेषिक परम्परा की मान्यताओं से कोई मतभेद इस टीका में प्राप्त नहीं

होता। ग्रन्थ के अध्ययन में कुछ वैज्ञानिक तथ्यों की प्राप्ति भी होती है, जिनका यत्र-तत्र उल्लेख शोध-प्रबन्ध में किया गया है।

व्योमवती टीका के सन्दर्भ में यह उल्लेखनीय है कि जहाँ पूर्वपक्ष का खण्डन करने के लिये पूर्वपक्षी के मत को वर्णित किया गया है, वहाँ पूर्वपक्षी के मत में वैशेषिक सम्मत दार्शनिक शब्दों से उसका वर्णन किया गया है। यथा- वेदान्त दर्शन में कारणत्रिविध का उल्लेख नहीं है, जबकि वेदान्त दर्शन के निःश्रेयस सम्मत मत की व्याख्या में कारणत्रिविध का समावेश करके पूर्वपक्ष का निर्माण यह इङ्गित करता है कि कदाचित व्योमवतीकार ने पूर्वपक्ष को भी उसी रूप में उद्धृत किया है, जिस रूप में वे उसका खण्डन कर सकते हैं। यह कार्य 'जिसकी लाठी उसकी भैंस' जैसी उक्ति को चरितार्थ करती है।

व्योमवती टीका में पुनरावृत्ति को रोकने के लिये व्योमवतीकार ने यत्र-तत्र प्रयास किया है। यथा 'पृथिवी' के विश्लेषण में जो अभिसम्बन्ध पद की निरर्थकता तथा पृथिवी के पक्षीकरण में दोष का विषय पूर्वपक्षी ने उठाया है वह विषय जल, तेज, वायु आदि अन्य द्रव्यों के विषय में भी समझना चाहिये। इस शीर्षक को पृथिवी के अन्तर्गत ही स्पष्ट कर दिया गया है। इसी प्रकार आत्मैकत्ववादी सम्मत निःश्रेयस के मत को खण्डित करने के लिये 'व्यवस्थातो नाना' का उल्लेख करके इसका विस्तृत विवेचन 'आत्मा' के प्रकरण में कर दिया गया है। इस प्रकार टीका में वर्णन की पुनरावृत्ति से बचने का प्रयास किया गया है।

इस प्रकार यह कहना अतिशयोक्ति न होगा कि व्योमवती वैशेषिक सूत्रों की स्पष्ट व्याख्या करने हेतु पर्याप्त से अधिक है।

सन्दर्भ ग्रन्थ सूची

1. मूल ग्रन्थ

1. **अर्थसंग्रहः,** लौगाक्षिभास्कर, हिन्दी व्याख्या सहित, प्रो. वाचस्पति उपाध्याय, चौखम्भा ओरियण्टालिया, दिल्ली, 1977।

2. **अष्टाध्यायी-सूत्रपाठ,** पाणिनि, रामलाल कपूर ट्रस्ट, बहालगढ़, सोनीपत, सन् 1973।

3. **कणादरहस्यम्,** शंकरमिश्र, सं. विन्ध्येश्वरी प्रसाद द्विवेदी, चौखम्बा संस्कृत सीरीज सं. 48, बनारस, 1917।

4. **किरणावली,** उदयनाचार्य, विन्ध्येश्वरी प्रसाद द्विवेदी, बनारस संस्कृत सीरीज सं. 9, 1897।

5. **तर्कभाषा,** केशवमिश्र, सं. बद्रीनाथ शुक्ल, मोतीलाल बनारसीदास, वाराणसी, 1968।

6. **तर्कसंग्रहः,** अन्नमभट्ट, सं. अथल्ये बोडास, बाम्बे संस्कृत सीरीज, सं. 55, भण्डारकर ओरियण्टल रिसर्च इंस्टीट्यूट, पूना, 1968।

7. **निरुक्तम्,** यास्क, सं. छज्जूराम शास्त्री, मेहरचन्द लछमनदास, दिल्ली 1973।

8. **न्यायकन्दली,** श्रीधराचार्य, सं. दुर्गाधर झा, गंगानाथ झा, ग्रन्थमाला सं. 1, वाराणसी, 1963।

9. **न्यायभाष्यम्,** वात्स्यायन, सं. नारायण मिश्र, काशी संस्कृत ग्रन्थमाला, 43, वाराणसी, 1970।

10. **न्यायसिद्धान्तमुक्तावली,** विश्वनाथ, सं. श्रीकृष्ण वल्लभाचार्य, काशी संस्कृत ग्रन्थमाला, सं. 212, बनारस, 1972।

11. **न्यायसिद्धान्तमुक्तावली,** विश्वनाथ, सं. हरिराम शुक्ल शास्त्री, काशी संस्कृत सीरीज, 6, वाराणसी, 1972।

12. **न्यायसूत्रम्,** गौतम, सं. नारायणमिश्र, काशी संस्कृत ग्रन्थमाला, 43, वाराणसी, 1970।

13. **प्रशस्तपादभाष्यम् (पदार्थधर्मसंग्रहः),** प्रशस्तपाद, सं. नारायण मिश्र, काशी संस्कृत ग्रन्थमाला सं. 173, वाराणसी, 1966।

14. **ब्रह्मसूत्र शांकरभाष्य,** शंकराचार्य, सं. हनुमानदास षट्शास्त्री, चौखम्बा विद्याभवन, वाराणसी, 1972।

15. **मानमनोहर,** वादिवागीश्वर, सं. स्वामी योगीन्द्रानन्द, षड्दर्शन प्रकाशन, वाराणसी, 1973।

16. **योगसूत्रम्,** पतञ्जलि, सं. नारायण मिश्र, भारतीय विद्या प्रकाशन, वाराणसी, 1971।

17. **वेदान्तसार,** सदानन्द, सं. सन्तनारायण श्रीवास्तव, सुदर्शन प्रकाशन, इलाहाबाद, 1972।

18. **वैशेषिक सूत्रम्,** कणाद, सं. नाराण मिश्र, चौखम्बा संस्कृत सीरीज, वाराणसी, 1966।

19. **वैशेषिक सूत्र 'उपस्कार',** शंकरमिश्र, सं. ढुण्ढिराजशास्त्री, काशी संस्कृत ग्रन्थमाला, वाराणसी।

20. **व्योमवती,** व्योमशिवाचार्य, सं. गोपीनाथ कविराज, ढुण्ढिराज शास्त्री, चौखम्बा संस्कृत सीरीज ग्रन्थ संख्या 61, 1930।

21. **व्योमवती**, व्योमशिवाचार्य, सं. श्रीगौरीनाथ शास्त्री, म.म. शिवकुमार शास्त्रि ग्रन्थमाला 6, वाराणसी, 1905।

22. **सर्वदर्शनसंग्रह**, माध्वाचार्य, सं. उमाशंकरशर्मा 'ऋषि' चौखम्बा विद्याभवन, वाराणसी, 1964।

23. **सांख्यकारिका**, ईश्वरकृष्ण, सं. आद्याप्रसाद मिश्र, अक्षयवट प्रकाशन, इलाहाबाद, 1980।

2. सहायक ग्रन्थ (क) हिन्दी

1. अवस्थी, ब्रह्ममित्र, **'भारतीय न्यायशास्त्र : एक अध्ययन'**, इन्दु प्रकाशन, दिल्ली, 1967।

2. उपाध्याय, बलदेव, **'भारतीय धर्म एवं दर्शन'**, चौखम्बा ओरियण्टालिया, दिल्ली, 1977।

3. झा, आनन्द, **'पदार्थशास्त्र'**, हिन्दी समिति, सूचना विभाग, उत्तर प्रदेश, लखनऊ, 1965।

4. झा, किशोरनाथ, **'न्यायशास्त्रीय ईश्वरवाद'**, शेखर प्रकाशन, इलाहाबाद, 1978।

5. झा, हरिमोहन, **'न्याय दर्शन'**, **'वैशेषिक दर्शन'**, पुस्तक भण्डार, पटना, 1964।

6. मिश्र, नारायण, **'वैशेषिक दर्शन : एक अध्ययन'**, चौखम्बा विद्याभवन, वाराणसी, 1968।

7. शास्त्री, गौरीनाथ, **'किरणावली'**, हिन्दी व्याख्यान, सम्पूर्णानन्द, संस्कृत विश्वविद्यालय, वाराणसी, 1980।

8. शास्त्री, धर्मेन्द्रनाथ, **'न्याय सिद्धान्तमुक्तावली'**, मोतीलाल बनारसीदास, दिल्ली, 1971।

9. शास्त्री, धर्मेन्द्रनाथ, **'भारतीय दर्शनशास्त्र न्यायवैशेषिक'**, मोतीलाल बनारसीदास, बनारस, 1953।

10. सक्सेना, श्रीकृष्ण, **'भारतीय दर्शन में चेतना का स्वरूप'**, चौखम्बा विद्याभवन, वाराणसी, 1969।

11. सिंह, बदरीनाथ, **'वैशेषिक दर्शन एक तुलनात्मक अध्ययन'**, आशा प्रकाशन, वाराणसी, 1979।

(ख) आंग्लभाषा (सहायक ग्रन्थ)

1. Bhattacharya Gopinath, **Tarksamgrahadipika,** Progressive Publishers, Calcutta, 1976.
2. Chatterjee, S.C., **The Nyaya Theory of Knowledge,** University of Calcutta, 1965.
3. Das Gupta, S.N., **History of Indian Philosophy,** Motilal Banarasi Das, 1975.
4. Hiriyanna, M., **Outlines of Indian Philosophy,** George Allen and Unwin, London, 1932.
5. Jha, Ganganath, **Padarth-Dharma- Sangraha,** Orientalia, Delhi, 1980.
6. Mandal, Kumar Kishor, **"On The Concepts of Space and Time in Indian Thought",** Chaukhambha Sanskrit Series, Varanasi, 1968.
7. Radhakrishnan, S., **Indian Philosophy** (Vol.-II), George Allen and Unwin London, 1940.

3. कोशग्रन्थ (क) संस्कृत-हिन्दी

1. **अमरकोश**, अमरसिंह, निर्णयसागर प्रेस, बम्बई, 1961
2. **अंग्रेजी हिन्दी कोश**, कामिल बुल्के, कैथोलिक प्रेस, रांची

3. **न्यायकोश,** भीमाचार्य झलकीकर, भण्डारकर ओरियण्टल रिसर्च इंस्टीट्यूट, पूना, 1979

4. **शब्दकल्पद्रुमः,** चौखम्बा संस्कृत ग्रन्थमाला सं. 93, वाराणसी

5. **वाचस्पत्यम्,** चौखम्बा संस्कृत ग्रन्थमाल सं. 94, वाराणसी, 1969

(ख) अंग्रेजी

1. **A Dictionary of Philosophy,** A.R. Lacey, Routlege and Kegan Paul, London, 1967.
2. **Encyclopaedia of Indian Philosophies,** Vol.-I, Ed. Karl H. Potter, Motilal Banarasi Das, Delhi, 1970, 77.
3. **English Sanskrit Dictionary,** Monier Williams, Munsi Ram Manohar Lal, Delhi, 1976.